"十二五"普通高等教育本科国家级规划教材

辽宁省"十二五"普通高等教育本科省级规划教材

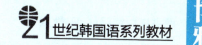

韩国语视听说教程

二

（第二版）

何彤梅　总　主　编
张国强　执行总主编

李玉华　主　编

图书在版编目(CIP)数据

韩国语视听说教程.2/ 李玉华 主编. —2版. —北京：北京大学出版社，2016.6
(21世纪韩国语系列教材)
ISBN 978-7-301-26936-7

Ⅰ.韩… Ⅱ.①李… Ⅲ.朝鲜语—听说教学—高等学校—教材 Ⅳ.①H559.4

中国版本图书馆CIP数据核字(2016)第029789号

书　　名	韩国语视听说教程(二)(第二版) HANGUOYU SHITINGSHUO JIAOCHENG (ER) (DI-ER BAN)
著作责任者	李玉华　主编
组稿编辑	张　娜
责任编辑	刘　虹
标准书号	ISBN 978-7-301-26936-7
出版发行	北京大学出版社
地　　址	北京市海淀区成府路205号 100871
网　　址	http://www.pup.cn　新浪微博:@北京大学出版社
电子邮箱	编辑部 pupwaiwen@pup.cn　　总编室 zpup@pup.cn
电　　话	邮购部 010-62752015　发行部 010-62750672　编辑部 010-62754382
印 刷 者	北京虎彩文化传播有限公司
经 销 者	新华书店
	787毫米×1092毫米　16开本　17印张　396千字 2010年5月第1版 2016年6月第2版　2024年8月第6次印刷
定　　价	51.00元

未经许可，不得以任何方式复制或抄袭本书之部分或全部内容。
版权所有，侵权必究
举报电话: 010-62752024　电子邮箱: fd@pup.cn
图书如有印装质量问题，请与出版部联系，电话:010-62756370

"十二五"普通高等教育本科国家级规划教材

"21世纪韩国语系列教材"专家委员会

主任委员：

   安炳浩   北京大学 教授

              中国朝鲜语/韩国语教育研究学会会长

   张光军   解放军外国语学院亚非系主任 博导

              教育部外语教学指导委员会委员

              大韩民国国语国文学会海外理事

   张   敏   北京大学 教授 博导

   牛林杰   山东大学韩国学院院长 教授 博导

委   员：

   金永寿   延边大学朝鲜韩国学院院长 教授

   苗春梅   北京外国语大学亚非学院韩国语系主任 教授

   何彤梅   大连外国语大学韩国语系主任 教授

   王   丹   北京大学外国语学院朝鲜(韩国)语言文化系主任 教授 博导

韩国专家顾问：

   闵贤植   韩国首尔大学国语教育系 教授

   姜信沆   韩国成均馆大学国语国文系 教授

   赵恒禄   韩国祥明大学国语教育系 教授

总　序

中韩建交之初，北京大学出版社出版了全国25所大学联合编写的韩国语基础教科书《标准韩国语》。在近十年的教学实践中，这套教材得到了广大师生的认可和欢迎，为我国的韩国语人才培养做出了积极的贡献。随着我国韩国语教育事业的迅速发展，广大师生对韩国语教材的要求也越来越高。在教学实践中，迫切需要一套适合大学本科、专科等教学的韩国语系列教材。为此，北京大学出版社再度荟萃韩国语教学界精英，推出了国内第一套韩国语系列教材——"21世纪韩国语系列教材"。

本系列教材是以高校韩国语专业教学大纲为基础策划、编写的，编写计划基本上囊括了韩国语专业大学本科的全部课程，既包括听、说、读、写、译等语言基础教材，也包括韩国文化、韩国文学等文化修养教材，因其具备完备性、科学性、实用性、权威性的特点，已正式被列为普通高等教育"十二五"国家级规划教材。

本系列教材与以往其他版本教材相比有其鲜明特点：首先，它是目前为止唯一被列入"十二五"国家级规划的韩国语系列教材。第二，它是触动时代脉搏的韩国语教材，教材的每一个环节都力求做到新颖、实用，图文并茂，时代感强，摆脱了题材老套、墨守成规的教材编写模式，真正实现了"新世纪—新教材—新人才"的目标。第三，语言与文化是密不可分的，不了解一个国家的文化，就不能切实地掌握一个国家的语言，从这一视角出发，立体化系列教材的开发在外语教材（包括非通用语教材）规划中是势在必行的。"21世纪韩国语系列教材"就是在这一教学思维的指导下应运而生的。第四，本系列教材具有权威性。由中国韩国语教育研究学会会长、北京大学安炳浩教授，大韩民国国语国文学会海外理事、中国韩国语教育研究学会副会长张光军教授，北京大学张敏教授，山东大学牛林杰教授组织编写。参加编纂的中韩专家和教授来自北京大学、韩国首尔大学、北京外国语大学、韩国成均馆大学、山东大学、解放军外国语学院、大连外国语学院、延边大学、青岛大学、中央民族大学、山东师范大学、烟台大学等国内外多所院校。他们在韩国语教学领域具有丰富的执教经验和雄厚的科研实力。

本系列教材将采取开放、灵活的出版方式，陆续出版发行。欢迎各位读者对本系列教材的不足之处提出宝贵意见。

北京大学出版社
2016年1月

改版说明

　　《韩国语视听说教程(二)》是系统教授韩国语听说的基础教材。本教材选取了15个与生活相关的主题内容,共编写了30课。本书适用于大学韩国语专业2年级和社会上的初级韩国语教学,内容相当于韩国语能力考试的初、中级听力的难度。

　　本书每课包括同一主题下的一个对话和一篇文章、单词解释、语法点说明、练习题和附加内容。练习题包括课内内容复习、课外内容练习、提高韩国语听力考试能力的综合练习和强化课堂互动效果的互相听说练习;为了增强课堂效果,在1至15课增加了当课所学语法例句的听写练习,在16至30课增加了常用句子的听写练习。附加内容部分包括分类词汇精选或韩国文化解读,并配备了录音和部分图片,这部分内容不是掌握内容,目的是为了扩充学习者的词汇量和增加对韩国文化的了解。本书末还附有参考答案和录音资料,便于学习者自测使用

　　在学习韩国语的过程中,听说是一个非常重要且不易提高的环节。结合学习者的需要,编写一本与基础教学相关联的听说教材,不仅有助于增进教学效果,而且也有益于提高学习者的语言综合应用能力。

　　本次改版,适当加入了一些更有时效性的内容,把每一课的韩国文化解读部分进行了内容更换,并将相应的生词作了替换。希望更有利于读者的学习。

　　由于编者水平有限,本书难免有诸多不足之处,恳请各位同仁及韩国语学习者批评指正。

编　者
2016年5月

目 录

제 1 과	설날 春节	1
제 2 과	추석 中秋节	5
제 3 과	문화 文化	10
제 4 과	안내 解说	16
제 5 과	정보 信息	21
제 6 과	정보화 시대 信息化时代	26
제 7 과	친구 사이 朋友之间	32
제 8 과	대학 생활 大学生活	37
제 9 과	택시 타기 乘出租车	41
제 10 과	기차편 이용 乘火车	46
제 11 과	항공편 이용 乘飞机	51
제 12 과	한국 관광 韩国旅游	56
제 13 과	중국 관광 中国旅游	60
제 14 과	음식 饮食	65
제 15 과	예약 预约	70
제 16 과	취미 兴趣	75
제 17 과	옷차림 穿着打扮	79
제 18 과	운동 运动	83
제 19 과	건강 健康	87
제 20 과	편지 信	91
제 21 과	독서 读书	96
제 22 과	면접 面试	101
제 23 과	직장 单位	106
제 24 과	비즈니스 商务	110
제 25 과	쇼핑 购物	115
제 26 과	외래어 外来语	120
제 27 과	날씨 天气	125
제 28 과	계절 季节	129
제 29 과	방학 假期	133
제 30 과	휴가 休假	138

참고답안 参考答案 ……………………………………………… 143
녹음대본 录音资料 ……………………………………………… 156
단어색인 单词索引 ……………………………………………… 219
문법색인 语法索引 ……………………………………………… 232

제1과 설날
春节

生词 (새 단어)

설날=설 [名] 春节，正月初一
별일 [名] 特别的事，奇怪的事
떡국 [名] 年糕汤
빈대떡 [名] 绿豆饼
끓이다 [动] 煮，熬，炖
마찬가지 [名] 一样，同样，相似，差不多
독특하다 [形] 独特
놀이 [名] 游戏
사계절 [名] 四季
뚜렷하다 [形] 清楚，明显

맞이하다 [他] 迎，迎接，娶
정월 [名] 正月
농사 [名] 农活儿，种地
윷놀이 [名] 尤茨游戏
연 [名] 风筝
연날리기 [名] 放风筝
약혼식 [名] 订婚仪式
수리하다 [他] 修理，维修
갈아타다 [他] 换乘，改乘，换车，倒车
국화 [名] 菊花；国花；国画
정원 [名] 庭院，庭院

본문 들어가기 (课文视听)

1. 설날 아침에 뭘 먹어요?
2. 한국의 정월 놀이

문법 알아보기 (语法解说)

1. 冠形词形词尾：-던

　　用于用言及叙述格助词后，由表示持续回想的"-더-"和冠形词形语尾"-ㄴ"组成，在句子中做定语。即回忆在过去一段时间里持续发生的事情。与过去时制结合成"-았/었/였던"的形式，表示回想的事情在过去已经完成，说话者只是提及或回顾这件事。

내가 보던 신문이 어디 갔지요?
이것은 내가 쓰던 가방입니다.
오늘은 제가 대학생 때 자주 가던 다방에 가 봅시다.
지난 번 회의에서 의논하지 못했던 문제들을 이야기합시다.

- 제가 마셨던 커피가 어디 있어요?
- 우리가 자주 갔던 산은 높습니다.

2. 惯用型: -아 내다/ -어 내다/ -여 내다

- 用于他动词后,表示该动作坚持做到底,最后得到某种结果。
- 우리는 그 친구의 전화번호를 찾아 냈습니다.
- 그 사람은 고통을 견뎌 내고 마침내 건강을 되찾았어요.
- 학생들은 그 일을 해 냈어요.

연습문제 (练习)

1. 새로 배운 문법으로 만든 문장을 받아 쓰십시오. (听写使用新语法所造的句子。)

    가)
    나)
    다)
    라)
    마)
    바)
    사)

2. 다음을 잘 듣고 빈칸을 채우십시오. (听录音填空。)

    1) 내일은 설인데, (   ) 없으면 우리 집에 오세요.
    2) 내가 떡국과 (   )을 준비할게요.
    3) 설날 아침에는 (   )을 먹어야 돼요.
    4) 민호 씨는 떡국을 (   ) 알아요?
    5) (   )를 마치고 길고 추운 겨울을 방 안에서 보내야 했다.
    6) (   )는 한국에서 가장 오래된 놀이 중의 하나다.
    7) 한국의 정월은 바람이 많이 불어서 (   )에 좋다.
    8) (   ) 아이들은 할아버지와 함께 만든 연을 들고 밖으로 나온다.

3. 다음을 잘 듣고 본문과 맞으면 ○표, 맞지 않으면 ×표를 하십시오. (听录音,与课文内容一致的用○、不一致的用×表示。)

    1) (   ) 2) (   ) 3) (   ) 4) (   ) 5) (   )

4. 본문 내용을 듣고 물음에 답하십시오. (听课文内容,回答问题。)

    1) 김민호 씨는 누구누구를 집으로 초대하려고 했어요?

    2) 김민호 씨는 친구들에게 뭘 준비해 주겠다고 했어요?

3) 한국에는 특히 정월 놀이가 많은 이유가 무엇입니까?

4) 한국에서 정월에 많이 하는 놀이가 뭐예요?

5. 다음은 무엇에 대해 말하고 있습니까? 알맞은 것을 고르십시오.
   1) (   )
      ① 여행 ② 요일 ③ 날씨 ④ 휴일
   2) (   )
      ① 가구 ② 주소 ③ 계절 ④ 선물
   3) (   )
      ① 휴일 ② 달력 ③ 사진 ④ 그림

6. 다음을 잘 듣고 대화 내용과 같은 것을 고르십시오.
   1) (   )
      ① 여자는 문을 열 겁니다.
      ② 여자는 문을 닫았습니다.
      ③ 여자는 문을 닫을 겁니다.
      ④ 남자는 문을 열고 있습니다.
   2) (   )
      ① 여자는 남자와 사전을 사러 왔습니다.
      ② 남자는 사전을 동생에게 줄 것입니다.
      ③ 남자의 동생은 지난달에 중국에 왔습니다.
      ④ 남자의 동생은 중국어 공부를 시작할 겁니다.
   3) (   )
      ① 남자는 오늘 오전에 약속이 있습니다.
      ② 여자는 일요일에 컴퓨터를 수리하러 갑니다.
      ③ 남자는 토요일에 여자와 같이 약혼식에 갑니다.
      ④ 여자는 일요일에 네 시에 남자를 만날 수 있습니다.
   4) (   )
      ① 지금 노래 연습을 할 수 있습니다.
      ② 내일 오전에는 노래 연습을 할 수 있습니다.
      ③ 평일에는 오후 아홉 시까지 노래 연습을 할 수 있습니다.
      ④ 일요일에는 오후 다섯 시까지 노래 연습을 할 수 있습니다.
   5) (   )
      ① 두 사람은 서울역에 있습니다.
      ② 여자는 서울역으로 가려고 합니다.
      ③ 여의도까지 가려면 지하철을 갈아타야 합니다.
      ④ 이곳에서 서울역으로 가는 지하철이 없습니다.

7. 다음 내용을 잘 듣고 질문에 답하십시오.
   1) 김치 축제에서 하는 것을 모두 고르십시오.
      ① 여러 가지 맛있는 김치를 소개합니다.
      ② 많은 외국 사람들을 만납니다.
      ③ 김치를 직접 만듭니다.
      ④ 돈을 주고 김치를 삽니다.
      ⑤ 만든 김치를 집에 가지고 갑니다.

   2) 김치 만들기 축제에서 김치를 만들고 싶습니다. 어떻게 해야 합니까?

   3) 김치 만들기 축제에 어떻게 갑니까?

8. 자기 고향의 풍속을 소개해 봅시다. （介绍一下各自家乡的风俗吧）
   1) 놀이   2) 전통 음식   3) 설날 풍속

풍습 风俗习惯

대보름 元宵节　　　　　　새해 新年
삼짇날 三月三　　　　　　신정 元旦
청명 清明　　　　　　　　섣달그믐 大年三十，除夕
한식 寒食（清明前一天）　제야 除夕夜
초파일 阴历四月初八　　　양력 阳历
단오 端午　　　　　　　　음력 阴历
칠석 七夕　　　　　　　　세뱃돈 压岁钱
백중 阴历七月十五　　　　귀성 返里，返乡
추석 中秋节　　　　　　　단배 团拜
중양절 重阳节　　　　　　풍수 风水
설(구정) 春节

제2과 추석
中秋节

生词 (새 단어)

때때옷 [名] 花衣裳
치마 저고리 [名]（韩式）裙子和上衣
바지 저고리 [名]（韩式）裤子和上衣
추석 [名] 中秋节
추수감사절 [名] 感恩节
단오 [名] 端午
한가위 [名] 中秋节
제사 [名] 祭祀
차례 [名] 祭祖, 顺序, 目录
성묘하다 [自] 扫墓, 上坟
송편 [名] 蒸糕
풍습 [名] 风俗习惯
토란국 [名] 青芋汤
음력 [名] 阴历
중추절 [名] 中秋节
귀성객 [名] 返乡的人，回家探亲的人
수확 [名] 收获
혼잡을 이루다 [词组] 造成混乱
명실공히 [副] 名副其实地
기리다 [他] 称赞
곡식 [名] 谷物, 粮食
반달모양 [名] 半月形

빚다 [他] 包（饺子），做（蒸糕），酿（酒）
깨 [名] 芝麻
콩 [名] 大豆
풍요롭다 [形] 富饶
흥겹다 [形] 高高兴兴，喜气洋洋，愉快
운전 [名] 驾驶，开，操纵
농구 [名] 篮球
잊어버리다 [他] 忘记，忘掉
수첩 [名] 手册，记事本
모습 [名] 模样，面貌，样子
샘골 [名] 泉谷
향하다 [他/自] 面向，向，朝
길가 [名] 路边，沿途，沿路
방긋방긋 [副] 甜甜地（笑）
인사 [名] 寒暄，问候，打招呼，互相介绍
냇가 [名] 溪畔，小河边
다다르다 [自] 到达，抵达
깜짝 [副]（吓）一跳，一眨眼儿
뛰어놀다 [自] 蹦着玩，跳着玩
상하다 [自/他] 弄伤，伤，放坏
복 [名] 福，福气，福分
풍부하다 [形] 丰富，丰饶
지방 [名] 地方；脂肪

본문 들어가기 (课文视听)

1. 추석에는 특별한 음식을 먹나요?
2. 추석은 설과 함께 한국의 가장 큰 명절이다

 문법 알아보기 (语法解说)

1. 惯用型: -ㄴ가 보다/-는가 보다/-은가 보다

用于谓词后,表示推测,相当于汉语的"好像""似乎"。"-는가 보다"用在动词词干或表过去时制的非语末词尾"-았/-었/-였"后;"-ㄴ가 보다/-은가 보다"放在形容词或"이다"的词干后面。

- 조용한 걸 보니 애가 자는가 봐요.
- 선생님이 전화를 받으시지 않는 걸 보니 수업하고 계시는가 봐요.
- 그는 교통사고를 당했는가 봐요.
- 옛날에는 두 사람이 친했는가 봅니다.
- 애기가 우는 걸 보니 불편한가 봐요.
- 여기는 주차 금지 구역인가 봅니다.
- 저 사람은 대학생이 아닌가 봐요.

2. 终结词尾: -나

属于对等阶非格式体,接在动词后面,表示疑问。尊称是"-나요",比"-ㅂ니까/-습니까"更为柔和。

- 한국 음식을 좋아하나요?
- 침실에서 담배를 피우나?
- 누가 도서관에 갔나요?

3. 补助词: -(이)란

"-(이)라고 하는 것은"的缩略形,在动词的名词形后也可以使用。常在解释定义时使用。

- 친구란 어려울 때 도와주는 사이가 아닙니까?
- 부부란 인생의 동반자라고 생각해요.
- 행복함이란 가까운 곳에 있는 것이다.

연습문제 (练习)

1. 새로 배운 문법으로 만든 문장을 받아 쓰십시오. (听写使用新语法所造的句子。)

   가)
   나)
   다)
   라)
   마)
   바)
   사)
   아)
   자)

2. 다음을 잘 듣고 빈칸을 채우십시오. (听录音填空。)

   1) 오늘이 추석입니다. 추석을 (   )라고도 하지요.
   2) 추석이 아주 큰 (   ) 보지요?
   3) 좀 (   ) 말씀해 주시겠어요?
   4) 추석은 미국의 (   )과 비슷해요.
   5) 차례를 지낸 뒤에 (   ) 가지요.
   6) (   ) 참 재미있군요.
   7) 추석이 (   ) 고향에서 집안식구들과 지내려는 (   )들로 역마다 큰 혼잡을 이룬다.
   8) 대표적인 추석 음식으로 (   )이 있다.

3. 다음을 잘 듣고 본문과 맞으면 ○표, 맞지 않으면 ×표를 하십시오. (听录音,与课文内容一致的用○、不一致的用×表示。)

   1) (   )   2) (   )   3) (   )
   4) (   )   5) (   )   6) (   )

4. 본문 내용을 듣고 물음에 답하십시오. (听课文内容,回答问题。)

   1) 아이들이 어떤 옷을 입었습니까?

   2) 추석을 다른 말로 무엇이라고 합니까?

   3) 한국에서 제일 큰 명절은 무엇일까요?

4) 추석은 언제예요?

5) 추석에는 주로 무엇을 먹나요?

6) 추석에는 무슨 행사를 많이 해요?

5. 다음은 무엇에 대해 말하고 있습니까? 알맞은 것을 고르십시오.
   1) (　　　)
      ① 가족　　② 이름　　③ 고향　　④ 소포
   2) (　　　)
      ① 가방　　② 신발　　③ 바지　　④ 모자
   3) (　　　)
      ① 선물　　② 계절　　③ 취미　　④ 사진

6. 다음을 잘 듣고 대화 내용과 같은 것을 고르십시오.
   1) (　　　)
      ① 남자는 어제 아팠습니다.
      ② 여자는 어제 남자를 만났습니다.
      ③ 여자는 어제 모임에 안 갔습니다.
      ④ 남자는 어제 여자를 기다렸습니다.
   2) (　　　)
      ① 여자는 동생이 있습니다.
      ② 남자는 가족과 함께 삽니다.
      ③ 남자의 가족은 모두 세 명입니다.
      ④ 여자의 부모님은 부산에서 삽니다.
   3) (　　　)
      ① 남자는 운전을 잘 합니다.
      ② 여자는 아침에 쉬고 싶어합니다.
      ③ 여자는 이번 달부터 운전을 배울 겁니다.
      ④ 저녁에는 운전을 배우는 사람이 많습니다.
   4) (　　　)
      ① 여자는 남자에게 화를 내고 있습니다.
      ② 남자는 여자하고의 약속을 잊어버렸습니다.
      ③ 여자는 약속이 있으면 휴대폰이나 수첩에 메모를 합니다.
      ④ 남자는 이제부터 약속을 잘 지키기로 했습니다.

5) (　　　)
　①남자는 새해 후에 이사하려고 합니다.
　②남자는 작년부터 여기에서 살았습니다.
　③여자는 지금 남자의 집에 놀러 왔습니다.
　④여자는 학교에서 가까운 집으로 이사할 겁니다.

7. 다음 내용을 잘 듣고 질문에 답하십시오.
　1) 물고기는 왜 이사를 갔나요?

　2) 영수는 왜 속이 상하였나요?

8. 보통 차례상 위에 어떤 음식들이 있는가에 대해서 친구들에게 소개해 주십시오. (请向朋友们介绍一下祭祀桌上一般都供奉哪些食品。)

韩国文化解读 (한국 문화 이해)

한국의 명절

　한국에서 가장 중요한 명절은 설날과 추석입니다.
　설날은 음력 1월 1일입니다. 이 날 사람들은 한복을 입고, 가족들과 함께 즐겁게 지냅니다. 설날 아침에는 맛있는 떡국을 먹습니다. 떡국 한 그릇을 먹으면, 나이를 한 살 먹는다고 생각합니다. 어린 아이에게 몇 살이냐고 물어볼 때 떡국을 몇 그릇 먹었냐고 묻기도 합니다. 설날에 아랫사람은 윗사람에게 세배를 합니다. 그리고 "새해 복 많이 받으세요"하고 인사합니다.
　추석은 음력 8월 15일입니다. 이 날은 새로 나온 햇곡식과 햇과일로 조상들에게 감사를 드리는 날인 만큼 음식이 풍부합니다. 추석 때 먹는 음식으로 대표적인 것은 송편을 들 수 있습니다. 송편의 모양은 지방에 따라 다르나 보통 반달 모양을 하고 있는 것이 많습니다. 가족들이 모여서 송편을 만들어 먹습니다. 송편을 예쁘게 만들면, 예쁜 딸을 낳는다고 생각합니다. 추석날 밤에는 달이 아주 둥글고 밝습니다.
　설날과 추석에는 차례를 지내고, 성묘를 다녀옵니다. 이것은 한국의 오랜 전통입니다.

제3과 문화
文化

生词 (새 단어)

똑바로 [副] 笔直地，正确地，毫无差错地
네모가 나다 [词组] 呈四角形
길쭉하다 [形] 稍长，细长
둥글다 [形] 圆
본뜨다 [他] 摹写，模仿
인물 [名] 人物，人的长相，人才
월드 컵 [名] 世界杯
사라지다 [自] 消失，走开
모으다 [他] 收集，收藏，攒
휴대 [名] 携带
하얗다 [形] 白，雪白

배드민턴 [名] 羽毛球
치다 [他] 打，拍，鼓（掌）
자녀 [名] 子女
교문 [名] 校门
엿 [名] 麦芽糖，糖稀，饴糖
찰떡 [名] 糯米糕，打糕
미신 [名] 迷信
먹이다 [他] 喂，喂养
하여튼 [副] 无论如何，反正，不管怎样
숙이다 [使动]（将头）低下，使垂下，使下垂

본문 들어가기 (课文视听)

1. 예술의 전당이 어디 있어요?
2. 여러 나라의 우표

문법 알아보기 (语法解说)

1. 连接词尾: -어서

接在叙述格助词"이다"后表示原因、根据。

오늘은 일요일이어서 거리에 사람이 많아요.
내일은 휴일이어서 오늘 좀 늦게 자도 되죠?
이것이 친구로부터 받은 귀중한 선물이어서 잘 보관해야 해요.

2. 连接词尾: -아서/어서/여서

(1) 表示原因、理由或根据。

머리가 아파서 약을 먹었습니다.

비가 와서 우산을 샀습니다.
(2) 表示前一动作是后一动作的情态。
할머님은 소파에 앉아서 텔레비전을 보신다.
학생들은 문 밖에 서서 이야기를 해요.
(3) 表示连贯。前一动作虽已完成,但所形成的状态在进行后一动作时仍保持着,两个动作同时与一个主体发生关系。表示连贯时,后一动作是前一动作的目的。
어제 도서관에 가서 책을 좀 빌렸어요.
친구를 만나서 같이 영화를 봤습니다.

3. 惯用型: -기 위하여

用于动词词干后面,表示"为了做……而……"。"위하여"也可以说成"위해서",其中的"서"可以省略。
한국 문화를 이해하기 위하여 책을 많이 읽었어요.
시험 준비를 하기 위해서 밤을 새워요.

연습문제 (练习)

1. 새로 배운 문법으로 만든 문장을 받아 쓰십시오. (听写使用新语法所造的句子。)

가)
나)
다)
라)
마)
바)
사)
아)
자)

2. 다음을 잘 듣고 빈칸을 채우십시오. (听录音填空。)

1) 실례합니다. (   )은 어디로 가지요?
2) 이 길로 (   ) 가다가 지하도를 건너가세요.
3) 우리가 (   )보는 우표는 작고 네모난 모양입니다.
4) 동물이나 물건의 모양을 (   ) 우표도 있습니다.
5) 우리는 우표에서 훌륭한 인물, (   )과 같은 큰 행사 등을 볼 수 있습니다.
6) 여러 나라의 우표를 (   ) 그 나라에 대하여 더 잘 알 수 있습니다.

3. 다음을 잘 듣고 본문과 맞으면 ○표, 맞지 않으면 ×표를 하십시오. (听录音,与课文内容一致的用○、不一致的用×表示。)
   1) (   )   2) (   )   3) (   )   4) (   )   5) (   )

4. 본문 내용을 듣고 물음에 답하십시오. (听课文内容,回答问题。)
   1) 마이클 씨는 어디에 가려고 합니까?

   2) 마이클 씨는 길을 물어 보는 곳에서 극장까지 걸어가면 얼마나 걸립니까?

   3) 우표의 모양에 대해서 설명해 주십시오.

   4) 우표의 내용에 대해서 설명해 주십시오.

5. 다음을 듣고 대화 내용과 같은 것을 고르십시오.
   1) (   )
      ① 남자는 학생입니다.
      ② 여자는 학교에 다닙니다.
      ③ 남자는 한국어를 가르칩니다.
      ④ 여자는 한국어를 공부합니다.
   2) (   )
      ① 여자는 학교 근처에 삽니다.
      ② 남자는 기숙사가 마음에 듭니다.
      ③ 여자는 기숙사에 살기 싫어합니다.
      ④ 남자는 넓은 집으로 이사할 겁니다.
   3) (   )
      ① 이 전화기는 하얀색만 있습니다.
      ② 이 전화기를 빌릴 때 돈을 내야 합니다.
      ③ 이 전화기는 인터넷을 사용할 수 있습니다.
      ④ 이 전화기는 오늘부터 사용할 수 있습니다.

6. 다음을 잘 듣고 대화 내용과 같은 것을 고르십시오.
   1) (   )
      ① 남자는 오늘 저녁에 약속이 있습니다.
      ② 여자는 오늘 배드민턴을 쳤습니다.
      ③ 남자는 배드민턴을 치고 싶어합니다.

④ 여자는 오늘 배드민턴을 칠 것입니다.
2) (　　　)
　① 우체국은 3층에 있습니다.
　② 여자는 지금 우체국에 있습니다.
　③ 우체국은 파란색 건물에 있습니다.
　④ 남자는 파란색 건물 옆에 있습니다.
3) (　　　)
　① 여자는 옷을 사러 왔습니다.
　② 남자는 여자를 만나러 왔습니다.
　③ 남자는 친구 생일 선물을 살 것입니다.
　④ 여자는 남자와 같이 쇼핑을 했습니다
4) (　　　)
　① 남자는 평화공원 산책길을 모릅니다.
　② 여자의 집은 평화공원에서 가깝습니다.
　③ 놀이터 뒤에 있는 산책길은 조용합니다.
　④ 두 사람은 평화공원에서 산책을 하고 있습니다.
5) (　　　)
　① 여자는 가방을 사러 갑니다.
　② 남자는 버스를 탈 것입니다.
　③ 남자는 가방을 잃어버렸습니다.
　④ 여자는 버스에서 가방을 못 봤습니다.

7. 다음 내용을 잘 듣고 질문에 답하십시오.
1) 사람들이 왜 교문에다가 엿이나 찰떡을 붙이나요?

2) 시험보는 날에 왜 미역국 같은 것을 절대로 안 먹이나요?

8. 다음 상황에서 전화로 이야기해 보세요. （下述情况下，请用电话解释一下。）

　　교수님 댁에 전화했어요. 교수님 댁 전화 번호는 645-8732입니다. 그런데 저는 전화를 잘못 걸었습니다. 그 집 전화 번호는 645-8723이었습니다.

9. 한국 친구와 사귀면서 실수한 일이 있습니까? 어떤 실수를 했습니까? 말해 보십시오. （在与韩国朋友交往时有过失误吗？请谈一谈都发生过哪些失误。）

补充词汇

공공건물 公共场所

학교 学校	식료품점 食品店
도서관 图书馆	빵집/제과점 面包店
박물관 博物馆	생선가게 鱼店
미술관 美术馆	정육점 肉店
음악당 音乐厅	술집 酒馆儿
교회 教会	선술집 (站着喝的)简易酒吧
병원 医院	식당/음식점 餐馆
은행 银行	호프집 啤酒屋
우체국 邮局	다방 茶馆，咖啡厅
영화관 电影院	잡화점 杂货店
극장 剧院	세탁소 洗衣店
대사관 大使馆	시계점 钟表店
영사관 领事馆	도장집 刻字店
도청 道政府	안경점 眼镜店
시청 市政府	신발가게 鞋店
구청 区政府	옷가게 服装店
동사무소 洞事务所	이불가게 被褥店
동네 乡村	완구점 玩具店
경찰서 警察局	약국 药店
파출소 派出所	이발소 理发店
소방서 消防局	전기재료상 电器行
백화점 百货店	철물점 五金商店
대형마트 大型超市	화장품가게 化妆品店
슈퍼마켓 超市	세븐일레븐/편의점 昼夜商店
면세점 免税店	가구점 家具店
직매점 直销店	가전제품상점 家用电器商店
쇼핑센터 购物中心	꽃집 花店
전당포 当铺	담배가게 烟铺
공중화장실 公共厕所	레코드가게 唱片店
청과시장 水果蔬菜市场	문방구 文具店
야채가게 蔬菜店	책방/서점 书店
과일가게 果品商店	목욕탕 浴池，澡堂
매장 小商店，小铺	예식장 仪式场
재래시장 农贸市场	경기장 体育场，运动场
가게 小铺	수영장 游泳馆
구멍가게 小卖铺	디스플레이 柜台

제3과 문화

간판 招牌　　　　　　　　방송국 广播电台
현판 匾额, 木对联　　　　　동물원 动物园
공원 公园　　　　　　　　식물원 植物园
엘리베이터 电梯　　　　　민속촌 民俗村
에스컬레이터 电梯, 自动扶梯　양로원 养老院
청와대 青瓦台(总统府)　　고아원 孤儿院
국회의사당 国会会议厅　　기념탑 纪念塔
정부종합청사 政府办公大楼　기념관 纪念馆
신문사 报社　　　　　　　기념비 纪念碑

제4과 안내
解说

生词 (새 단어)

안내 방송 [名] 广播通知
줄 [名] 行，排，列，线
막 [副] 正，正要，刚
안전선 [名] 安全线
노란 줄 [名] 黄线
가까이 [副] 近，靠近，亲近
위험하다 [形] 危险
재수 [名] 运气，幸运，手气
시청 [名] 市政府
상계 [名] （地名）上溪
조교 [名] 助教

틀 [名] 机器，框，模式，架子
물러서다 [自] 后退，让开，躲开
방해 [名] 妨碍，干扰
쭉 [副] 一直，一溜儿
손목 [名] 手腕
마르다 [形/自] 干，瘦，渴
약간 [副] 有点，微微，稍许
통통하다 [形] 胖敦敦，（肿）暄乎乎
복스럽다 [形] 富态，福态，喜形于色
겁이 많다 [词组] 怯懦，胆小

본문 들어가기 (课文视听)

1. 안내 방송
2. 기숙사 규칙 안내

문법 알아보기 (语法解说)

1. 惯用型: -다고 하다

用于陈述句的间接引用中。动词和形容词的过去、将来时制后、形容词的现在时制后直接加"-다고 하다"；动词的现在时制后，无收音的动词词干后加"-ㄴ다고 하다"，有收音的动词词干后加"-는다고 하다"。

선희 씨가 내일 집에서 초대하겠다고 했어요.
그는 어제 도서관에서 친구를 만났다고 했어요.
철수 씨는 할머니께서 아주 건강하시다고 합니다.
동생이 방에서 책을 읽는다고 합니다.
언니는 일이 있어서 못 간다고 합니다.

2. 连接词尾：-자

用于动作动词后，表示一个动作完成之后紧接着发生另一个动作，根据句子内容，前一个动作还可以成为后一个动作的前提条件，相当于汉语的"立即""一……就……"。不能用于命令句或请诱句中。

- 그 소식을 듣자 그는 아주 기뻐했어요.
- 여름 방학이 시작되자 여행 가는 학생들이 늘어났다.
- 시합에서 이기자 모두들 소리를 질렀습니다.

3. 惯用型：인지 모르다

"이다"与"-ㄴ지 모르다"结合在一起，表示疑问、不确切的意思。在"-ㄴ지"的后面可以接"-를, -도, -는"等助词。

- 저 사람이 누구인지 몰라요?
- 여기가 어디인지 잘 모르겠습니다.
- 그가 한 말이 무슨 뜻인지 몰랐어요.

4. 连接词尾：-니까/으니까

用于叙述格助词"이다"、谓词词干、过去时制词尾后，表示以下两种意思。

1) 表示原因。与"-아/-어/-여서"相比，更强调话者个人的感觉或想法，此时前后句的主语可以相同也可以不同。

- 추우니까 옷을 많이 입으세요.
- 학교에 늦었으니까 택시를 타고 가겠습니다.
- 오래만에 만났으니까 술 한 잔 합시다.

2) 表示由于进行了前面的动作，进而发现了后面的情况。此时前句中不用"-었, -겠"，后句中不使用"-겠"。

- 회의를 마치니까 12시였어요.
- 사무실에 전화하니까 통화 중이었습니다.
- 창문을 여니까 시원한 바람이 들어왔습니다.

5. 惯用型：-라고/으라고 하다

用于命令句的间接引用中。"-라고 하다"用于无收音的动词词干、以ㄹ结尾的动词词干、非语末词尾"-시/-으시"之后；"-으라고 하다"用于有收音（ㄹ收音除外）的动词词干之后。

- 엄마가 빨리 밥을 먹으라고 하셨습니다.
- 선생님께서는 다음주에 보고서를 내라고 하셨습니다.
- 친구는 오후 3시에 교실에 오라고 했습니다.

연습문제 (练习)

1. 배운 문법으로 만든 문장을 받아 쓰십시오. (听写使用新语法所造的句子。)

   가)
   나)
   다)
   라)
   마)
   바)
   사)
   아)
   자)
   타)

2. 다음을 잘 듣고 빈칸을 채우십시오. (听录音填空。)

   1) 희선과 다나카는 수업을 (   ), 동대문 시장에 가기로 했다.
   2) 버스를 타고 2 호선 역인 (   )까지 갔다.
   3) 표 파는 곳에는 많은 사람들이 (   ) 기다리고 있었다.
   4) 그들이 표를 산 후 (   ) 안내 방송이 나왔다.
   5) 열차에 가까이 가면 위험하니까 조심하라고 (   ) 선이에요.
   6) 가만 있어 보세요. 안내 방송이 또 (   ).
   7) 상계 방면으로 가실 분은 4호선으로 (   ) 바랍니다.
   8) 음악이나 텔레비전을 크게 (   ).

3. 다음을 잘 듣고 본문과 맞으면 ○표, 맞지 않으면 ×표를 하십시오. (听录音,与课文内容一致的用○、不一致的用×表示。)

   1) (   )
   2) (   )
   3) (   )
   4) (   )
   5) (   )
   6) (   )
   7) (   )

4. 본문 내용을 듣고 물음에 답하십시오. (听课文内容,回答问题。)

   1) 희선과 다나카가 표를 산 후 계단을 내려가자 어떤 안내 방송이 나왔습니까?

   2) 안전선이 무엇입니까?

3) 기숙사에서 왜 음악이나 텔레비전을 크게 틀지 못해요?

4) 기숙사 1층에는 뭐가 있고 거기서 뭘 할 수 있습니까?

5. 다음을 듣고 대화 내용과 같은 것을 고르십시오.
1) (   )
  ① 여자는 돈을 찾았습니다.
  ② 남자는 지금 은행에 있습니다.
  ③ 여자는 은행에 가려고 합니다.
  ④ 남자는 은행에 가는 길을 모릅니다.
2) (   )
  ① 여자는 미술관에서 일하고 있습니다.
  ② 남자는 미술관 안을 구경하고 있습니다.
  ③ 남자는 여자에게 사진기를 빌리려고 합니다.
  ④ 여자는 사진기를 가지고 미술관에 들어갔습니다.
3) (   )
  ① 여자는 일요일에 할 일이 없습니다.
  ② 남자는 직접 과자를 만들어 먹습니다.
  ③ 여자는 과자 만드는 것을 좋아합니다.
  ④ 남자는 여자와 같이 과자를 만듭니다.

6. 다음을 잘 듣고 대화 내용과 같은 것을 고르십시오.
1) (   )
  ① 여자는 어제 일이 많았습니다.
  ② 여자는 어제 결혼을 했습니다.
  ③ 남자는 어제 회사에서 일했습니다.
  ④ 남자는 결혼식에서 여자를 만났습니다.
2) (   )
  ① 남자는 재미있게 놀고 싶어합니다.
  ② 여자는 만리장성에 가려고 합니다.
  ③ 남자는 주말에 여자를 만날 겁니다.
  ④ 여자는 친구와 같이 고향에 갈 겁니다.
3) (   )
  ① 남자는 동생이 있습니다.
  ② 여자는 동생보다 키가 작습니다.
  ③ 남자는 미란 씨하고 닮았습니다.
  ④ 여자는 동생하고 이야기를 합니다.

4) (　　)
① 남자는 회의 준비를 했습니다.
② 남자는 오늘 저녁에 회의를 합니다.
③ 여자는 오늘 일찍 퇴근하고 싶어합니다.
④ 여자는 회의 시간을 바꾸고 싶어합니다

5) (　　)
① 남자는 배구를 배우고 싶어합니다.
② 남자는 배구를 한 지 일 년이 되었습니다.
③ 남자는 배구를 처음 배울 때 손목이 아팠습니다.
④ 남자는 여자하고 같이 배구를 배우고 있습니다.

7. 다음 내용을 잘 듣고 질문에 답하십시오.
1) 언제 시험을 보고 그리고 무슨 시험을 볼 것인가요?

2) 학생들이 몇 과부터 몇 과까지 공부해야 하나요?

3) 좋은 점수를 받으려면 어떻게 해야 하나요?

8. 다음 상황에서 전화로 이야기해 보세요. （用电话聊一下下述情况）
내일은 제 생일이에요. 저는 친구에게 전화했어요. 그런데 친구가 집에 없어요. 친구 할머니하고 이야기하세요.

韩国文化解读 (한국 문화 이해)

한국의 전통적 미인

요즘 한국에서는 어떤 사람이 미인입니까? 키가 크고 얼굴이 작고, 눈이 크고 쌍꺼풀도 있는 사람일 것입니다. 그럼, 한국의 전통적인 미인은 어땠을까요? 지금과 비슷할까요? 그렇지 않습니다.

옛날에 한국에서는 키가 크고 마른 사람을 별로 좋아하지 않았습니다. 날씬한 사람보다는 약간 통통한 사람을 복스럽다고 하여 더 좋게 생각했습니다. 그리고 눈이 큰 사람은 겁이 많다고 생각했습니다.

물론 이러한 조건보다 마음의 아름다움이 더 중요합니다. 마음이 고와야 진짜 미인이 될 수 있습니다

제5과 정보
信息

生词 (새 단어)

취직 [名] 就业	매체 [名] 媒体
현황 [名] 现况	운전하다 [他] 驾驶，操纵
조사 [名] 调查	정보 [名] 信息，情报
정리하다 [他] 整理	쌀쌀하다[形]（天气）凉飕飕的，
보고하다 [他] 报告，汇报	（性格、态度）冷冰冰的
조사설문지 [名] 问卷调查	긴팔[名]长袖
졸업반 [名] 毕业班	면허증[名]执照，许可证
보고서 [名] 报告，报告书	호수[名]湖，湖泊
작성하다 [他] 制定，拟定，起草	뮤지컬[名]音乐剧，音乐喜剧
혹시 [副] 有时，间或，如果	호박죽[名]南瓜粥
웬만하다 [形] 还可以，一般，普通，通常	

본문 들어가기 (课文视听)

1. 정보 획득
2. 정보 매체에 대하여

문법 알아보기 (语法解说)

1. 惯用型：-ㄹ/을 텐데

用于谓词词干和"이다"后,冠形词形词尾"-ㄹ/을"与"-테(터이)다"及"-ㄴ데"的结合方式,表示推测性原因、理由、根据。终结谓语主要用表示祈使的命令句、共动式。

어머니가 음식을 준비하셨을 텐데 저녁은 집에서 먹자.
회원들이 궁금한 것이 많을 텐데 질문 시간을 줍시다.
공항에서 저는 그를 봐도 모를 텐데 어떻게 하지요?
유학을 가야 할 텐데 장학금을 못 받아서 큰 일이에요.

- 약속 때문에 나가야 할 텐데 집 볼 사람이 없습니다.

2. 惯用型: -기만 하면:
   用于谓词词干后,表示条件或环境。译为"只要……就……""一旦……就……"
   - 애들은 부모님이 나가기만 하면 공부를 안 합니다.
   - 내가 세차를 하기만 하면 비가 내려요.
   - 마음에 드는 신부감이 있기만 하면 금방이라도 결혼을 하겠습니다.

3. 惯用型: -아야/어야/여야겠다:
   是"-아야/어야/여야 하겠다"的缩略形,用于谓词后,强调当为性,相当于汉语的"应该""必须"。通常只用于口语。
   - 내일부터 시험 준비를 해야겠어요.
   - 약속이 좀 있어서 지금 가야겠어요.
   - 영어를 더 잘 배워야겠어요.

연습문제 (练习)

1. 배운 문법으로 만든 문장을 받아 쓰십시오. (听写使用新语法所造的句子。)
   가)
   나)
   다)
   라)
   마)
   바)

2. 다음을 잘 듣고 빈칸을 채우십시오. (听录音填空。)
   1) 실은 선생님께서 (   )이 하나 있는데, 어떻게 해야 될지 몰라서요.
   2) (   )를 이번 주까지 정리해서 보고하라고 하셨어요.
   3) 일이 (   ), 얼마나 했어요?
   4) (   )를 졸업반 학생들에게 다 보냈어요.
   5) 그러면 결과가 (   ) 정리하기만 하면 되지요.
   6) (   )에 있을 거예요. (   )는 다 거기에 있으니까요.
   7) 텔레비전 뉴스는 소식을 (   ) 자세한 내용은 알 수 없습니다.
   8) 최근에는 (   )로 인터넷을 이용하는 사람들이 늘고 있습니다.
   9) 인터넷은 다른 (   ) 새로운 소식을 빠르게 전달합니다.

3. 다음을 잘 듣고 본문과 맞으면 ○표, 맞지 않으면 ×표를 하십시오. (听录音,与课文内容一致的用○、不一致的用×表示。)
   1) (   ) 2) (   ) 3) (   ) 4) (   ) 5) (   )

4. 본문 내용을 듣고 물음에 답하십시오. (听课文内容,回答问题。)
   1) 스미스 씨는 무엇때문에 고민하고 있습니까?

   2) 민호 씨는 스미스 씨에게 가르쳐 준 방법은 무엇입니까?

   3) 스미스 씨는 취직 현황 조사 보고서를 작성하기 위해서 어떤 준비를 했습니까?

5. 다음을 듣고 대화 내용과 같은 것을 고르십시오.
   1) (   )
      ① 남자는 감기에 걸렸습니다.
      ② 여자는 지금 많이 춥습니다.
      ③ 여자는 밤에 옷을 얇게 입습니다.
      ④ 남자는 날씨가 쌀쌀해서 좋습니다.
   2) (   )
      ① 여자는 회사 일이 일찍 끝납니다.
      ② 여자는 운전을 배우고 싶어합니다.
      ③ 남자는 운전을 배우는 곳을 모릅니다.
      ④ 남자는 인터넷으로 면허증을 신청합니다.
   3) (   )
      ① 남자는 지금 집에 있습니다.
      ② 여자는 출장 자료가 필요합니다.
      ③ 여자는 다른 사람에게 연락을 했습니다.
      ④ 남자는 여자에게 회의 자료를 보냈습니다.

6. 다음을 듣고 남자의 중심 생각을 고르십시오.
   1) (   )
      ① 걷는 것은 좋은 운동이 됩니다.
      ② 산책은 저녁에 하는 것이 좋습니다.
      ③ 공원 안에 호수를 만들어야 합니다.
      ④ 집 근처에 공원이 생기면 좋겠습니다.

2) (　　　)
　① 불편한 자리는 가격을 싸게 해야 합니다.
　② 연극도 영화처럼 값이 싸면 좋겠습니다.
　③ 영화는 앞자리에서 보면 더 재미있습니다.
　④ 영화관은 모든 자리를 편하게 해야 합니다.
3) (　　　)
　① 걷기 대회를 일찍 끝내야 합니다.
　② 걷기 대회를 하면 길이 막혀서 싫습니다.
　③ 걷기 대회는 아침 시간에 하는 것이 좋습니다.
　④ 걷기 대회 때문에 길이 좀 막혀도 참아야 합니다.

7. 다음을 듣고 물음에 답하십시오.
　1) 두 사람은 왜 호박죽을 만듭니까?
　　① 할머니들께 드리고 싶어서
　　② 할머니들과 같이 먹고 싶어서
　　③ 호박죽을 한번 끓여 보고 싶어서
　　④ 호박죽을 혼자 끓이기가 힘들어서
　2) 들은 내용과 같은 것을 고르십시오.
　　① 남자는 이 모임에 간 적이 있습니다.
　　② 남자는 이번 주말에 모임에 갈 겁니다.
　　③ 이 모임에서는 할머니들이 음식을 만듭니다.
　　④ 이 모임에서는 다음 주말에 청소를 할 겁니다.

8. 정보를 얻는 방법에 대해서 말해 보십시오. （请说说获取信息的方法。）

补充词汇

매체 媒体

방송국 广播电台　　　　　프로그램 节目
공영방송국 国营广播电台　채널 频道
민영방송국 民营广播电台　네트워크 网络
생방송 现场直播　　　　　하이라이트 最精彩的场面
유선방송 有线广播　　　　르포/탐방기사 事实报道, 现场报道
위성방송 卫星广播　　　　드라마 电视剧
위성중계 卫星转播　　　　미니시리즈 短剧
중계방송 转播　　　　　　퀴즈 智力竞赛, 猜谜
실황중계 实况转播　　　　다큐멘터리 纪录片
미디어 媒体　　　　　　　만화영화 动画片
황금시간대 黄金时段　　　선전/CM 广告

제5과 정보

신청/리퀘스트 点播
에프엠/FM 调频
에이엠/AM 调幅
스튜디오 摄影棚
디스크자키/DJ 唱片，磁盘
사회자/MC 主持人
아나운서 播音员
뉴스앵커 新闻播音员
탤런트 (电视)演员
감독 导演
제작자/프로듀서 制片人
쇼 表演
출연 演出
인터뷰 采访
신문사 报社
조간 早报，晨报
석간 晚报
일간지 日报
주간지 周报
스포츠신문 体育报
영자신문 英语报
기사 消息
표제/헤드라인 标题
톱뉴스 头版头条
제1면톱기사 头版头条
간추린내용 内容提要
사설 社论

정치면 政治版
경제면 经济版
사회면 社会版
문화면 文化版
스포츠면 体育版
생활면 生活版
독자란 读者来信栏
칼럼 专栏
TV,라디오프로 电视广播栏目
편집인 编辑
편집장 主编
논설위원 评论员
특파원 特派员
특집 特辑
기자회견 记者招待会
취재 取材
특집기사 专题报道
편파보도 片面报道
호외 号外
동아일보 东亚日报
조선일보 朝鲜日报
한국일보 韩国日报
세계일보 世界日报
중앙일보 中央日报
시청자 听众
시청률 收视率
후원자/스폰서 资助者

제6과 정보화 시대
信息化时代

生词 (새 단어)

리포트 [名]	报告书
삭제 [名]	取消
삽입 [名]	插入
수정 [名]	修改
보충 [名]	补充
편집 [名]	编辑
저장하다 [他]	储存
문서 [名]	文件，文书
프린트 [名]	打印
운영체계 [名]	操作系统
마이크로 소프트 [名]	微软公司（软件公司名）
윈도우즈 xp [名]	Windows XP（操作系统名）
중요시되다 [自]	重视
이끌다 [他]	带动，领导，吸引
경쟁력 [名]	竞争力
영상 [名]	图像，影像
네트워크 [名]	网络
채팅 [名]	网上聊天
상상 [名]	想象
현실 [名]	现实
가능하다 [形]	可能
부정적 [名]	否定
사생활 [名]	私生活
침해 [名]	侵害
단절 [名]	中断，断绝
사이버 [名]	网络
범죄 [名]	犯罪
과장 [名]	科长
기껏 [副]	尽力，就，才
맨 [贯形词]	最，第一
뒷줄 [名]	后排，后行
대체 [名]	梗概，大致情况
따로 [副]	另外，不一块儿
방식 [名]	方式
현장 [名]	现场
매매 [名]	买卖，销售
콱 [副]	猛地
순간 [名]	瞬间，一瞬间，刹那间
배정되다 [自]	安排，分配，定
무조건 [名/副]	无条件，无保留
전문가 [名]	专家，老手，行家
의견 [名]	意见
청각 [名]	听觉
만족시키다 [使动]	使满足，使满意
기준 [名]	基准，标准，准则
최악 [名]	最坏，最糟糕，最差

제6과 정보화 시대   27

 본문 들어가기 (课文视听)

1. 한글 입력하기
2. 정보화 사회

 문법 알아보기 (语法解说)

1. 呼格助词： -야/아
用于名词后,开音节后接"-야",闭音节后接"-아",是非敬语。如：
지혜야, 밥 먹어라.
애들아, 할머니께서 오신다.
용숙아, 숙제는 다 했니?

2. 连接词尾： -더니
接在谓词词干后,表示多种意思。前面句子的主语通常是第三人称,后面句子不能接将来时制。

1) 表示回想过去发生的事实,该事实与后一事实有两相对照的转折关系。
   어제는 날씨가 좋더니 오늘은 많이 흐렸군요.
   전에는 매운 것을 안 좋아하시더니 지금은 잘 드시네요.

2) 表示回想过去某一段时间发生或进行的事实,该事实又是后面发生的事实的原因、理由、根据。
   연습을 열심히 하더니 이젠 퍽 잘 해요.
   그 학생이 열심히 공부하더니 유명한 대학에 합격했어요.

3) 表示回想过去某一行动或状态,该行动或状态结束或停止后,紧接着发生另一个行动或形成另一种状态。
   그 아이가 방금 울더니 웃는다.
   어머니께서 밖을 보시더니 우산을 가지고 나가셨다.

3. 补助动词： -아/어/여 있다
用于动词后,也经常与动词的被动形一起使用。表示动作结束的状态一直持续。

1) 与动词连用
   들에는 여러 가지 꽃들이 곱게 피어 있었어요.
   내 머리에는 어릴 때의 기억이 남아 있습니다.
   앉아 있는 사람보다 서 있는 사람이 더 많은 것 같다.

2) 与动作动词的被动形连用
   놓여 있다   닫혀 있다   열려 있다   꺼져 있다   쓰러져 있다
   섞여 있다   젖어 있다   모여 있다   잘려 있다   버려져 있다

- 커져 있다   적혀 있다   넘어져 있다   그려져 있다   떨어져 있다

如:
- 책에는 그의 이름과 책을 산 날짜가 적혀 있다.
- 아내와 떨어져 있으니까 외롭고 쓸쓸합니다.
- 병원 문이 닫혀 있어서 진찰을 못 받았다.

4. 惯用型: -에 따라(서)

用于体言后,表示依据,译为"根据……""依据……"。"따라"接在"오늘""그때""그 날"等表示时间的名词后,表示"与其它时候不同,有些特别"。如:
- 부채는 모양에 따라 여러 가지 이름이 있다.
- 걸어서 가느냐 버스를 타고 가느냐에 따라서 걸리는 시간이 다르지요.
- 학교에 따라서 등록금에 차이가 있습니다.
- 점심을 사 주기로 했는데 그 날따라 지갑을 안 가지고 나왔단 말이야.

5. 惯用型: -ㄴ/는다면

"-ㄴ/는다고 하면"的缩略形,表示"假定前面的句子是事实的话……",后半句的谓语经常用"-겠다""-ㄹ 것이다""-었을 것이다""-ㄹ 테다""-ㄹ 텐데"。如:
- 내일 온다면 내가 회의가 있어서 공항에 나가 마중하지 못할 텐데.
- 대학원 시험에 떨어진다면 취직할 거예요.
- 상한 과일을 먹는다면 몸에 안 좋을 것이다.

연습문제 (练习)

1. 새로 배운 문법으로 만든 문장을 받아 쓰십시오. (听写使用学新语法所作的例句。)

   가)
   나)
   다)
   라)
   마)
   바)
   사)
   아)
   자)

2. 다음을 잘 듣고 빈칸을 채우십시오. (听录音填空。)

   1) 며칠 전에 (   )에 가더니 컴퓨터 한 대 사왔구나.
   2) 이젠 컴퓨터로 (   )를 쓸 수 있게 되었구나.
   3) 이젠 컴퓨터 화면에서 문서를 (   ), 수정, 보충 등을 할 수 있어.
   4) 이미 (   )를 저장하였다.

5) 먼저 키보드에 (   ) 한글 자모를 잘 익혀.
6) 정보화 사회는 정보의 역할이 (   ) 사회를 말한다.
7) 그렇기 때문에 (   ) 정보를 얼마나 빨리 얻는가가 개인과 국가의 경쟁력을 결정한다.
8) 우리는 이제 (   ) 원하는 정보를 쉽게 얻을 수 있다.

3. **다음을 잘 듣고 본문과 맞으면 ○표, 맞지 않으면 ×표를 하십시오.** (听录音,与课文内容一致的用○、不一致的用×表示。)
   1) (   ) 2) (   ) 3) (   ) 4) (   ) 5) (   )

4. **본문 내용을 듣고 물음에 답하십시오.** (听课文内容,回答问题。)
   1) 한글과 한자, 영문 등을 어떻게 동시에 입력할 수 있습니까?

   2) 정보화 사회는 어떤 사회를 말합니까?

   3) 컴퓨터는 어떤 형태의 정보를 한꺼번에 처리할 수 있습니까?

   4) 정보화 사회에는 있는 부정적인 면이 무엇입니까?

5. **다음 대화를 듣고 이어질 수 있는 말을 고르십시오.**
   1) (   )
      ① 아마 7시쯤이 좋겠어요.
      ② 집에 언제 갈 거예요?
      ③ 집에 전화하려고 해요.
      ④ 내일은 어때요?
   2) (   )
      ① 일을 하고 집에 가려고 해요.
      ② 저는 제 일을 좋아해요.
      ③ 저는 피곤하면 집에서 자요.
      ④ 커피를 마시면 좀 괜찮을 거예요.
   3) (   )
      ① 기숙사에 세탁기가 고장 났거든요.
      ② 빨래는 너무 힘들어요.
      ③ 세탁기를 사러 가려고 해요.
      ④ 제가 와이셔츠를 빨게요.

6. 다음을 듣고 대화 내용과 같은 것을 고르십시오.
   1) (　　　)
      ① 여자는 회사에 다닙니다.
      ② 두 사람은 졸업을 했습니다.
      ③ 남자는 여자를 기다렸습니다.
      ④ 두 사람은 오랜만에 만났습니다.
   2) (　　　)
      ① 여자는 이메일을 쓸 것입니다.
      ② 여자는 이 회사의 과장입니다.
      ③ 남자는 바뀐 회의 시간을 몰랐습니다.
      ④ 남자는 과장님과 회의를 하고 있습니다.

7. 다음을 듣고 물음에 답하십시오.
   1) 어떤 이야기를 하고 있는지 고르십시오.
      ① 인사　　② 부탁　　③ 초대　　④ 약속
   2) 들은 내용과 같은 것을 고르십시오.
      ① 여자는 음료수를 좋아합니다.
      ② 남자는 음료수를 살 것입니다.
      ③ 손님은 이십 분 후에 올 것입니다.
      ④ 여자는 손님에게 전화를 했습니다.

8. 앞으로 10년 후에 어떻게 변하게 될지, 무슨 일이 일어날지 말해 봅시다. (请大家谈谈十年后会有哪些变化、将会发生什么事情。)

	지금의 모습	10년 후의 모습
전화		
컴퓨터		
자동차		

韩国文化解读 (한국 문화 이해)

인터넷 영화 예매

요즘은 인터넷으로 영화 표를 예약하는 사람이 많다. 그러나 기껏 인터넷 예약까지 하고 표를 찾았더니 맨 뒷줄이나 맨 앞자리로 예약이 되어 있어 기분이 상하는 경우가 종종 있다. 대체 어떻게 해야 좋은 자리를 예약할 수 있을까?

'좌석 배정의 비밀'은 극장마다 인터넷이나 ARS 예약 손님을 위해 예약석을 따로 배정하고는 있지만 좌석을 정하는 방식이 다르다는 데 있다.

대부분의 극장이 현장 매매의 경우 좌석 표를 보고 자리를 콕 찍을 수 있도록 하고 있다. 그러나 여기에는 시간과 비용이라는 문제가 따른다. 주말이나 휴일이라면 적어도 6-7시간은 먼저 가야 하는 불편함이 있다.
  인터넷 예매의 경우, 시내의 영화관은 예매하는 순간 자리가 배정되므로 무조건 일찍 예매하면 좋은 자리를 배정받을 수 있다.
  그렇다면 영화관에서 '좋은 자리'는 어디일까? 전문가의 의견에 따르면 우선 시각과 청각을 동시에 만족시켜 줄 수 있는 자리를 기준으로 한다. 극장을 앞에서부터 뒤까지 3등분하여 뒤에서부터 3분의 1이 시작되는 줄부터 가운데 줄까지가 최고의 줄이 되며 나쁜 자리는 물론 맨 앞, 맨 뒤, 맨 오른쪽, 맨 왼쪽의 좌석이나 그중에서도 오른쪽 끝이 최악이라고 한다.

제7과 친구 사이
朋友之间

 ### 生词 (새 단어)

농담 [名] 玩笑，笑话
자꾸 [副] 老是，总是
태도 [名] 态度
가치관 [名] 价值观
비록 [副] 尽管，虽然
상대방 [名] 对方
이익 [名] 利益
외모 [名] 外貌，外表
특성 [名] 特性
발렌타인데이 [名] 情人节
다가오다 [动] 临近，凑近
초콜릿 [名] 巧克力
손수 [副] 亲自，亲手
목도리 [名] 围脖

짜다 [他] 编织
모습 [名] 长相，样子，面貌
산림 [名] 山林，森林
보호 [名] 保护
우리 [名] 圈，窝，笼
빠져나오다 [自] 脱离，逃脱，脱漏
도망가다 [自] 逃走，逃跑
화재 [名] 火灾，祸灾；绘画素材
관계자 [名] 有关人员，相关人士
불꽃놀이 [名] 烟花，火花游戏
다치다 [自/他] 碰，碰伤，触摸，弄坏
직원 [名] 职员，员工
소방서 [名] 消防署，消防局

 ### 본문 들어가기 (课文视听)

1. 친구 사이의 이야기
2. 발렌타인데이 선물

 ### 문법 알아보기 (语法解说)

1. 惯用型：-다(가) 보니

多用于动词后，表示在某个动作或状态的持续过程中发现某一事实。其中被发现的事实有时是意想不到的。如：

가까운 친구로 지내다 보니 서로 사랑하게 되었어요.
직장 생활을 오래 하다가 보니 가끔 지루해질 때가 있어요.
회사 일이 바쁘다 보니 자주 연락을 드리지 못했어요.

2. 连接词尾: -ㄹ/을지라도

表示对未来的事情做让步性假设,与 "-ㄴ/는다고 해도" 的意思相同,可以互换。表示即使认定前面的情况,但后面的情况更重要。类似于汉语的 "即使……也……"

- 오늘밤을 새울지라도 이 책을 다 읽겠어요.
- 어떤 어려움이 있을지라도 꼭 성공해야겠어요.
- 다시 만나지 못할지라도 건강하시고 행복하세요.

연습문제 (练习)

1. 새로 배운 문법으로 만든 문장을 받아 쓰십시오. (听写使用新语法所作的例句。)

   가)
   나)
   다)
   라)

2. 다음을 잘 듣고 빈칸을 채우십시오. (听录音填空。)

   1) 그건 (   )이고 자꾸 만나다 보니 좋아하게 된 것이 아닐까요?
   2) 더 중요한 이유는 민호 씨의 (   )이 나와 비슷하기 때문일 거예요.
   3) 비록 태도나 가치관이 (   ) 상대방이 나한테 잘 해 주고 이익을 갖다 주면 좋아할 수도 있을 거예요.
   4) 가장 쉽게 (   ) 것은 성격, 능력, 외모 등 좋은 특성을 가지는 것이라고 생각해요.
   5) 나는 이리저리 (   ) 결국 한 가지 좋은 생각을 해냈다.
   6) 손수 (   ) 남자친구에게 따뜻함을 느끼게 해 주는 것이다.
   7) (   )가 곧 다가온다.
   8) 일반적으로 이 날에는 여자애들이 자신의 남자친구에게 (   )을 준다.

3. 다음을 잘 듣고 본문과 맞으면 ○표, 맞지 않으면 ×표를 하십시오. (听录音,与课文内容一致的用○、不一致的用×表示。)

   1) (   )   2) (   )   3) (   )   4) (   )   5) (   )

4. 본문 내용을 듣고 물음에 답하십시오. (听课文内容,回答问题。)

   1) 철수 씨가 민호 씨를 좋아하는 이유는 무엇입니까?

   2) 매년 발렌타인데이에는 여자애들이 자신의 남자친구에게 일반적으로 무

슨 선물을 줍니까?

3) 나는 이리저리 생각한 끝에 남자친구에게 무엇을 주기로 했어요?

4) 나는 목도리를 짤 줄 몰랐는데 어떻게 해요?

5. 다음을 듣고 이어질 수 있는 말을 고르십시오.
   1) (　　　)
     ① 좋겠습니다.　　　　② 모르겠습니다.
     ③ 잘 지냈습니다.　　　④ 잘 먹겠습니다.
   2) (　　　)
     ① 네, 전데요.　　　　② 네, 좋은데요.
     ③ 네, 들어오세요.　　④ 네, 여기 앉으세요.
   3) (　　　)
     ① 많이 늦었어요.　　　② 늦게 일어났어요.
     ③ 학교에 늦게 와요.　④ 조금 늦을 거예요.

6. 다음 대화를 듣고 물음에 답하십시오.
   1) 어떤 이야기를 하고 있는지 고르십시오.
     ① 좋아하는 사람　　　② 좋아하는 음식
     ③ 좋아하는 운동　　　④ 좋아하는 이야기
   2) 들은 내용과 같은 것을 고르십시오.
     ① 두 사람은 취미가 같습니다.
     ② 여자는 여행 하는 것을 좋아합니다.
     ③ 남자는 여행을 좋아하는 여자를 좋아합니다.
     ④ 두 사람은 운동을 하러 가기로 했습니다.

7. 다음 내용을 듣고 물음에 답하십시오.
   1) 들은 내용과 맞는 것을 고르십시오.
     ① 산림 동물원은 동물을 찾고 있다.
     ② 산림 동물원은 불꽃놀이를 하고 있다.
     ③ 동물들이 사람을 다치게 했다.
     ④ 동물들이 동물원으로 모이고 있다.
   2) 동물을 보호하고 있는 사람은 누구에게 연락해야 합니까?
     ① 병원 직원
     ② 소방서 직원
     ③ 산림 동물원 직원
     ④ 동물 보호소 직원

8. 친구와 같이 이야기해 봅시다. 세월이 빨리 간다고 느낄 때는 언제입니까? (请和同学们一起聊聊：你觉得何时日子过得快？)

 补充词汇

인간의 호칭 人的称谓

사나이 男子	부랑배 无业游民
사내 男子，丈夫	부랑자 无业游民
사내대장부 男子汉大丈夫	무명씨 无名氏
상늙은이 最老的人	뜨내기 流浪者
어르신네 令尊，长辈	방랑객 流浪者
미스 小姐	낭인 浪人
미스터 先生	유복자 遗腹子
사내아이 男孩	백만장자 百万富翁
신동 神童	알부자 不外露的富翁
신데렐라 灰姑娘	벼락부자 暴发户
귀염둥이 可爱的孩子	모리배 奸商
꼬마 小朋友	재산가 财主
아기 婴儿	수전노 守财奴
젖먹이 婴儿	든부자난거지 装穷的人
귀둥이 宝贝儿	봉급생활자 工薪阶层
귀공자 娇儿	봉급쟁이 工薪阶层
쌍둥이 双胞胎	슈퍼맨 超人
후둥이 (双胞胎中)后生的	슈퍼모델 超级模特儿
옥동자 宝宝(指男孩)	느림보 慢性子人
옥동녀 宝宝(指女孩)	변덕쟁이 变化无常的人
세쌍둥이 三胞胎	수다쟁이 啰嗦的人
거짓말쟁이 谎话大王	떠버리 多嘴的人
허풍선이 牛皮大王	말썽꾸러기 爱惹事的人
잠꾸러기 瞌睡虫	철면피 二皮脸，厚脸皮
거지 乞丐	무뢰한 无赖汉
비렁뱅이 乞丐	겉똑똑이 耍小聪明的人
가난뱅이 穷人	불효자 不孝子
백수건달 穷光蛋	심술쟁이 心眼坏的人
촌뜨기 乡巴佬	새침데기 故做清高的人
시골내기 乡下人	떡심 黏糊糊的人
밥벌레 寄生虫，不劳而获的人	알랑쇠 拍马屁的人
껄렁이 吊儿郎当的人	흉내쟁이 爱学别人的人

동호인 爱好相同的人　　훌리건 足球流氓
돌림쟁이 被嫌弃的人，不合群的人　　헐렁이 轻浮的人
　　　　　　바람둥이 水性杨花的人
장꾼 赶集的人　　난봉꾼 放荡的人
낮도깨비 胡作非为的人　　방탕아 放荡的人
트집쟁이 爱挑剔的人　　하이칼라 赶时髦的人
살림꾼 会过日子的人　　비행소년 不良少年
거간꾼 经纪人，掮客　　비호자 庇护者
보디가드 保镖　　못난이 没有出息的人，丑人
행랑아범 男仆　　공처가 惧内，怕老婆的人
더부살이 佣人　　욕감태기 受气包
밀매상 黑市商人　　구들더께 药罐子，病包儿
늙다리 老家伙　　병골 病包儿
놈팡이 鬼家伙　　병추기 病包儿
문외한 门外汉　　미치광이 狂人
책상물림 书呆子　　뚱보 胖子
책벌레 书虫　　갈신쟁이 馋鬼
멍청이 傻瓜　　술주정뱅이 酒鬼
백치 白痴　　욕심쟁이 贪心鬼
무식쟁이 文盲，无知识的人　　구두쇠 吝啬鬼
재간꾼 能人　　개구쟁이 调皮鬼
토인 当地人　　장난꾸러기 调皮鬼
재자가인 才子佳人　　떼쟁이 赖皮鬼
재주꾼 有才气的人　　헤살꾼 捣乱鬼
범재 庸才　　겁쟁이 胆小鬼
도전자 挑战者　　동반자 同伴
베테랑 老手，老练者　　가담자 参与者
밤손님 梁上君子(喻窃贼)　　미라 木乃伊
배신자 背叛者，叛徒　　기사 骑士
변절자 叛变者　　보스 头目，首领
훼방꾼 诽谤者　　호걸 豪杰
망종 坏蛋　　호사바치 特别讲究的人
노름꾼 赌徒　　멋쟁이 有风采的人，好打扮的人
떼도둑 群贼　　텁텁이 随和的人
사기꾼 骗子　　숫보기 淳朴的人
불청객 不速之客　　생사람 无辜的人
펑크족 朋克族

제8과 대학 생활
大学生活

生词（새 단어）

대학로 [名] 大学路
불리다 [动] 被称作，称为
소극장 [名] 小剧场
야외극장 [名] 露天剧场
콘서트 [名] 演出，音乐会
점보다 [词组] 算命，算卦，看相
삼다 [词组] 当做，看做，当成
신부감 [名] 新娘子人选
개강 [名] 开课，开学
정신없이 [副] （忙得）不可开交，不知所措
문득 [副] 突然
과목 [名] 科目
자습하다 [他] 自习

낯설다 [形] 陌生，不熟悉
안부 [名] 问候
야유회 [名] 郊游会，野游会
부동산 [名] 房地产，固定资产
야영 [名] 野营，露营
텐트 [名] 帐篷
카페 [名] 咖啡馆，咖啡厅
앞두다 [他] 临……前，临……前夕
도끼 [名] 斧子，斧头
돋보기 [名] 老花镜；放大镜
젓가락 [名] 筷子
스승 [名] 导师，老师，教师
훈장 [名] 勋章
포상 [名] 褒赏，褒奖，褒扬

본문 들어가기（课文视听）

1. 대학로
2. 편지

문법 알아보기（语法解说）

1. 连接词尾：-라서/이라서

是 "-라고/이라고 해서" 的缩略形，接在体言后，表示前面是后面的理由或前提。"-라서/이라서" 的缩略形是 "-라/이라"。如：

내부 수리 중이라서 영업을 안 합니다.

- 밤이라서 어디가 어디인지 알 수가 없어.
- 시험 때라 도서관에 학생이 많아요.

2. 连接词尾: -느라고

与动作动词中一些需要时间的动词结合,表示目的性原因,即某一动作既具有目的性,又是产生或影响后面事实的原因。前、后句的主语相同,主要是用于以人为主的活动体。"-느라고"表示的动作是正在进行的具体动作,所以他前面不能出现过去或将来时制,也不用于祈使句或共动句中。如:

- 시험공부를 하느라고 친구도 못 만나요.
- 비디오를 보느라고 시간 가는 줄 몰랐어요.
- 보고서를 쓰느라고 정신이 없다.

3. 连接词尾: -ㄹ/을수록

用于谓词后,表示前一个事实和后一个事实具有比例关系,相当于汉语的"越……越……"。经常以"-면/으면 -ㄹ/을수록"的惯用型 出现,同一个动作重复两次,表示反复或程度越来越深。如:

- 배울수록 물어볼 것이 많아진다.
- 날이 갈수록 자신감이 생긴다.
- 생각하면 생각할수록 화가 난다.
- 나이를 먹어 갈수록 가족이 소중하게 느껴진다.

연습문제 (练习)

1. 새로 배운 문법으로 만든 문장을 받아 쓰십시오. (听写使用新语法所造的句子)

   가)
   나)
   다)
   라)
   마)
   바)

2. 다음을 잘 듣고 빈칸을 채우십시오. (听录音填空。)

   1) 여기는 옛날에 대학이 있던 곳이라서 (   )라 불리게 된 거예요.
   2) 여기에 지금은 소극장이나 (   )이 많다.
   3) 소극장에선 연극이나 (   )를 해서 사람들이 많이 보러 와요.
   4) 저기 있는 사람들은 (   ) 사람들이에요.
   5) 젊은 사람들은 대부분 (   ) 보는 거지 전부 믿는 사람은 없어요.
   6) 지난 2주 동안은 (   )하느라고 정신없이 바빴어요.
   7) 집을 (   ) 이제 8개월이 다 되어 가네요.
   8) 그렇게 (   ) 중국 생활이 많이 익숙해졌어요.

3. 다음을 잘 듣고 본문과 맞으면 ○표, 맞지 않으면 ×표를 하십시오. (听录音,与课文内容一致的用○、不一致的用×表示。)
   1) (   )   2) (   )   3) (   )   4) (   )
   5) (   )   6) (   )   7) (   )   8) (   )

4. 본문 내용을 듣고 물음에 답하십시오. (听课文内容,回答问题。)
   1) 두 사람이 구경하고 있는 거리는 왜 '대학로'라고 해요?

   2) 사람들이 왜 소극장에 많이 가요?

   3) 점보는 것에 대해서 젊은 사람들은 대부분 어떻게 생각해요?

   4) 편지 쓰는 사람은 뭐 때문에 집에 늦게 편지를 보냈어요?

   5) 중국에서 유학하고 있는 태영 씨의 중국 생활이 어떻습니까?

5. 다음 대화를 잘 듣고 이어질 수 있는 말을 고르십시오.
   1) (   )
      ① 야유회를 다녀왔군요.
      ② 가까운 곳으로 갔어요.
      ③ 모자나 양산 등을 준비하고 가세요.
      ④ 더울 때는 집에서 쉬곤 해요.
   2) (   )
      ① 살아 보니 소음이 너무 심하더라고.
      ② 혼자 사는 것보다 둘이 사는 게 좋았어.
      ③ 지금 집은 아주 마음에 들어
      ④ 부동산에 가서 알아보는 게 좋을 것 같아서.
   3) (   )
      ① 그래? 텐트만 사면 되겠네.
      ② 그래도 자세히 알아봐야겠다.
      ③ 그래? 미리 알았으면 좋았을걸.
      ④ 그래도 텐트는 치기 힘들겠다.
   4) (   )
      ① 분위기가 카페처럼 참 좋네요.
      ② 사무실 옆에 카페가 있으면 좋아요.

③ 집중이 안 되면 카페에서 해 보세요.
④ 전 편안하면 일이 더 잘 될 것 같아요.
5) (　　　)
① 연수 다녀와서 뵙겠습니다.
② 지난번에 제가 미리 말씀드렸습니다.
③ 개인 사정이 생기면 말씀드리겠습니다.
④ 저도 정말 가고 싶지만 힘들 것 같습니다.

6. 다음을 듣고 내용과 일치하는 것을 고르십시오. (　　　)
① 남자는 사진을 한 장 가지고 있다.
② 여자는 남자에게 학생증을 빌려 줬다.
③ 도서관에 가면 학생증을 바로 만들어 준다.
④ 도서관 출입증을 만들려면 사진이 필요하다.

7. 다음을 잘 듣고 질문에 답하십시오.
1) 찹쌀떡과 엿을 선물하는 이유는 무엇입니까? (　　)
① 시험에 꼭 붙으라고
② 시험 문제를 잘 풀라고
③ 모르는 문제를 잘 찍으라고
④ 시험을 잘 보라고
2) 시험을 앞둔 사람에게 선물하지 않는 것을 고르십시오. (　　)
①젓가락　　②포크　　③바나나　　④도끼　　⑤거울　　⑥휴지

8. 서로 묻고 대답하십시오. (互相问答)
여러분이 쓰는 물건 중에서 가장 오래된 물건은 무엇입니까? 몇 년이나 되었습니까? (你正在使用的物品中时间最久的是什么？有几年了？)

9. 다음 상황에서 여러분이 어떻게 하시겠습니까? (下述情况下, 各位将如何处理?)
같은 방을 쓰는 친구가 밤마다 잠을 잘 때 코를 골고, 낮에는 방 안에서 담배를 피웁니다.

韩国文化解读 (한국 문화 이해)

스승의 날

예로부터 왕과 스승, 부모는 한 몸이라고 했다. 이것은 왕에게 하듯 스승에게 예의를 갖추고, 부모님에게 하듯 스승을 모시는 것이다. 이처럼 스승을 존경하는 정신은 오래 전부터 지켜온 문화라고 할 수 있다. 이런 정신을 이어 받아서 지금도 지키고 있는 것이 스승의 날이다.

스승의 날에는 스승 찾아뵙기, 안부편지 보내기, 모교 방문하기 등의 행사와 교육의 발전을 위해 공이 큰 교원들에게 훈장을 주거나 포상을 하기도 한다.

제9과 택시 타기
乘出租车

生词 (새 단어)

서두르다 [自] 急着做，赶紧做
항상 [副] 总是，始终，经常
훨씬 [副] 更，大大
덜 [副] 少，不够
믿다 [他] 相信，信任
놓치다 [他] 放过，错过，失去，漏掉
큰일 [名] 大事，事故，事变
정하다 [他] 定，决定，指定
종류 [名] 种类
일반택시 [名] 普通出租车
모범택시 [名] 模范出租车
노란색 [名] 黄色
운전 경험 [名] 驾驶经验
몰다 [他] 开车，驾驶
택시비 [名] 出租车费
리무진 버스 [名] 大轿车
기본료 [名] 起步价
웃돌다 [自] 高于，高过
대개 [副] 大概，大约
반하다 [自] 相反，与……相反
사무실 [名] 办公室
납부 [名] 缴纳，交纳
고지서 [名] 告知书，通知书
카센터 [名] 汽车修配所
바퀴 [名] 车轮，轮子，轱辘，圈

점검하다 [他] 检查，清点
균일제 [名] 统一收费制，统一价格制
지역 [名] 地区，地域，区域
운임 [名] 运输费，运费
기본요금 [名] 基本收费，起步价
추가되다 [自] 追加
모범택시 [名] 模范出租车
도입되다 [自] 导入，引进，引入
운수회사 [名] 运输公司
속하다 [自] 所属，属于
개인 [名] 个人
영업하다 [自] 营业
법 [名] 法
자격요건 [名] 资格条件
운행 [名] 运行，运转
지정되다 [自] 指定
하이브리드택시 [名] 混合动力出租车
카드택시 [名] 刷卡出租车
확산되다 [自] 扩散，风靡
고령화 [名] 老龄化
연령 [名] 年龄
평균 [名] 平均
달하다 [自/他] 到达，达到
야간 [名] 夜间
줄어들다 [自] 减少，缩小，消退
추세 [名] 趋势，趋向，潮流

본문 들어가기 (课文视听)

1. 택시 안에서
2. 서울의 택시

문법 알아보기 (语法解说)

1. 惯用型: -아/어/여다(가)

表示先行动作的结果为在另一个场所实施的后一行为做准备。前后主语统一。如:

- 식당에 사람이 많아서 자장면을 사다가 먹었어요.
- 오후에 수업이 없어서 비디오 테이프를 빌려다가 봤다.
- 왕단 씨는 숙제를 해다가 선생님께 드렸어요.

2. 惯用型: -ㄴ/는/은 편이다

表示某种性质、状态具有一定的程度,相当于汉语的"算是……"。如:

- 그는 공부를 많이 안 하지만 성적이 좋은 편입니다.
- 할아버지께서는 몸이 건강하신 편이에요.
- 내 형은 남의 부탁을 잘 들어주는 편입니다.

연습문제 (练习)

1. 새로 배운 문법으로 만든 문장을 받아 쓰십시오. (听写使用新语法所造的句子。)

   가)
   나)
   다)
   라)
   마)
   바)

2. 다음을 잘 듣고 빈칸을 채우십시오. (听录音填空。)

   1) 서울역은 (　　　) 가야 하지 않아요?
   2) 이 쪽 길이 (　　　) 복잡해요.
   3) 12시 반 기차를 타야 하는데, (　　　) 큰일이에요.
   4) 서울의 택시는 중국과 (　　　) 거리와 시간에 따라 값이 정해집니다.
   5) 일반 택시에는 개인 택시와 회사 택시가 있으며 보통 (　　　)이 주를

이룹니다.
6) 모범택시의 기사는 주로 오랜 운전경험이 있는 (　　　) 분들입니다.

3. **다음을 잘 듣고 본문과 맞으면 ○표, 맞지 않으면 ×표를 하십시오.** (听录音,与课文内容一致的用○、不一致的用×表示。)
   1) (　　) 2) (　　) 3) (　　) 4) (　　) 5) (　　)

4. **본문 내용을 듣고 물음에 답하십시오.** (听课文内容,回答问题。)
   1) 손님은 몇 시 기차를 타야 해요?

   2) 서울 택시의 값이 무엇으로 정해져요?

   3) 서울 택시는 어떻게 나눕니까?

   4) 서울의 택시 기본 요금은 얼마예요?

   5) 모범택시에 대해서 좀 설명해 주세요.

5. **다음을 듣고 이어질 수 있는 말을 고르십시오.**
   1) (　　)
      ① 식구들이 모두 늦게 들어오고말고요.
      ② 주말과 달리 평일은 식당이 복잡해서요.
      ③ 밖에서 식사하는 사람들이 너무 부러워요.
      ④ 평일은 그러는 데 반해 주말에는 꼭 집에서 먹어요.
   2) (　　)
      ① 영어 시험 결과에 의해 정해진대요.
      ② 떠난 지 불과 한 달 만에 돌아왔어요.
      ③ 간다고 좋아하더니만 무슨 일이 있나?
      ④ 무슨 얘기예요? 유학만 가도 어딘데요.
   3) (　　)
      ① 일찍 출발했는데 오히려 늦었어요.
      ② 내가 자는 사이에 다 출발했나 봐요.
      ③ 글쎄요. 지금 출발하지 않으면 늦을 것 같은데.
      ④ 아닌 게 아니라 제시간에 도착하지는 못할 거예요.

6. 다음 대화를 잘 듣고 여자가 이어서 할 행동으로 알맞은 것을 고르십시오.
   1) (   )
      ① 여자에게 번역한 과제를 받는다.
      ② 여자에게 전화로 번역을 부탁한다.
      ③ 여자에게 이메일로 과제를 보낸다.
      ④ 여자에게 전화해서 제출 날짜를 묻는다.
   2) (   )
      ① 학과사무실에 전화해서 고지서를 받는다.
      ② 고지서가 있는지 우편함을 확인한다.
      ③ 학과사무실에서 전화가 올 때까지 기다린다.
      ④ 우편함에 학비 납부 고지서를 넣어 둔다.
   3) (   )
      ① 차의 속도가 빠른지 확인한다.
      ② 차에서 내려 바퀴 상태를 본다
      ③ 카센터에 들러서 차를 점검한다.
      ④ 휴게소로 들어가서 차를 세운다.

7. 다음을 듣고 물음에 답하십시오.
   1) 두 사람이 무엇에 대해 이야기를 하고 있는지 고르십시오.
      ① 소포를 빨리 보내는 방법
      ② 소포를 싸게 보내는 방법
      ③ 소포를 잘 포장하는 방법
      ④ 소포를 쉽게 보내는 방법
   2) 들은 내용과 같은 것을 고르십시오.
      ① 여자는 마산에서 소포를 보냅니다.
      ② 여자는 빨리 소포를 받고 싶어 합니다.
      ③ 여자는 소포를 특급으로 보낼 겁니다.
      ④ 여자는 내일 오전에 소포를 받을 겁니다.

8. 자기 고향의 택시에 대해 좀 소개해 주십시오. （请介绍一下自己家乡的出租车。）

 韩国文化解读 （한국 문화 이해）

한국의 택시

한국에서 1928년에 택시가 처음 도입되었다. 당시에는 1회 승차에 1원(3년 뒤에는 80전)이라는 균일제 요금을 적용했다. 2015년 현재는 지역마다 운임에 차이가 있으나, 2,800원 내지 3,500원의 기본요금에 시간당 및 거리당 요금이 추가되는 요금 체계를 사용하고 있다. 모범택시는 1992년에 처음 도입되었다. 기본요금은 3km에 5,000원이다.

　택시운전은 운수회사에 속한 회사택시와 개인이 영업하는 개인택시가 있는데, 개인택시의 경우 법에서 정한 자격요건에 맞아야 한다. 한국 대부분의 택시는 LPG차량이다. 한국에서 LPG택시는 1978년부터 운행을 시작 하였다. 지역별로 택시 색이 지정되는 경우도 있다. 특히 2009년 12월 4일에 하이브리드택시가 서울에 도입되었다. 서울시는 2020년까지 모든 택시를 하이브리드 차량으로 바꿀 예정이다. 2005년 인천광역시에 도입된 카드택시는 시간이 지나면서 전국으로 확산되면서 택시비용으로 편리하게 카드로 결제가 가능하게 되었다.

　최근엔 택시 기사들도 고령화되어 평균 연령이 무려 60.4세에 달한다. 야간에 택시 운행량이 줄어드는 추세다.

제10과 기차편 이용
乘火车

 生词 (새 단어)

구입하다 [他] 购入, 买入
환불 [名] 退钱
전액 [名] 全额
직전 [名] 就要……的时候，(即将)……之前
수수료 [名] 手续费, 佣金
내다 [他] 提交, 拨付
반액 [名] 半价, 一半钱
도착 시간 [名] 抵达时间
현재 [名] 现在, 当前
구간 [名] 区间
무궁화호 [名] 木槿花号
분당선 [名] 盆唐线
기본운임 [名] 基本运价, 起运费, 基价
초과하다 [他] 超过, 超额
추가운임 [名] 追加运费
승차권 [名] 车票
추가되다 [自] 追加, 附加, 添加

시민 [名] 市民
동전 [名] 铜钱, 小钱儿
지폐 [名] 纸币
해당되다 [自] 相当, 有关
버튼 [名] 按钮
누르다 [他] 按, 压, 摁, 抑制
삽입하다 [他] 插入
거스름돈 [名] 找回的零钱
챙기다 [他] 整理, 准备, 照顾
(바람이) 쏘이다 [自] 吹风, 透气
갖다 [他] 带, 拿, 取, 具有, 具备
싱겁다 [形] 味淡, 没味道, 没劲, 寡淡
가게 [名] 店 (铺), 铺子, 门面
확정되다 [自] 确定, 落实
배낭 [名] 背囊
특별하다 [形] 特别, 特殊
승차 [名] 乘车, 上车

 본문 들어가기 (课文视听)

1. 기차표 환불
2. 서울의 지하철

문법 알아보기 (语法解说)

1. 惯用型: -ㄹ까/을까 하다
接在动词词干后,表示意图、打算或推测。如:
1) 表示说话者的意图,前半句经常不出现主语。
   이번 학기에는 태권도를 배울까 합니다.
   새해에는 친구들을 집으로 초대할까 합니다.
   내일 교외에 가서 바람이나 쏘일까 합니다.
2) 表示对说话者的推测,前半句的主语经常是第三人称。常以"-ㄹ까/을까 하고, -ㄹ까/을까 해서"等惯用型出现。
   친구가 올까 해서 대문 앞에서 기다렸다.
   오늘은 날씨가 좋을까 하고 창문을 내다 보았습니다.
   메시지 온 것이라도 있을까 해서 자꾸 휴대폰을 봅니다.

2. 连接词尾: -고자 하다
用于动作动词后,表示主语的意图或希望。"-고자"前不出现时制,使用时前后句主语相同,经常以惯用型"-고자 하다"的形式出现,与"-려고 하다"的语法意义相同,相当于汉语的"想……"。
사장님을 뵙고자 이곳에 왔습니다.
중한 양국은 좋은 관계를 유지하고자 노력해 왔습니다.
오늘은 한국 문화에 대하여 공부하고자 합니다.

연습문제 (练习)

1. 새로 배운 문법으로 만든 문장을 받아 쓰십시오. (听写使用新语法所造的句子。)
   가)
   나)
   다)
   라)
   마)
   바)

2. 다음을 잘 듣고 빈칸을 채우십시오. (听录音填空。)
   1) 어제 서울에서 부산으로 가는 (   ) 열차 표를 두장 구입했는데요.
   2) 사정이 생겨서 (   )을 할까 합니다.
   3) 열차 출발 이틀 전까지는 (   ) 환불이 가능합니다.
   4) 하루 전부터 열차 (   )까지는 10%의 수수료를 내셔야 됩니다.
   5) 열차 출발 후에는 (   )만 환불해 드립니다.

6) 먼저 가고자 하는 곳이 (　　　　)에 해당되는지를 확인한 후에 버튼을 누릅니다.
7) 동전이나 지폐를 (　　　　) 노란색 지하철 표가 거스름돈과 함께 신호음을 내며 나옵니다.
8) (　　　　) 챙기는 것도 잊지 마세요.

3. **다음을 잘 듣고 본문과 맞으면 ○표, 맞지 않으면 ×표를 하십시오.**（听录音，与课文内容一致的用○、不一致的用×表示。）
   1) (　　　) 　2) (　　　) 　3) (　　　) 　4) (　　　)
   5) (　　　) 　6) (　　　) 　7) (　　　)

4. **본문 내용을 듣고 물음에 답하십시오.**（听课文内容，回答问题。）
   1) 손님은 왜 서울역에 전화했어요?

   2) 열차 출발 이틀 전까지는 환불이 어떻게 돼요?

   3) 하루 전부터 열차 출발 직전까지는 환불이 어떻게 돼요?

   4) 열차 출발 후에는 환불이 어떻게 돼요?

   5) 어떻게 지하철 표를 사요?

5. **다음 대화를 잘 듣고 이어질 수 있는 말을 고르십시오.**
   1) (　　　)
   ① 약속이 있는지 몰랐구나.
   ② 좀 자고 나서 모임에 갈까 해.
   ③ 이번 모임에는 꼭 나가려고 했거든.
   ④ 안 와서 무슨 일이 있는 줄 알았어.
   2) (　　　)
   ① 일하는 곳이 마음에 안 드네요.
   ② 그럼 이제 일하느라 바빠지겠네요.
   ③ 곧 일자리를 구할 수 있을 거예요.
   ④ 내일 저랑 같이 일자리를 찾아봐요.
   3) (　　　)
   ① 그럼 소금을 갖다 주세요.
   ② 도가니탕이 뜨거우니까 조심하십시오.

③ 도가니탕이 싱거우세요? 갖다 드릴게요.
④ 소금 없어도 돼요? 필요하시면 말씀하세요.
4) (　　　)
① 게시판은 확인해 보셨어요?
② 안내문을 만들어 줄 수 있어요?
③ 그럼 이대로 게시판에 붙일까요?
④ 안내문을 언제쯤 완성할 수 있어요?

6. 다음 대화를 잘 듣고 여자가 이어서 할 행동으로 알맞은 것을 고르십시오.
1) (　　　)
① 식사하러 갈 레스토랑을 예약한다.
② 퇴근을 하고 약속 장소로 간다.
③ 남편을 만나러 회사 앞으로 간다.
④ 부모님을 모시고 회사 앞으로 간다.
2) (　　　)
① 다른 볼일을 보러 간다.　　② 병원 진료 접수를 한다.
③ 병원에 앉아서 기다린다.　　④ 진찰을 받으러 들어간다.
3) (　　　)
① 책자에서 침대 커버를 고른다.
② 집에서 침대 커버를 만든다.
③ 침대 커버를 사러 가게에 간다.
④ 침대 커버를 사서 집에 가져간다.
4) (　　　)
① 직원 교육 일정을 짠다.
② 특강 강사를 모시러 간다.
③ 아는 경영학 교수님에게 연락한다.
④ 교육 받을 장소를 알아본다.

7. 다음을 듣고 물음에 답하십시오.
1) 두 사람이 무엇에 대해 이야기를 하고 있는지 고르십시오.
① 방학 때 하고 싶은 일
② 방학 때 한 새로운 경험
③ 방학 때 간 특별한 여행
④ 방학 때 만나고 싶은 사람
2) 들은 내용과 같은 것을 고르십시오.
① 남자는 요즘 사진 찍기를 배우고 있습니다.
② 남자는 방학에 여행을 할 계획입니다.
③ 남자는 배낭 여행이 힘들어서 싫습니다.
④ 남자는 다음 주에 선생님을 찾아갈 겁니다.

8. 다들 열차를 타 본 적이 있지요? 가장 잊을 수 없는 열차 승차 경험에 대해 말해 보십시오. (大家都坐过火车吧？请谈谈你最难忘的乘车经历。)

 补充词汇

기차 火车

전기기관차 电气机车	기차표/승차권 火车票
자기부상열차 磁悬浮列车	정기권 月票
모노레일 单轨列车	예매권 预售票
비둘기호/완행 鸽子号/慢车	입석표 站票
통일호/준급행 统一号/准快车	좌석표 座位票
무궁화호/급행 木槿花号/快车	개찰 剪票
새마을호/특급 新村号/特快	개찰구 剪票口
초고속열차/KTX 超高速列车	버스 公交车
상경 去首都，上京	시내버스 市内公交车
상행 开往首都	시외버스 城郊公交车
직통열차 直达车	일반버스 普通公交车
보통열차 慢车	좌석버스 有座位的公交车
특급열차 特快	고속버스 高速客车
야간열차 夜间车	우등버스 豪华客车
기차역 火车站	마을버스 乡村、城市小公交车
역장 站长	리무진 大轿车
기관사 司机	공항버스 机场客车
차장 列车员	관광버스 观光客车
승무원 乘务员	전세버스 包车
대합실 候车室	마이크로 中型客车，面包车
시각표 时刻表	버스카드 公交车卡
기관차 机车	버스기사 客车司机
객차 客车	버스정류장 客车站点
화물차 货车	버스시간표 客车时间表
식당차 餐车	종점/터미널 终点站，中转站
침대칸 卧铺	종착역 终点站
보통석 硬座	버스요금 车费
일등석 软座	차표 车票
금연석 禁烟席	성인표 成人票
플렛폼 站台	어린이표 儿童票

제11과 항공편 이용
乘飞机

生词 (새 단어)

창가 [名] 窗边，窗旁	부대 사업 [名] 附属业务，附属事业
선반 [名] 行李架	관련사업 [名] 相关事业
앞쪽 [名] 前边	기내식 [名] 机内便餐
맨 [词缀] 最，只有，都	노란색 [名] 黄色
뒤쪽 [名] 后边	근데 [副] "그런데" 的略语
이륙하다 [动] 起飞	정도 [名] 程度
안전 벨트 [名] 安全带	선물하다 [他] 送礼
매다 [他] 系，拴	버리다 [他] 扔掉，扔，倒，泼
등받이 [名] 靠背	이사 [名] 搬家，迁移
금연 [名] 禁烟	맑다 [形] 清，清新，晴朗
대한항공 [名] 大韩航空	통장 [名] 存折，折子
아시아나항공 [名] 韩亚航空	모으다 [他] 收集，攒，集合
국내선 [名] 国内线	즐거움 [名] 快乐，欢乐，乐趣
국제선 [名] 国际线	느끼다 [他] 感觉，感到
노선 [名] 航线，路线	데리다 [他] 带领，带，领
보유하다 [他] 保留	스튜어디스 [名] 空姐，空嫂
운항하다 [自] 航运	갖추다 [他] 备齐，具备，完备
운송 [名] 运送，运输	

본문 들어가기 (课文视听)

1. 비행기 안에서
2. 대한항공과 아시아나항공

문법 알아보기 (语法解说)

"사동형": 韩国语使动态动词的构成方式

韩国语使动态动词的构成方式有以下几种：

(1) 部分固有动词词干后加接尾词"-이, -기, -히, -리, -우(이우), -구, -추"等。

보다 + -이- → 보이다
살다 + -리- → 살리다
넓다 + -히- → 넓히다
자다 + -우- → 재우다
벗다 + -기- → 벗기다
낮다 + -추- → 낮추다
서다 + -이우- → 세우다

(2) 由两个音节构成的汉字词后加"-하다"构成的动词中,有很大一部分可以把"하다"换成"시키다",从而构成动词的使动态。

공부하다 → 공부시키다
파괴하다 → 파괴시키다
변화하다 → 변화시키다
약화하다 → 약화시키다

(3) 动词词干后加"-게 하다""-도록 하다"也可以构成使动态.

알다 → 알게 하다
이해하다 → 이해하도록 하다
기다리다 → 기다리게 하다
죽다 → 죽도록 하다

연습문제 (练习)

1. 새로 배운 문법으로 만든 문장을 받아 쓰십시오. (听写使用新语法所造的句子。)

   가)
   나)
   다)
   라)
   마)

2. 다음을 잘 듣고 빈칸을 채우십시오. (听录音填空。)

   1) 저 쪽 (　　　)A석입니다.
   2) 짐은 (　　　)에 올리세요
   3) 비행기가 곧 (　　　)입니다.
   4) 승객 여러분께서는 (　　　　　　), 의자의 (　　　　　　)

를 똑바로 세워 주십시오.
5) 기내의 모든 곳에서는 (   ), 승객 여러분께서도
   (   ).
6) 대한항공은 1969년 (   ) 을 시작하였다.
7) 중국과 한국의 (   ) 베이징, 상하이, 홍콩 등이 있습니다.

3. 다음을 잘 듣고 본문과 맞으면 ○표, 맞지 않으면 ×표를 하십시오. (听录音,与课文内容一致的用○、不一致的用×表示。)
   1) (   )   2) (   )   3) (   )   4) (   )
   5) (   )   6) (   )   7) (   )   8) (   )

4. 본문 내용을 듣고 물음에 답하십시오. (听课文内容,回答问题。)
   1) 대한항공의 첫 비행은 언제인가요?

   2) 대한항공은 어떤 사업들이 있어요?

   3) 아시아나항공은 현재 중국과 한국의 노선으로는 많이 있는데 그 중의 5개만 말해 주세요.

5. 다음을 듣고 대화 내용과 같은 것을 고르십시오.
   1) (   )
      ① 여자는 내일 책을 가져올 겁니다.
      ② 남자는 여자에게 책을 빌렸습니다.
      ③ 남자는 지금 책을 가지고 있습니다.
      ④ 여자는 남자에게 책을 받지 못했습니다.
   2) (   )
      ① 여자는 자전거 가게에서 일합니다.
      ② 여자는 빨간색 자전거를 살 겁니다.
      ③ 남자는 아이와 함께 가게에 왔습니다.
      ④ 남자는 아이에게 자전거를 선물했습니다.
   3) (   )
      ① 남자는 사야 할 물건이 많습니다.
      ② 남자는 외국에서 이사를 왔습니다.
      ③ 여자는 외국으로 물건을 보냈습니다.
      ④ 여자는 남자의 물건을 가져가고 싶어합니다.

6. 다음을 듣고 물음에 답하십시오.
   1) 이 방송은 어디에서 들을 수 있습니까?
      ① 제주도역　　　　② 김해공항
      ③ 기차 안　　　　　④ 비행기 안
   2) 들은 내용과 다른 것은 무엇입니까?
      ① 제주도는 날씨가 맑습니다.
      ② 김해공항에서 출발했습니다.
      ③ 김해공항에는 바람이 불고 있습니다.
      ④ 한 시간 후에 제주도에 도착합니다.

7. 다음을 듣고 물음에 답하십시오.
   1) 여자는 왜 아이에게 통장을 만들어 줍니까?
      ① 아이가 돈을 모으고 싶어해서
      ② 아이가 돈을 많이 가지고 있어서
      ③ 아이가 통장을 바꿀 때가 되어서
      ④ 아이가 자기 통장을 갖고 싶어해서
   2) 들은 내용과 같은 것을 고르십시오.
      ① 여자는 지금 도장을 가지고 있습니다.
      ② 여자는 내일 은행에 다시 오려고 합니다.
      ③ 여자는 아이에게 입학 선물을 주었습니다.
      ④ 여자는 오늘 어린이 통장을 만들었습니다.

8. 스튜어디스가 갖추어야 하는 조건들에 대해 토론해 봅시다. （请大家讨论一下空乘应该具备的条件。）

 补充词汇

비행기/항공기 飞机

출국수속 出境手续　　　　　공항청사 机场大楼
입국수속 入境手续　　　　　대합실/대기실 候机室
출국신고서 出境卡　　　　　면세점 免税店
입국신고서 入境卡　　　　　에어버스 空中客车
체크인 搭乘手续　　　　　　클래스 机舱舱位
국내선 国内航线　　　　　　일등석 头等舱
국제선 国际航线　　　　　　일반석 经济舱
세관신고 报关　　　　　　　비즈니스클래스 商务舱
휴대품 携带品　　　　　　　창문석 靠窗座位
공항/비행장 飞机场　　　　　통로석 靠通道座位

제11과 항공편 이용

금연석 禁烟座位
조종사 飞行员
스튜어디스 空姐
승객 乘客
여권 护照
비자 签证
결항 停航
웨이팅 待机
확인 确认
티켓 票
왕복표 往返票
편도표 单程票
보딩패스/탑승권 登机卡
탑승구 登机口
탑승수속대 乘机登记台
항공편표시판 航班资料显示牌
손수레 行李车
리어카 两轮手推车
수화물벨트 行李传送带
여권검사대 护照检查处
탁송 托运

트렁크 箱子
보안검사 安全检查
비상구 紧急出口
안전벨트 安全带
구명조끼 救生衣
산소마스크 氧气罩
시차 时差
블랙박스 黑匣子
헬리콥터 直升飞机
전용기 专机
여객기 客机
화물기 货机
이륙 起飞
착륙 着陆
급하강 (飞机)俯冲
추락 坠机
연착 误点，晚点
배웅 送行
마중 迎接
활주로 跑道

제12과 한국 관광
韩国旅游

生词 (새 단어)

글쎄 말이다 [常用语] 说的是呀，谁说不是呢
한라산 [名] 汉拿山
돌하루방 [名] 石头老人
수호신 [名] 守护神
하루방 [名] 爷爷，老人
섬 [名] 岛，岛屿
이국적 [名] 异国的
신혼 부부 [名] 新婚夫妇
정상 [名] 顶峰，正常
백록담 [名] 白鹿潭
화산 [名] 火山
분화구 [名] 火山口
호수 [名] 湖
규모 [名] 规模
천지연폭포 [名] 天地渊瀑布
드물다 [形] 少，稀有
폭포 [名] 瀑布
연못 [名] 荷塘
팔뚝 [名] 前臂，小胳膊
장어 [名] 鳗鱼
지정되다 [自] 指定
보호되다 [自] 被保护

서귀포 [名] 西归浦
손꼽히다 [他] 扳着指头算，屈指可数
해돋이 [名] 日出
성산 [地名] 城山
일출봉 [名] 日出峰
수직 [名] 垂直，竖直
깎다 [他] 削，减价，杀价
절벽 [名] 绝壁
장관 [名] 壮观
추억 [名] 回忆，回想，追忆
관광 단지 [名] 旅游景区
골프장 [名] 高尔夫球场
신나다 [自] 来劲，激动，兴奋，开心
한옥마을 [名] 韩屋村
가볍다 [形] 轻，轻盈
간단하다 [形] 简单，简便
대합실 [名] 候车室，等候室
계단 [名] 阶梯，阶段
코엑스몰 [名] （Coex Mall）Coex购物中心
잠실역 [名] 蚕室站
삼성 [名] 三星
여의나루역 [名] 汝矣渡口站

제12과　한국 관광

 본문 들어가기 (课文视听)

1. 제주도 여행
2. 가보고 싶은 섬

 문법 알아보기 (语法解说)

1. 惯用型: -말이다

　　表示对提到的事实加以强调和确认。"-말이다"的敬语形为"-말씀입니다",可以用在体言、副词、副词词组或连接词尾后;在谓词的后面用"다는(단)말이다"。"-단"是"-다는"的缩略形。只用在陈述句和疑问句中。如:

이 화장품은 유효 기간이 지났단 말입니다.

가: 철수, 저 책 줘.
나: 어느 것? 이 책 말인가?
가: 방학에 베이징에 갔었어.
나: 누구하고 같이 말이야?

 연습문제 (练习)

1. 새로 배운 문법으로 만든 문장을 받아 쓰십시오. (听写使用新语法所造的句子。)
   가) -
       -
   나)
   다) -
       -

2. 다음을 잘 듣고 빈칸을 채우십시오. (听录音填空。)
   1) 그런데 저기 서있는 것은 무엇입니까? 참 (　　　) 생겼군요.
   2) 저 돌하루방은 (　　　　) 수호신 같은 거예요.
   3) 제주도까지 왔는데 (　　　)에는 꼭 올라가야 해요.
   4) 제주도는 바람, 여자, 돌이 많다고 해서 '(　　　　)'라고 불리기도 한다.
   5) 제주도는 독특한 전통 문화와 (　　　　)를 함께 느낄 수 있다.
   6) (　　　　)은 화산의 분화구에 물이 고여 만들어진 호수다.

7) 천지연폭포는 물이 바다로 직접 떨어지는 (　　　　) 폭포이다.
8) (　　　　)로 유명한 곳은 성산 일출봉이다.

3. **다음을 잘 듣고 본문과 맞으면 ○표, 맞지 않으면 ×표를 하십시오.** (听录音,与课文内容一致的用○、不一致的用×表示。)

　　1) (　　) 　　2) (　　) 　　3) (　　) 　　4) (　　)
　　5) (　　) 　　6) (　　) 　　7) (　　) 　　8) (　　)

4. **본문 내용을 듣고 물음에 답하십시오.** （听课文内容,回答问题。）
　　1) 제주도 사람들은 돌하루방을 어떻게 생각해요?

　　2) 신혼 부부들이 제주에 많이 찾아 가는 이유가 뭣인가?

　　3) 제주도에서 특히 가 볼 만한 곳을 몇 개를 소개하세요.

　　4) 폭포가 떨어지면서 생긴 연못에는 뭐가 천연기념물로 지정되어 보호되고 있는가?

　　5) 제주도에서 해돋이를 구경하려면 어디로 가야 해요?

　　6) 백록담은 어떻게 형성되었는가?

5. **다음을 듣고 여자의 중심 생각을 고르십시오.**
　　1) (　　)
　　　① 우리 팀이 계속 이기면 좋겠습니다.
　　　② 친구들과 같이 봐서 더 신났습니다.
　　　③ 다음 경기는 이길 수 없을 것 같습니다.
　　　④ 상대팀 선수가 많이 다쳐서 걱정했습니다.
　　2) (　　)
　　　① 역사박물관에 자주 오고 싶습니다.
　　　② 오랜만에 여행을 가고 싶습니다.
　　　③ 역사박물관 구경은 내일 하고 싶습니다.
　　　④ 여행을 가서 구경을 많이 하고 싶습니다.
　　3) (　　)
　　　① 물건을 빨리 보내야 합니다.
　　　② 물건은 오늘 중에 도착해야 합니다.

③ 물건이 도착하는 시간을 미리 알려 주어야 합니다.
④ 물건을 많이 보낼 때에는 전화를 해 주어야 합니다.

6. 다음을 듣고 물음에 답하십시오.
   1) 어떤 이야기를 하고 있는지 고르십시오.
      ① 부탁   ② 질문   ③ 초대   ④ 안내
   2) 들은 내용과 같은 것을 고르십시오.
      ① 사람들은 지금 호텔 방에 있습니다.
      ② 사람들은 짐을 직접 가지고 가야 합니다.
      ③ 헬스장을 이용하려면 돈을 내야 합니다.
      ④ 도움이 필요하 503호로 연락하면 됩니다.

7. 다음을 듣고 물음에 답하십시오
   1) (   )
      ① 여자는 민속촌에 처음 갑니다.
      ② 남자는 전통놀이를 해 봤습니다.
      ③ 여자는 한복을 입어 보고 싶어합니다.
      ④ 남자는 혼자 민속촌에 가 봤습니다.
   2) (   )
      ① 맛있는 요리가 많아서
      ② 요리 학원에 다니고 있어서
      ③ 간단한 요리를 할 수 있어서
      ④ 요리 방법을 배울 수 있어서

8. 친구와 같이 이야기해 봅시다.
   지금까지 갔던 여행 중에서 가장 기억에 남는 여행은 어떤 여행이었습니까? 가장 재미있었던 일, 가장 좋았던 일, 가장 불편했던 일, 가장 힘들었던 일 등 특별한 경험을 이야기해 보십시오. (请大家聊一聊自己的特殊体验: 曾经经历过的印象最深刻的旅行、最有趣之事、最喜欢的事情、最不便之处、最辛苦的事情等等。)

韩国文化解读 (한국 문화 이해)

서울의 박물관

서울에는 재미있는 박물관이 많습니다. 몇몇 박물관은 지하철역 근처에 있습니다. 서울역 대합실 계단 옆에는 철도 박물관이 있습니다. 이 곳에서는 옛날 기차, 옛날 승차권들을 구경할 수 있습니다. 2호선 삼성역 코엑스몰의 지하에는 김치 박물관이 있습니다. 각 지방의 여러 가지 김치와 김치 재료를 전시하고 있습니다. 김치를 먹어 볼 수도 있습니다. 잠실역에 있는 삼성 어린이 박물관은 어린이와 함께 가기 좋습니다. 5호선 여의나루역 LG과학관은 과학의 세계를 만날 수 있는 곳입니다. 양재역 근처의 외교 박물관도 재미있습니다.

제13과 중국 관광
中国旅游

 生词 (새 단어)

시대 [名] 时代	선언문 [名] 宣言文
왕궁 [名] 王宫，皇宫	관광객 [名] 游客
명 나라 [名] 明朝	이삿짐센터[名]搬家公司
청 나라 [名] 清朝	핸드폰[名]手机
도자기 [名] 瓷器	구성원[名]成员，组员
웅장하다 [形] 雄壮，壮观	구조[名]构造，结构
태화전 [名] 太和殿	흔들리다[被动]被摇（动），被挥动，被震撼
황제 [名] 皇帝	
즉위식 [名] 登基仪式	젖다[自]淋，被弄湿，沾染
비치다 [自] 照，映照，透出	풍요롭다[形]丰饶，富饶
천안문 [名] 天安门	다람쥐[名]松鼠
중앙 [名] 中央，中间	쳇바퀴[名]筛子边儿，箩圈
모택동 [名] 毛泽东	다람쥐 쳇바퀴 돌듯 松鼠走筛筐，原地打转 (比喻不见进展，踏步不前)
물결 [名] 波，波涛，浪潮	
장안대로 [名] 长安大道	박히다[被动]铭刻，打进，扎进，嵌
직선 [名] 直线	점[名]点
폭 [名] 幅，宽	발견하다[他]发现
좁다 [形] 窄	공통점[名]共同点
승천문 [名] 承天门	차이점[名]差异，不同点
소실되다 [自] 消失	윤택하다[形]光泽，光润，滋润，富裕
현존하다 [自] 现存	표현하다[他]表现，表达
재건되다 [自] 重建	

 본문 들어가기 (课文视听)

1. 자금성
2. 천안문

문법 알아보기 (語法解說)

连接词尾: -나/으나
- 表示对照、对比，可以与"-지만"互换，与"-지만"相比，更多用于书面语中。
- 질은 좋으나 디자인이 마음에 들지 않습니다.
- 마음은 젊으나 다리가 말을 안 들어요.
- 옛날에는 시장이었으나 지금은 백화점이 되었다.

 연습문제 (練習)

1. 새로 배운 문법으로 만든 문장을 받아 쓰십시오. (听写使用新语法所造的句子。)
   가)
   나)
   다)

2. 다음을 잘 듣고 빈칸을 채우십시오. (听录音填空。)
   1) 자금성은 어느 시대의 (　　　)입니까?
   2) 이 건물이 자금성에서 가장 (　　　) 태화전입니다.
   3) 황제의 (　　　)이나 국가의 주요 행사를 하던 곳입니다.
   4) 여기서 사진을 (　　　) 주십시오.
   5) 광장과 천안문 사이의 넓은 도로 위에는 자동차와 자전거가 (　　　).
   6) 이 도로는 (　　　)가 48km이다.
   7) 천안문은 처음에는 승천문(承天門)이라고 불렀으나 (　　　).
   8) 현존하는 것은 1651년에 (　　　).

3. 다음을 잘 듣고 본문과 맞으면 ○표, 맞지 않으면 ×표를 하십시오. (听录音,与课文内容一致的用○、不一致的用×表示。)
   1) (　　)   2) (　　)   3) (　　)   4) (　　)
   5) (　　)   6) (　　)   7) (　　)   8) (　　)

4. 본문 내용을 듣고 물음에 답하십시오. (听课文内容,回答问题。)
   1) 자금성은 어느 시대에 황궁으로 사용되던 곳인가요?

   2) 자금성에서 가장 웅장한 건물은 태화전인데 뭘 하던 곳인가요?

   3) 자금성은 언제 지어졌습니까?

4) 천안문의 왼쪽, 가운데, 오른쪽에 각각 뭐가 있어요?

5) 장안대로의 직선 길이가 얼마예요?

6) 천안문은 언제 만들어졌어요?

5. 다음은 무엇에 대한 내용인지 맞는 것을 고르십시오.
    1) (   )
        ① 이사하는 방법
        ② 이삿짐 운반 회사 소개
        ③ 이사할 때의 주의 사항
        ④ 열심히 일하는 방법
    2) (   )
        ① 명절에 고향을 가는 이유
        ② 명절을 재미있게 보내는 방법
        ③ 한국의 큰 명절
        ④ 한국 명절의 문제점
    3) (   )
        ① 만주족의 전통
        ② 민속관의 위치
        ③ 민속관의 사진
        ④ 민속관 관람 방법
    4) (   )
        ① 결혼해야 하는 이유
        ② 아이를 낳아야 하는 이유
        ③ 미래 사회를 잘 만드는 방법
        ④ 아이를 잘 키우는 방법

6. 다음을 듣고 물음에 답하십시오.
    1) 어떤 이야기를 하고 있는지 고르십시오.
        ① 인사   ② 설명   ③ 주문   ④ 부탁
    2) 들은 내용과 같은 것을 고르십시오.
        ① 남자 신발에는 그림이 있습니다.
        ② 물에 들어갈 때 이 신발을 신습니다.
        ③ 이 신발은 나무로 만들어서 불편합니다.
        ④ 이 신발은 앞과 뒤를 높게 만들었습니다.

제13과 중국 관광

7. 다음을 잘 듣고 질문에 답하십시오.
   1) 변화가 없는 생활을 우리는 어떻게 표현합니까?

   2) 여행은 우리 인간에게 어떤 일을 해 줍니까?

8. 친구와 같이 이야기해 봅시다. （和同学们聊一聊）
   친구들이 여러분 고향에 여행을 간다면 어디가 좋을까요? 좋은 관광지를 소개해 보십시오. (如果朋友们去你的家乡旅行，请介绍一下好的景点。)

장소	
가는 방법	
볼 만한 것	
먹을 만한 음식	

9. 여러분은 여행을 다녀 본 적이 있지요? 그럼 여행에 대해서 친구들과 나눌 수 있는 좋은 경험을 좀 소개해 주세요. (大家有过旅游经历吧？那么和朋友们分享一下旅游的好经验吧。)

朴充词汇

여행 旅游

관광 观光	관광권 观光范围
견학 参观	관광자원 旅游资源
관광코스 观光路线	문화재 文化遗产
스케줄 日程	유형문화재 物质文化遗产
여가선용 有效利用假期	무형문화재 非物质文化遗产
유급휴가 带薪休假	관광업 观光业
관광대상 观光对象	문화관광 文化观光

체험관광 体验观光
자연관광 自然观光
쇼핑관광 购物观光
생태관광 生态观光
명승지 名胜地
리조트 胜地，度假村
명승고적 名胜古迹
명승 名胜
명소 景点
경관 景观
여비 旅费
여행가이드 导游
팁 小费
성수기 旺季
비수기 淡季
구경꾼 游人，看热闹的
관람객 参观者
관람권 参观券，入场券
관람료 票钱
관람석 座位
입장권 门票
무료 免费
신기루 海市蜃楼
사적 史迹
국보 国宝
고분 古坟
패총 贝冢
하중 行李的重量
지명도 知名度
유원지 游园地
숙박시설 住宿设施
텐트 帐篷
숙영지 宿营地
구택 旧的住宅

수도원 修道院
사찰 寺庙
공원 公园
국립공원 国立公园
테마공원 主题公园
놀이공원 游乐园
미궁 迷宫
교회 教会
박물관 博物馆
유적지 遗址
미술관 美术馆
동물원 动物园
전망대 瞭望台
삭도 索道
패키지 组团
유흥터 文化娱乐场所
카지노 赌场
카바레 带赌场的酒馆
체류일수 滞留时间
집합시간 集合时间
출발시간 出发时间
관광기념품 观光纪念品
민속공예품 民俗工艺品
관광지불 观光消费
여행자수표 旅行支票
수학여행 学习旅行
도보여행 徒步旅行
배낭여행 自助旅行
해외여행 海外旅行
기차여행 火车旅行
효도관광 尽孝旅行
관광버스 观光客车
손가방 手提包
부대시설 附属设施

제14과 음식
饮食

生词 (새 단어)

식다 [自] 凉，消退
당기다 [他] 拉，拽，提前
사실 [名] 事实
자신있다 [形] 有自信，有信心
느끼하다 [形] 油腻
향 [名] 香
향료 [名] 香料
진작 [副] 早，早该，趁早
빼놓다 [他] 漏掉，落下，除去
벼 [名] 稻子
쌀 [名] 大米，米
떡 [名] 糕饼，糕点，粘糕
붓다 [自] 肿，撅嘴
　　　[他] 倾倒，播，撒
반찬 [名] 菜肴，菜
아미노산 [名] 氨基酸，胺酸
영양소 [名] 营养成分
암 [名] 癌
예방하다 [他] 预防
물질 [名] 物质
찌개 [名] 炖菜，炖汤
건더기 [名] 汤中的菜或肉
간 [名] 咸淡
양념 [名] 调料

소금 [名] 盐
간장 [名] 酱油
된장 [名] 大酱
고추장 [名] 辣椒酱
생선 [名] 海鲜
채소 [名] 青菜，蔬菜
단백질 [名] 蛋白质
부족하다 [形] 不足
담다 [他] 盛，装；包含；反应
두부 [名] 豆腐
보충하다 [他] 补充，添加，追加
아마 [副] 恐怕，大概，大约，可能
해외 [名] 海外，外国，国外
파견 [名] 派遣，派
반드시 [副] 一定，务必，必然，必定
충격 [名] 冲击，打击，震惊
신체 [名] 身体
대비하다 [他] 对比，对照，防备
시위 [名] 示威
실험 [名] 试验，实验
대상 [名] 对象，大奖
잔인하다 [形] 残忍，残酷，无情
식탁 [名] 饭桌，餐桌
쏟아지다 [自] 漏出，淌出，涌出

본문 들어가기 （课文视听）

1. 중국 요리
2. 한국의 음식

문법 알아보기 (语法解说)

1. 助词: -야/이야말로

接在体言后，相当于 "그것이야 참말로" 之意，表示强调。可译为 "……可是……" "正是……才……" 等。如：

- 사자야말로 짐승의 왕이다.
- 남을 위해 봉사하는 것이야말로 가치 있는 일이라고 생각해요.
- 자금성이야말로 중국의 전통 궁전 건축을 대표하는 건물이에요.

2. 惯用型: -만 해도

用于体言后，表示虽然考虑了很多问题，仅仅例举其中一个事实加以叙述，所以语气很强。相当于汉语的 "仅……就……" "就……还……"。谓词后常以 "-기만 해도" 的形式使用。

- 학비만 해도 작년보다 15%나 올랐거든요.
- 올림픽 경기에 참가하는 것만 해도 쉬운 일이 아니에요.
- 10년 전까지만 해도 여기에 병원이 없었거든요.

 연습문제 (练习)

1. 새로 배운 문법으로 만든 문장을 받아 쓰십시오. (听写使用新语法所作的例句。)

   가)
   나)
   다)
   라)
   마)
   바)

2. 다음을 잘 듣고 빈칸을 채우십시오. (听录音填空。)

   1) 보기만 해도 입맛이 당기네요. (　　　　)까지 있는 줄 몰랐어요.
   2) 사실 이 두 가지는 제가 (　　　　) 요리죠.
   3) 맛있는데 좀 (　　　　) 향이 있는 것 같아요.
   4) 원래 중국요리에서는 (　　　　)를 많이 쓰죠.
   5) 진작 알았으면 기름과 향료를 (　　　　) 넣었을텐데…
   6) 중국 요리는 중국 (　　　　)이 있어야지요.
   7) 그렇다면 한국 음식에서 (　　　　) 것이 무엇일까요?
   8) 국은 국물이 많은 것이고, 찌개는 (　　　　)가 많고 맛이 짠 것입니다.

제14과 음식   67

3. **다음을 잘 듣고 본문과 맞으면 ○표, 맞지 않으면 ×표를 하십시오.** (听录音,与课文内容一致的用○、不一致的用×表示。)

　　1) (　　　)　　2) (　　　)　　3) (　　　)　　4) (　　　)
　　5) (　　　)　　6) (　　　)　　7) (　　　)

4. **본문 내용을 듣고 물음에 답하십시오.** (听课文内容,回答问题。)

　　1) 한국 음식에서 빼놓을 수 없는 것이 무엇일까요?

　　2) 한국에서는 언제부터 벼를 기르기 시작했다고 해요?

　　3) 한국 음식 중 가장 기본이 되는 반찬은 무엇입니까?

　　4) 국과 찌개의 차이점은 무엇일까요?

　　5) 한국 음식의 간을 결정하는 양념에는 뭐가 있습니까?

5. **다음을 듣고 내용과 일치하는 것을 고르십시오.**

　　1) (　　　)
　　　① 여자는 다음 주에 퇴원한다.
　　　② 남자는 지금 병원에 있다.
　　　③ 여자는 빠진 수업에 대해 걱정하고 있다.
　　　④ 남자는 집에서 쉬려고 한다.
　　2) (　　　)
　　　① 아들은 작년에 결혼했다.
　　　② 남자의 큰 딸은 미국에 있다.
　　　③ 남자는 가족과 함께 산다.
　　　④ 남자는 딸에게 전화를 자주 한다.
　　3) (　　　)
　　　① 자동차 사고는 후유증이 없다.
　　　② 자동차는 반드시 검사를 받아야 한다.
　　　③ 다친 곳이 없으면 병원에 가지 않아도 된다.
　　　④ 자동차 사고를 당하면 꼭 병원에 가야 한다.

6. 다음 대화를 듣고 남자는 어떤 생각을 하고 있는지 맞는 것을 고르십시오.

   1) (   )
      ① 꼭 필요한 물건을 사야 한다.
      ② 사고 싶은 물건을 사야 한다.
      ③ 백화점에서 물건을 사야 한다.
      ④ 물건은 제값에 주고 사야 한다.

   2) (   )
      ① 동물 실험은 반드시 필요한 일이다.
      ② 동물을 대상으로 실험하지 말아야 한다.
      ③ 사람에게 도움이 되는 약을 만들어야 한다.
      ④ 시위를 하는 것은 좋지 않다.

7. 다음을 듣고 물음에 답하십시오.

   1) 두 사람이 무엇에 대해 이야기를 하고 있는지 고르십시오.
      ① 가구를 사는 곳
      ② 회사의 휴일
      ③ 주말에 하는 일
      ④ 가구를 고르는 방법

   2) 들은 내용과 같은 것을 고르십시오.
      ① 여자는 집에서 책상을 만들고 있습니다.
      ② 남자는 책상 만드는 방법을 알고 있습니다.
      ③ 여자는 주말에 가구 만드는 곳에 갑니다.
      ④ 남자는 여자에게 식탁을 만들어 주려고 합니다.

8. 여러분이 다음 상황에서 어떻게 하는지 말해 보십시오. （请说说各位在遇到以下情况时会怎么做？）

상황	대답1	대답2	대답3
학교 수업이 끝나고 집에 가려고 하는데 갑자기 비가 쏟아집니다. 어떻게 하시겠어요?			
배가 부른데 맛있는 음식이 많이 남아 있다면 어떻게 할까요?			
친구들과 같이 식사를 했는데 아무도 돈을 안 내려고 한다면…			

补充词汇

한국음식 韩国饮食

구절판 九折饭(韩国套餐)
찬거리 做饭的材料
한정식 韩式套餐
신선로 火锅
궁중요리 宫中饮食
갈비구이 烤排骨
갈비찜 炖排骨
소금구이 加盐烤鱼
백숙 白煮，清炖
통닭구이 烤全鸡
도시락 盒饭
고두밥 硬米饭
현미밥 糙米饭
햅쌀밥 新米饭
찰밥 糯米饭
오므라이스 蛋包饭
장국밥 酱汤饭
오곡밥 五谷饭
잡곡밥 杂粮饭
꽁보리밥 大麦饭
수수밥 高粱米饭
상추쌈 生菜叶包饭
돌솥비빔밥 石锅拌饭
산채비빔밥 山野菜拌饭
국밥 泡饭
국말이 汤饭
김밥 紫菜饭团
주먹밥 饭团子
초밥 寿司
누룽지 锅巴
찬밥 凉饭
화독내 糊味儿
칼국수 刀切面
수제비 疙瘩汤

가락국수 粗条冷面
쟁반국수 铜盘冷面
(평양식)물냉면 (平壤式)冷面
(함흥식)비빔냉면 (咸兴式)拌冷面
온면 热汤面
메밀국수 荞麦面条
짬뽕 海鲜卤面
콩국수 豆面条
우동 乌冬面
잔치국수 酒席面条
자장면 炸酱面
비빔국수 拌面
곰탕 骨头汤
설렁탕 牛肉汤
육개장 牛肉汤
꼬리곰탕 牛尾汤
우족탕 牛蹄汤
도가니탕 坩埚汤，牛筋汤
선지국 (动物)血汤
순대국 米肠汤
오리탕 鸭汤
해물탕 海鲜汤
매운탕 辣汤
추어탕 泥鳅汤
만두국 带汤饺子
미역국 裙带菜汤
시래깃국 干菜汤
해장국 醒酒汤
순두부찌개 盒豆腐汤
부대찌개 部队汤
콩비지찌개 菜豆渣汤
생선찌개 鱼汤
전골 荤杂烩

제15과 예약
预约

 生词（새 단어）

한강 [名] 汉江
싱글 룸 [名] 单人间
트윈 룸 [名] 大床房
성함 [名] 贵姓，尊姓大名
연락처 [名] 联系地址（或方式）
카운터 [名] 结账处，服务台，收款处
곧바로 [副] 一直，直接，马上
투숙하다 [自] 投宿，住
일종 [名] 一种，某种
양일 [名] 两天
편안하다 [形] 舒服，舒适
흡연 금지 구역 [名] 禁止吸烟区
닫히다 [被动] 被关上
동호회 [名] 学社，社团，俱乐部
가입 [名] 加入，入，上
조언 [名] 指教，指点，忠言，建议
부담스럽다 [形] 有负担，有压力，不自在
도움 [名] 帮忙，帮助

기념우표 [名] 纪念邮票
작가 [名] 作家，著者
각색하다 [他] 改编，改写，加工，移植
시청률 [名] 收视率
시청자 [名] 收视者，收看人，观众
의존하다 [自] 依存，依赖，依靠
제작하다 [他] 制作，制造，创作
모레 [名] 后天
지나치다 [他/形] 快速经过，闪过；过份，过头，过于
지키다 [他] 看守，守护；保护，保卫，遵守
받치다 [它] 撑，支，架，端，捧，
공손하다 [形] 恭敬，毕恭毕敬，谦恭，恭顺
부딪치다 [ ] 碰，撞；撞见，打照面；遇到
억지로 [副] 硬（是），勉强

 본문 들어가기 （课文视听）

1. 호텔 예약
2. 예약 예의

문법 알아보기 (语法解说)

1. "피동형": 韩国语被动态的主要构成方式：

(1) 部分固有动词词干后加接尾词 -이, -히, -리, -기等。

　　보다 + -이- → 보이다
　　읽다 + -히- → 읽히다
　　팔다 + -리- → 팔리다
　　씻다 + -기- → 씻기다

(2) 在由两个音节构成的汉字词后加 "-하다" 构成的动词中, 有很大一部分可以把 "하다" 换成 "되다", 构成被动态。

　　개발하다 → 개발되다
　　파괴하다 → 파괴되다
　　변화하다 → 변화되다
　　약화하다 → 약화되다

(3) 一些动作动词语干后加 "-아/-어/-여지다", 构成被动态。

　　알리다 → 알려지다
　　쓰다 → 써지다
　　주다 → 주어지다

　*形容词语干后加 "-아/-어/-여지다", 表示变化的过程, 并且将形容词变成动词。

　　외롭다 → 외로워지다
　　따뜻하다 → 따뜻해지다

2. 终结词尾：-고요

　　用于谓词词干和 "이다" 之后, 首尔地区的人在口语中有时说成 "-구요"。

表示以下语法意义:

1) 表示疑问, 与 "-아/어/여요" 的语法意义相同。

　　애가 잘 자라고요?
　　할아버지께서는 건강하시고요?
　　학교는 어떻게 하고요?

2) 表示反问。

　　막차가 벌써 가 버렸다구요?
　　벌써 결혼했다구요? 얼마전에 여자친구 없다고 했는데요.
　　남자친구가 생겼다고? 너 몇 살인데?

3) 表示补充叙述前面陈述过的事实。

　　내 여자 친구는 예쁘게 생겼어요. 마음씨도 착하고요.
　　그녀는 노래를 잘 불러요. 춤도 잘 추고요.
　　그는 공부를 잘해요. 운동도 잘하고요.

연습문제 （练习）

1. 새로 배운 문법으로 만든 문장을 받아 쓰십시오. （听写使用新语法所作的例句。）
   가)
   나)
   다)
   라)
   마)
   바)

2. 다음을 잘 듣고 빈칸을 채우십시오. （听录音填空。）
   1) 손님, (   )를 예약해 드릴까요?
   2) 싱글 룸 하나하고 (   ) 하나 예약해 주십시오.
   3) 전화번호는(   ) 입니다.
   4) 이번 주 목요일, 금요일 (   ) 쓰실 거구요.
   5) 오셔서 (   )에 말씀해 주시면 곧바로 투숙하실 수 있습니다.
   6) 만일 (   ) 갈 수 없게 되면 반드시 미리 연락을 해야 합니다.
   7) 그렇게 하지 않으면 (   ) 됩니다.
   8) 주말 저녁에 (   ) 먼저 전화로 예약하시는 것이 좋습니다.

3. 다음을 잘 듣고 본문과 맞으면 ○표, 맞지 않으면 ×표를 하십시오. （听录音,与课文内容一致的用○、不一致的用×表示。）
   1) (   ) 2) (   ) 3) (   ) 4) (   ) 5) (   )

4. 본문 내용을 듣고 물음에 답하십시오. （听课文内容,回答问题。）
   1) 손님은 어느 호텔을 투숙하려고 해요?

   2) 손님은 며칠 동안, 몇 개의 방을 쓸 것이에요?

   3) 방을 예약한 손님은 어떻게 호텔에 투숙할 수 있어요?

5. 다음 대화를 듣고 이어질 수 있는 말을 고르십시오.
   1) (   )
      ① 담배는 편의점에서 팔아요.
      ② 흡연 금지 구역을 찾아야 해요.
      ③ 이번 기회에 담배를 끊으세요.
      ④ 흡연하는 사람들이 많아졌어요.

2) (　　　)
① 토요일이네요.
② 토요일이더라고요.
③ 토요일인가 봐요.
④ 토요일이잖아요.

3) (　　　)
① 저도 당황해요.
② 한국의 예절을 배운다는 것은 보통이 아니에요.
③ 한국에 온 지 얼마 안 되었으니까 그럴 수도 있지요.
④ 한국 사람과 함께 사는 게 좋아요.

6. 다음을 듣고 남자의 중심 생각을 고르십시오.
1) (　　　)
① 회사 동호회 활동은 부담스럽다.
② 회사에 동호회가 많았으면 좋겠다.
③ 회사 동호회 활동은 직장 생활에 도움이 된다.
④ 직장 생활과 동호회 활동은 따로 해야 한다.

2) (　　　)
① 기념우표는 전시회에서 발행된다.
② 기념우표는 역사적 의미를 담고 있다.
③ 기념우표를 전시하는 것은 역사적인 일이다.
④ 기념우표를 보여주는 것은 의미 있는 일이다.

3) (　　　)
① 역사 드라마는 시청률에 의존한다.
② 역사 드라마는 사실 전달이 중요하다.
③ 역사 드라마는 역사 공부 자료가 된다.
④ 역사 드라마는 작가의 의도대로 제작된다.

7. 다음을 듣고 물음에 답하십시오.
1) 남자는 여자에게 왜 전화를 했습니까?
① 주전자를 가게에 보내려고
② 공장에 주전자를 주문하려고
③ 주전자를 아직 보내지 못해서
④ 주문한 주전자의 디자인을 바꾸려고

2) 들은 내용과 같은 것을 고르십시오.
① 여자는 남자에게 주전자를 보냈습니다.
② 여자는 지난주에 주전자를 주문했습니다.
③ 여자는 가게에 가서 주전자를 살 겁니다.
④ 여자는 내일 주전자를 받을 수 있을 겁니다.

8. 취미 생활을 할 때 주의해야 할 점은 무엇입니까? 친구와 이야기해 봅시다. (进行业余爱好时应注意哪些? 和朋友们聊一聊。)

관광	
영화 관람	
수영	

 韩国文化解读 (한국 문화 이해)

주도(酒道)

　술은 지나치게 마시면 실수를 하거나 건강을 해칩니다. 하지만 적당히 마시면 긴장을 풀어주고 대인관계를 원만히 하는 데 도움을 줍니다. 술을 마실 때에는 예의를 지켜야 합니다. 이것을 '주도'라고 합니다. 어른과 함께 술을 마실 때에는 특히 주도를 잘 지켜야 합니다.

　술자리에서는 어른의 잔에 먼저 술을 따라 드려야 합니다. 술을 따를 때는 한 손으로 술병을 잡고 다른 한 손으로는 가볍게 술병을 받칩니다. 이 때 술이 튀거나 넘치지 않도록 조심해야 합니다. 한국에서는 어른께 물건을 드리거나 받을 때 항상 두 손을 사용하는데, 술을 따를 때에도 마찬가지입니다.

　술을 받을 때에도 두 손으로 공손하게 받아야 합니다. 술잔에 술이 모두 차면 어른의 제안에 따라 가볍게 술잔을 부딪치고 술을 마십니다. 술을 마실 때는 어른이 계신 방향에서 살짝 얼굴을 돌려 마시는 것이 예의입니다. 또 술잔이 완전히 비기 전에는 다시 술을 따르지 않습니다.

　술을 잘 못 마시는 사람은 술을 못 한다고 미리 말하는 것이 좋습니다. 그러면 주변 사람들이 억지로 술을 권하지 않을 것입니다.

제16과 취미
兴趣

生词 (새 단어)

희극 [名] 戏剧，喜剧
경극 [名] 京剧
공연 [名] 演出，公演
멋있다 [形] 很漂亮，很帅，潇洒
탈 [名] 假面，脸谱
의상 [名] 衣服，服装
수집하다 [他] 收集
감상하다 [他] 欣赏
도대체 [副] 到底，究竟，怎么也
잇몸 [名] 牙龈，齿龈，牙床
벌리다 [他] 张开，拉开，打开，展开

치아 [名] 牙齿
염증 [名] 发炎，炎症
양치질 [名] 漱口，刷牙
닦다 [他] 刷，擦；修炼
치과 [名] 牙科，牙科医院，口腔医院
네모 [名] 四角，四方，格子
마름모 [名] 菱形
구멍 [名] 孔，眼儿，洞，窟窿
꼬리 [名] 尾巴
가꾸다 [他] 栽种，拾掇，侍弄；打扮

본문 들어가기 (课文视听)

1. 취미가 뭐예요?
2. 취미 생활

문법 알아보기 (语法解说)

惯用型: -ㄹ/을 위하다

表示目的，相当于汉语的"为了……"。也可以与名词性词尾"-기"结合，以"-기 위해서"的形式使用。如：

조국을 위해서 생명도 바칠 수 있다.
건강을 위하여 매일 운동해요.
학비를 마련하기 위해서 아르바이트를 하고 있어요.

연습문제 (练习)

1. 다음 문장을 받아 쓰십시오. (听写下列句子。)
   가)
   나)
   다)
   라)
   마)

2. 다음을 잘 듣고 빈칸을 채우십시오. (听录音填空。)
   1) (　　　　) 극장에 가서 경극 공연을 봐요.
   2) (　　　　) 취미를 가졌군요.
   3) 경극 감상도 아주 (　　　　) 취미인 것 같아요.
   4) 저는 경극의 (　　　　)을 특히 좋아해요.
   5) 어떤 사람들은 (　　　　)를 수집합니다.
   6) 운동이나 (　　　　) 사람도 있습니다.
   7) 가장 큰 이유는 취미를 통해 (　　　　　　)입니다.
   8) (　　　　　　) 도움을 줍니다.

3. 다음을 잘 듣고 본문과 맞으면 ○표, 맞지 않으면 ×표를 하십시오. (听录音,与课文内容一致的用○、不一致的用×表示。)
   1) (　　) 2) (　　) 3) (　　)
   4) (　　) 5) (　　) 6) (　　)

4. 본문 내용을 듣고 물음에 답하십시오. (听课文内容,回答问题。)
   1) 민호 씨는 어떤 멋있는 취미를 가지고 있어요?

   2) 왕동 씨는 날씨가 좋으면 뭘 해요?

   3) 왕동 씨와 민호 씨는 왜 화요일 밤에 경극을 보자고 했어요?

5. 다음 대화를 듣고 여자가 할 행동으로 알맞은 것을 고르십시오.
   1) (　　)
   ① 박 선생님한테 부탁한다.
   ② 컴퓨터를 전공한 사람을 찾는다.
   ③ 인터넷으로 자료를 찾아서 직접 고친다.
   ④ 컴퓨터 회사에 전화를 해서 고친다.

2) (　　　)
　① 계속 치과에서 치료를 받는다.
　② 의사가 알려 준 방법대로 이를 닦는다.
　③ 의사가 알려 준 대로 옆으로만 이를 닦는다.
　④ 치과에서 치료를 받으면서 이 닦는 방법을 바꾼다.

3) (　　　)
　① 민속촌 가는 날을 다른 날로 바꾼다.
　② 약속을 민속촌을 다녀온 뒤로 미룬다.
　③ 다른 사람과 민속촌에 간다.
　④ 내일 혼자 민속촌에 간다.

6. 다음 대화를 잘 듣고 내용과 일치하는 것을 고르십시오. (　　　)
① 민정이는 마름모 연을 만들고 있다.
② 스미스는 연날리기를 해 본 적이 없다.
③ 바람 부는 날은 연에 꼬리가 없으면 멋있다.
④ 민정이와 스미스는 연날리기를 하러 한강에 갈 것이다.

7. 다음을 듣고 물음에 답하십시오.
1) 어떤 이야기를 하고 있는지 고르십시오.
　① 감사　　② 부탁　　③ 신청　　④ 소개
2) 들은 내용과 같은 것을 고르십시오.
　① 실내 정원은 가꾸기가 어렵지 않습니다.
　② 이 책은 실내 정원을 만들 때 도움이 됩니다.
　③ 이 책을 보면 정원의 종류를 알 수 있습니다.
　④ 꽃을 키우는 방법은 책으로 배우기가 힘듭니다.

8. 다음의 질문을 가지고 친구들과 서로 묻고 대답하면서 서로의 취미생활을 알아보도록 하세요. (请用下列问题与同学进行问答，了解彼此的业余生活。)

질문	대답
취미가 무엇인가?	
주로 언제 하는가?	
시간과 비용은 얼마나 드는가?	
효과가 무엇인가?	

补充词汇

취미 兴趣

음악감상 音乐欣赏
영화감상 电影欣赏
애완동물기르기 饲养宠物
아마터리즘 业余爱好
전자오락 电子游戏
골동품수집 古董收集
우표수집 集邮
동전수집 收集钱币
퀴즈 猜谜,谜
조각 雕刻
회화 绘画
도예 陶艺
다도 茶道
다화회 茶话会
원예 园艺
꽃꽂이 插花
오락 娱乐
폭죽놀이 放鞭炮

장기 象棋
바둑 围棋
트럼프 扑克
마작 麻将
수예 手工艺
뜨개질 编织
자수 刺绣
카드놀이 玩纸牌
표류 漂流
롤러스케이트 滑旱冰
스케이트보드 滑板
다트 飞镖
낚시 钓鱼
사냥 打猎
여행 旅行
사파리 探险,狩猎,远征
서커스 马戏
등반 攀登

제17과 옷차림
穿着打扮

 生词 (새 단어)

화려하다 [形] 华丽
돌아다니다 [自] 奔波，转来转去
쏙 [副] 深陷，拔
맘=마음 [名] 心
스타일 [名] 式样，款式，类型
신경 쓰다 [词组] 费心
장소 [名] 场所，地点
안심하다 [自/形] 安心，放心
분명히 [副] 分明地，清楚地
짚 [名] 谷草，稻草，秸秆
고무 [名] 橡胶
짚신 [名] 草鞋
나막신 [名] 木鞋，木屐
한복 [名] 韩服

콧날 [名] 鼻梁
도드라지다 [形] 鼓起，隆起，突出
검정색 [名] 黑色
흰색 [名] 白色
버선 [名] 布袜
곡선 [名] 曲线
더하다 [他] 加
　　　　[形] 更重，更深
신다 [他] 穿，蹬
광주행 [名] 开往光州
초록색 [名] 草绿色，绿色
심리 [名] 心里；心理；理清，
　　　理出

 본문 들어가기 (课文视听)

1. 네가 보기에 내가 입은 이 옷 어때?
2. 고무신

 문법 알아보기 (语法解说)

1. 终结词尾：-(ㄴ/는)다구(요)

1) 听到别人的话后，重复引用，进行确认。"-(ㄴ/는)다구"是首尔方言发音，标准语为"-(ㄴ/는)다고(요)"。
其他句式的表达方式还有"-(이)라고요，-(느/으)냐고요，-(으)라고요，-자고요"。

가 : 일요일 저녁에 우리집으로 초대를 하겠어요.
나 : 저를 초대하신다구요.
가 : 주말에는 시험 공부만 했어요.
나 : 주말에는 시험 공부만 했다구요?

2) 不是引用听到的别人的话, 而是为了强调或炫耀自己的想法而使用间接引用形式, 此时只能使用陈述句的终结词尾 "-(ㄴ/는)다고(다구)(요)"。
다음 주에 우리 가족들은 미국으로 관광을 떠난다고요.
우리 아들은 베이징대학에 합격했다구요.

2. 惯用型: -아/어/여 가다

主要接在动词后面, 表示在维持动作的状态下继续进行; 也可以接在一部分的形容词后面, 此时是将形容词动词化了。如:
일이 잘 되어 가고 있다.
살아 가면서 이런저런 일들을 많이 만날 수 있을 것이다.
뉴스에서는 도시의 공해가 심해 간다 한다.

연습문제 (练习)

1. 다음 문장을 받아 쓰십시오. (听写下列句子。)
   가)
   나)
   다)
   라)
   마)

2. 다음을 잘 듣고 빈칸을 채우십시오. (听录音填空。)
   1) 하지만 (   ) 신경을 써야 하는 거야.
   2) 옷은 (   ) 입어야지.
   3) 한국인은 (   ) 가장 쉽게 구할 수 있는 짚과 나무를 이용해 발을 보호하였습니다.
   4) (   )은 날씨가 좋은 날에 신었고 (   )은 비가 오는 날 신었습니다.
   5) 한복을 입을 때에는 (   ) 고무신을 신는 것이 잘 어울립니다.
   6) (   )은 일할 때 신는 막신입니다.
   7) 흰색신은 (   ) 신었습니다.
   8) 하얀색 버선에 흰 고무신의 곡선은 한복의 아름다움을 (   ).

제17과 옷차림

3. **다음을 잘 듣고 본문과 맞으면 ○표, 맞지 않으면 ×표를 하십시오.** (听录音,与课文内容一致的用○、不一致的用×表示。)
   1) (   )   2) (   )   3) (   )   4) (   )
   5) (   )   6) (   )   7) (   )

4. **본문 내용을 듣고 물음에 답하십시오.** (听课文内容,回答问题。)
   1) 수미 씨는 백화점을 돌아다녔다가 무슨 옷을 사 왔어요?

   2) 희선 씨는 옷을 입는 원칙에 대해서 어떻게 생각해요?

   3) 한복을 입을 때에는 어떤 신발을 신는 것이 잘 어울립니까?

   4) 옛날에는 한국 사람들은 무엇을 많이 신었어요?

5. **다음 대화를 잘 듣고 이어질 수 있는 말을 고르십시오.**
   1) (   )
      ① 다른 것으로 교환해 드릴게요.
      ② 같은 크기로 주문해 드릴까요?
      ③ 지금은 이것보다 작은 게 없는데요.
      ④ 요즘 이런 모양이 인기가 좋아요?
   2) (   )
      ① 여기 온 지 얼마 안 됐어요.
      ② 지금은 들어오시면 안 돼요.
      ③ 장 대리님을 만나러 왔어요.
      ④ 끝나자마자 곧 돌아가겠어요.
   3) (   )
      ① 그럼 몇 시 표가 남아 있어요?
      ② 어른 두 명하고 아이가 한 명이에요.
      ③ 그런데 오전 몇 시로 예약해 드릴까요?
      ④ 광주행 기차는 1시간마다 한 대씩 있습니다
   4) (   )
      ① 일하기가 힘들어서 포기하고 싶었어요.
      ② 그래도 별로 안 좋아 보이지는 않아요.
      ③ 아무래도 무슨 일이 있는 것 같아요.
      ④ 얼마나 바쁜지 정신이 하나도 없었어요.

6. 다음을 듣고 내용과 같은 것을 고르십시오.
   1) ① 입고 있는 옷의 색깔로 사람의 성격을 파악할 수 있다.
      ② 다양한 색을 골고루 입는 것이 피로를 푸는 데에 좋다.
      ③ 심리 상태에 따라 선호하는 색깔이 달라지기도 한다.
      ④ 나이가 들수록 따뜻한 느낌의 색을 선호하는 경향이 있다.
   2) ① 공연은 오전과 오후에 한 번씩 진행된다.
      ② 공연 때 동물들을 만져 볼 수 있다.
      ③ 공연이 끝나면 바다 동물 사진을 나눠 준다.
      ④ 공연에 가면 여러 바다 동물들을 볼 수 있다.

7. 다음을 잘 듣고 물음에 답하십시오.
   1) 여자는 왜 이곳에 갔습니까?
      ① 머리를 파마하려고
      ② 머리를 감으려고
      ③ 머리를 염색하려고
      ④ 머리를 자르려고
   2) 들은 내용과 다른 것을 고르십시오.
      ① 여자는 얼마 전에 머리를 잘랐다.
      ② 여자는 오늘 파마를 하고 싶어한다.
      ③ 여자는 오늘 염색을 하고 싶어한다.
      ④ 여자는 좋아하는 머리 색깔이 있다.

8. 좋아하는 옷차림의 유형에 대해서 친구들과 이야기해 보십시오. (请和朋友们谈谈你喜欢的服装打扮类型。)

韩国文化解读 (한국 문화 이해)

한국의 가족

"가족이 몇 명입니까?"라는 질문을 받으면, 한국인은 쉽게 대답하지 못합니다. 같이 사는 사람을 의미하는 것인지, 아니면 따로 살지만 부모님, 동생 등이 포함되는 것인지 정확하지 않기 때문입니다. 그래서 결혼한 사람은 주로 함께 사는 사람들만을 말하는 경우가 있습니다. 예를 들어 부모님과 함께 사는 경우는 부모님을 가족에 포함하지만 그렇지 않은 경우에는 포함하지 않기도 합니다. 그러나 이 때도 "같이 살지 않지만 누구누구가 있습니다."라고 말하는 경우가 많습니다.

한국인은 가족의 범위를 넓게 생각하기 때문에 이런 일이 일어납니다. 자신에게 친절하게 대해 준 사람에게 '가족 같이' 대해 주었다고 합니다. 가까운 사람을 소개할 때는 '한 가족과 같은 사이'라고 표현합니다. 이는 가족이 서로 가깝고 가족의 범위가 넓다는 것을 보여 주는 예입니다. 그래서 어떤 회사는 고객들을 회사의 가족이라고 말하기도 합니다.

제 18 과 운동
运动

生词 (새 단어)

축구광 [名] 足球的狂热爱好者，球迷
월드컵 [名] 世界杯
본선에 진출하다 [词组] 出线
붐이 일다 [词组] 掀起高潮，盛行，兴旺
야구 [名] 棒球
중계 방송 [名] 转播，无线电转播
팀 [名] 队
대 [依存词] 比，对
스코어 [名] 比分，分数
앞서다 [自] 走在前面，领先，抢先
고유 [名] 固有
전통 무술 [名] 传统武术
고구려 [名] 高句丽
삼국 시대 [名] 三国时期
통일신라 [名] 统一新罗
아시안게임 [名] 亚运会
정식 종목 [名] 正式项目
채택되다 [自] 采取，采用
올림픽 [名] 奥运会
시범 종목 [名] 示范项目
선정되다 [自] 选定
시드니 [名] 悉尼
기술 [名] 技术
기본 동작 [名] 基本动作
품세 [名] 姿势

겨루기 [名] 较量，竞争，交锋
격파 [名] 击破
호신술 [名] 护身术
주먹 [名] 拳头
막기 [名] 挡，抵挡，防守
지르기 [名] 喊，喊叫
찌르기 [名] 刺，插
치기 [名] 拍，击
도복 [名] (跆拳道) 道服
급수 [名] 等级，段位
띠 [名] 带子
구분하다 [他] 区分
파란색 [名] 蓝色
무급 [名] 没有级别
자주색 [名] 紫色
유단자 [名] 有段位的人
따라가다 [他] 跟随，伴随，追随；遵从，服从
부럽다 [形] 羡慕，歆羡，眼馋，眼热
개구리 [名] 青蛙
빨개지다 [自] 变红
아침형 [名] 早晨型
인간 [名] 人，人类，人间，世间
잠자다 [自] 睡觉；停滞
야근 [名] 加班，夜班
술자리 [名] 喝酒的地方，酒席，酒宴
피하다 [自/他] 闪避，躲藏；避开避忌
허리 [名] 腰，半腰，腰身

본문 들어가기 (课文视听)

1. 중계 방송
2. 한국의 전통 무예

 문법 알아보기 (语法解说)

惯用型: -아/어/여 오다

主要接在动词后面,表示在维持动作的状态下持续过来;也可以接在一部分的形容词后面,此时是将形容词动词化了。 如:

- 그는 지금까지 열심히 살아 왔다.
- 형은 4년동안 사귀어 온 여자친구와 헤어졌다.
- 발음 규칙을 보니 머리가 아파 온다.

 연습문제 (练习)

1. 다음 문장을 받아 쓰십시오. (听写下列句子。)

   가)
   나)
   다)
   라)
   마)

2. 다음을 잘 듣고 빈칸을 채우십시오. (听录音填空。)

   1) 중국이 (　　　　　　) 진출했다고 들었어요.
   2) 중국은 지금 (　　　　　　).
   3) 지금 (　　　　　) 있는데요.
   4) (　　　　　)이에요.
   5) (　　　　　)는 몇 대 몇이에요?
   6) 태권도는 1986년 제10회(　　　　　　)에서 처음 정식 종목으로 채택되었다.
   7) 1988년 제24회 서울 올림픽에서는 (　　　　　　).
   8) 태권도의 도복은 위아래 모두 흰색이며, 급수에 따라 (　　　　　　) 을 구분하고 있다.

3. 다음을 잘 듣고 본문과 맞으면 ○표, 맞지 않으면 ×표를 하십시오. (听录音，与课文内容一致的用○、不一致的用×表示。)
   1) (　　　)　　2) (　　　)　　3) (　　　)　　4) (　　　)
   5) (　　　)　　6) (　　　)　　7) (　　　)　　8) (　　　)

4. 본문 내용을 듣고 물음에 답하십시오. (听课文内容，回答问题。)
   1) 지금 중계 방송을 하고 있는 경기는 무슨 경기입니까?

   2) 태권도의 발전 과정을 말해 보세요.

   3) 태권도의 기본 동작에 대해서 설명해 보세요.

5. 다음 대화를 잘 듣고 이어질 수 있는 말을 고르십시오.
   1) (　　　)
      ① 일요일에는 가기 힘들까?
      ② 연휴에는 집에서 쉬고 싶어.
      ③ 근처에 있는 산으로 가면 어때?
      ④ 가족들하고 같이 여행 다녀왔어.
   2) (　　　)
      ① 그러면 제가 같이 따라가도 될까요?
      ② 글쎄요. 이번 주는 시간이 없어서요.
      ③ 그럼 내장산에 다녀오는 게 어때요?
      ④ 부러워요. 저도 어디라도 가고 싶어요.
   3) (　　　)
      ① 어머니께서 가도록 허락해 주시면
      ② 우물 안 개구리가 되면 어떡하지?
      ③ 비가 올지도 모르니까 우산 챙겨야 해.
      ④ 할머니께 여행 가시라고 말씀드려 봐야지.

6. 다음을 듣고 내용과 일치하는 것을 고르십시오.
   1) (　　　)
      ① 여자는 얼굴에 땀이 거의 나지 않는다.
      ② 남자는 땀이 나도 얼굴색이 안 변한다.
      ③ 여자는 운동할 때에만 땀을 조금 흘린다.
      ④ 남자의 가족들은 땀을 잘 흘리지 않는다.
   2) (　　　)
      ① 아침형 인간은 아침에만 일을 하는 사람을 말한다.
      ② 아침형 인간에게 아침 식사를 하는 것은 아주 중요하다.

③ 저녁까지 근무하는 것은 아침형 인간에게 문제가 안 된다.
④ 아침 일찍부터 일하는 사람은 저녁 시간을 잘 활용할 수 있다.

7. 다음을 잘 듣고 내용과 같은 것을 고르십시오. (　　)
① 이 사람은 지금 허리가 아픕니다.
② 이 사람은 농구를 가르치고 있습니다.
③ 이 사람은 내년에 농구 선수를 다시 할 겁니다.
④ 이 사람은 외국에서 농구 선수 생활을 했습니다.

8. 여러분이 운동을 좋아합니까? 싫어합니까? 그 이유를 말해 보십시오.
（大家喜欢运动还是讨厌运动？请谈谈理由。）

补充词汇

국제올림픽경기대회 奥运会

실황중계/생중계 现场直播	우승컵 冠军奖杯
하계올림픽 夏季奥运会	우승페넌트/우승기 冠军奖旗
동계올림픽 冬季奥运会	규칙 规则
월드컵 世界杯	반칙 犯规
개막식 开幕式	응원 加油，助威
폐막식 闭幕式	응원팀 啦啦队
팀 队	시합종목 比赛项目
선수 选手	국제올림픽위원회 奥委会(IOC)
감독 领队，总教练	전세계체육계 全世界体坛
코치 教练	개최도시 主办城市
심판 裁判员	공식후원사 官方赞助商
시합참가자격 参赛资格	약물복용 使用违禁药物
기록보유자 纪录保持者	약물검사 药检
세계기록을 깨다 打破世界纪录	오륜기 奥运会会旗
예선 预赛	마스코트 吉祥物
준결승 复赛	푸와/복덩이 福娃
결선 决赛	주제곡 主题曲
결승전 决赛	올림픽 성화 奥运圣火
무승부 平局	성화봉송 传递圣火
금메달 金牌	성화 점화 点燃圣火
은메달 银牌	선수촌 奥运村
동메달 铜牌	유치위원회 申办委员会
우승 冠军	조직위원회 组织委员会
준우승 亚军	

제19과 건강
健康

 生词 (새 단어)

졸리다 [自] 困，困倦，想睡觉
불면증 [名] 失眠症
고생하다 [自] 吃苦，辛苦，辛劳
대학원 [名] 研究生院
소중하다 [形] 贵重的，珍贵的
당장 [副] 立即，当场
유교 [名] 儒教
오복 [名] 五福
수 [名] 寿
부 [名] 富
부유하다 [形] 富裕，富有
풍족하다 [形] 丰足，丰饶，殷实
강녕 [名] 康宁

유호덕 [名] 以德为乐
보람있다 [形] 有价值，有意义
고종명 [名] 寿终正寝
훌륭하다 [形] 了不起，出色，优秀，卓越，出众
잃어버리다 [他] 丢失，丧失
굶다 [自/他] 饿，饥饿；空着（肚子）
불규칙하다 [形] 不规则，不规律，不正规
낫다 [形/自] 好，强；痊愈
비롯하다 [自/他] 始初，出于；……等，以……为首
뿌리다 [他] 散布，撒，洒；传播

 본문 들어가기 (课文视听)

1. 건강에 더 신경을 써야 돼요
2. 오복 이야기

 문법 알아보기 (语法解说)

1. 连接词尾: -지

用于动词词干和时制词尾后，将前后句的两个事实进行比较，认定前句的事实，否定后句的事实。如：

당신은 자기의 생각만 하지 제 생각은 언제 해 봤어요?
언니는 일만 하지 영화 구경은 한 번도 안 시켜 주었어요.
제가 쓰는 하숙집은 위치만 괜찮지 다른 조건은 다 그저 그래요.

2. 惯用型: -ㄴ다고/는다고/다고 해서

用于谓词后,表示原因、根据。

- 돈을 많이 벌 수 있다고 해서 꼭 좋은 직장이라고는 볼 수 없다.
- 기분이 나쁘다 해서 아무일도 안 해?
- 할머니가 돌아가셨다 하여 너무 슬퍼 아무것도 못한다.

3. 惯用型: -ㄴ/은 데다가

接在动词、形容词词干后,表示递进、累加等意思。相当于汉语的"不但……而且……""再加上"。如:

- 감기에 걸린 데다가 비에 맞아서 일찍 집에 갔어요.
- 돈이 없는 데다가 지갑까지 잃어버려 기분이 아주 안 좋았어요.
- 시간이 없는 데다가 일이 많아서 고생 많이 했어요.

연습문제 (练习)

1. 다음 문장을 받아 쓰십시오. (听写下列句子。)

   가)
   나)
   다)
   라)
   마)
   바)

2. 다음을 잘 듣고 빈칸을 채우십시오. (听录音填空。)

   1) 다나카 씨, 요즘 왜 그렇게 (   )?
   2) 저도 모르겠어요. 낮에는 (   ), 밤에는 잠이 오지 않아요.
   3) 저도 전에 (   ) 걸려서 고생한 적이 있거든요.
   4) 잠이 안 오는데 (   ) 내 문제인 것 같아요.
   5) (   ) 건강에 더 신경을 써야 돼요.
   6) (   ) 소중한 게 어디 있겠어요?
   7) (   ) 한국 사람들은 옛부터 오복이라 하여 다섯 가지를 꼽았다.
   8) 이 (   ) 역시 건강하게 오래 사는 것을 제일 중요하고 가치있는 것으로 생각했음을 알 수 있다.

3. 다음을 잘 듣고 본문과 맞으면 ○표, 맞지 않으면 ×표를 하십시오. (听录音,与课文内容一致的用○、不一致的用×表示。)

   1) (   )   2) (   )   3) (   )   4) (   )
   5) (   )   6) (   )   7) (   )

제19과 건강

4. **본문 내용을 듣고 물음에 답하십시오.** (听课文内容, 回答问题。)

   1) 다나카 씨는 무엇 때문에 안색이 안 좋아 보여요?

   2) 잠이 잘 안 올 때에 어떻게 하면 좋을까요?

   3) 한국 사람들이 꼽았던 오복은 뭐예요?

5. **다음 대화를 잘 듣고 이어질 수 있는 말을 고르십시오.**

   1) (　　　)
   ① 전화기를 끄는 게 좋겠어.
   ② 전화기를 집에 두고 왔어.
   ③ 전화로 말하면 될 것 같아.
   ④ 전화번호를 몰라서 못 했어.

   2) (　　　)
   ① 그러면 먹을 것 좀 사 올게요.
   ② 그러니까 오늘은 일찍 문 닫아요.
   ③ 그런데 문을 닫아서 그냥 왔어요.
   ④ 그래서 아까 라면하고 물을 샀어요.

   3) (　　　)
   ① 처음 봤을 때보다 낫네.
   ② 직접 보니까 좀 재미있던데.
   ③ 정말? 그럴 줄 알았으면 나도 볼걸.
   ④ 그래? 재미있을 것 같아서 보려고 했는데.

6. **다음은 무엇에 대한 내용인지 알맞은 것을 고르십시오.**

   1) (　　　)
   ① 외모에서 오는 행복　　② 행복과 물질적 풍요의 상관관계
   ③ 행복과 불행의 차이점　　④ 행복의 기준

   2) (　　　)
   ① 지하철에서 물건을 보관하는 방법
   ② 지하철에서 잃어버린 물건을 찾는 방법
   ③ 유실물센터에 취직하는 방법
   ④ 지하철을 타는 방법

   3) (　　　)
   ① 스트레스에 좋은 음식　　② 스트레스를 푸는 방법
   ③ 스트레스를 받는 성격　　④ 스트레스가 쌓이는 이유

7. 다음을 잘 듣고 질문에 답하십시오.
   1) 남자가 언제나 건강해 보이는 비결이 무엇인가요?

   2) 여자가 건강하지 못한 원인이 무엇인가요?

   3) 어른들 말씀이 보약보다 더 낫다는 것이 무엇인가요?

8. "돈을 잃으면 한 가지를 잃는 것이요, 건강을 잃으면 모든 것을 잃는 것이다"라는 말이 있습니다. 이 말에 대해 어떻게 생각하십니까? 그리고 평소 건강을 위해 특별히 하는 일이 있다면 이야기해 봅시다. (话说"丢钱丢一件，丢健康就是丢全部。"您如何评价这句话？请谈谈您平时有意为健康做了哪些事情。)

韩国文化解读 (한국 문화 이해)

한국의 차

한국의 차로는 한국식 녹차, 과일차를 비롯하여, 독특한 문화로 발전해 왔다. 또한 수정과 등 한과의 변화 형태로도 존재한다.

한국식 차의 종류를 보면 뿌리차, 곡물과 견과로 만든 차, 과일로 만든 차, 식물 잎으로 만든 차, 녹차 및 기타 종류의 차들이 있다.

뿌리차에는 인삼차, 당귀차(当归茶), 생강차(生姜茶), 칡차(葛茶), 둥굴레차(玉竹茶), 마차(음료/麻茶) 등이 있다.

곡물과 견과로 만든 차에는 보리차(菩提茶/大麦茶), 옥수수차(玉米茶), 현미차(玄米茶), 율무차(薏米茶), 결명자차(决明子茶) 등이 있다.

과일로 만든 차에는 수정과(水正果/生姜桂皮茶), 유자차(柚子茶), 구기자차(枸杞子茶), 대추차(大枣茶), 오미자차(五味子茶), 매실차(梅实茶), 모과차(木瓜茶), 산수유차(山茱萸茶), 탱자차(橙子茶) 등이 있다.

식물 잎으로 만든 차에는 뽕잎차(桑叶茶), 감잎차(柿子树叶茶), 솔잎차(松叶茶), 국화차(菊花茶), 이슬차(枫叶茶) 등이 있다.

그리고 영지버섯차(灵芝茶), 송화밀수(松花蜜水), 귤강차(橘姜茶), 쌍화차(双花茶), 두충차(杜仲茶), 동규자차(冬葵子茶), 살구차(杏茶), 감로차(甘露茶) 등 기타 종류의 차도 있다.

이 가운데 한국 사람들이 즐겨 마시는 전통차로는 유자차, 생강차, 둥굴레차, 율무차, 모과차, 오미자차 등이 있다. 이런 차는 맛도 있지만 마시면 몸에도 좋다고 한다.

제20과 편지
信

生词 (새 단어)

안색 [名] 脸色
실 [名] 事实，实利
감동 [名] 感动
번거롭다 [形] 麻烦，繁杂，复杂
봉투 [名] 信封
과정 [名] 过程
전달하다 [他] 传递，传达，转达
하얀 종이 [名] 白纸
또박또박 [副] 一笔一划地，端端正正地
낭만스럽다 [形] 浪漫
호칭 [名] 称呼
그립다 [形] 怀念，想念，思念
첫인사 [名] 见面礼，问候语
덕분 [名] 托福，幸亏，多亏

상대방 [名] 对方
답장 [名] 回信
마무리하다 [他] 结尾，收尾
끝인사 [名] 结尾问候语
추신 [名] 附言，附笔
휴가 [名] 休假，假
이따가 [副] 等一会儿，一会儿
수업료 [名] 学费，讲课费
무료 [名] 免费，无偿
질문 [名] 问，询问，提问，质问
예를 들다 [词组] 举例，例如
백일 [名] 百日，白天；白日
잔치 [名] 饭席，宴会
실제로 [副] 实际上，其实
과거 [名] 过去，昔日，往日

본문 들어가기 (课文视听)

1. 사랑의 편지
2. 편지 쓰는 방법

문법 알아보기 (语法解说)

1. 惯用型: -뿐만 아니라

　　相当于汉语的"不仅……而且……""不但……而且……"。

1) 直接接在体词后

오늘은 빨래뿐만 아니라 방 청소도 했어요.
너무 바빠서 저녁뿐만 아니라 점심도 굶었어요.
우리 어머님은 영어뿐만 아니라 한국어도 아주 잘하세요.

2) 接在谓词后,以"-ㄹ/-을 뿐만 아니라"的形式使用。
- 누나는 마음이 고울 뿐만 아니라 얼굴도 예뻐요.
- 우리 대학 신캠퍼스는 넓을 뿐만 아니라 아주 아름다워요.
- 냉면이 맛있을 뿐만 아니라 아주 시원해요.

2. 终结词尾:-거든요
接在动词、形容词词干后,表示原因、理由。
- 요즘에 감기에 걸리는 사람들이 많아요. 환절기거든요.
- 오늘은 좀 비싼 음식을 시켜도 돼. 아르바이트 월급을 탔거든.
- 그 드라마 여러 번 봤어요. 제가 좋아하는 배우가 많이 나오거든요.

3. 惯用型:-라면/이라면
是"-라고 하면/이라고 하면"的缩略形,表示"假如前句是事实的话……"。后句经常以"-겠다, -ㄹ/을 것이다, -었을 것이다, -ㄹ/을 테다, -ㄹ/을 텐데"等形式出现。
- 이 것이 꿈이라면 깨지 말았으면 좋겠는데.
- 내가 선생이라면 이렇지 않을 텐데.
- 리포트 쓰기도 숙제라면 숙제가 너무 많을 것이에요.

4. 惯用型: -달라고 하다(-주라고 하다)
命令句中"주다"的间接引用形式。在以"주다"做谓语的命令句间接引用中,如果是话者本人自己需要某种东西时,在间接引用句中用"-달라고 하다";如果接受宾语的对象是第三人称,即不是话者本人自己需要,而是第三者需要某种东西时,在间接引用句中用"-주라고 하다"。
- 아들은 우유를 달라고 했어요.
- 그 학생은 문법에 대해 좀 가르쳐 달라고 했습니다.
- 친구는 중국 역사에 대한 자료들을 좀 찾아 달라고 부탁했습니다.
- 어머님은 과일을 동생들에게 나누어 주라고 하셨습니다.
- 선생님께서는 신입생들을 많이 도와 주라고 하셨습니다.

연습문제 (练习)

1. 다음 문장을 받아 쓰십시오. (听写下列句子。)
   가)
   나)
   다)
   라)
   마)
   바)

제20과 편지

2. **다음을 잘 듣고 빈칸을 채우십시오.** (听录音填空。)
   1) 실은 며칠 후 여자 친구의 생일인데, (　　　　　) 고민이에요.
   2) 사랑의 마음을 전하는 방법 중에서 (　　　　　)이 있을까요?
   3) 편지는 그 어떤 선물보다도 받는 사람에게 (　　　　)을 줄 수 있어요.
   4) 그런데 (　　　　　) 시간도 많이 걸릴 뿐만 아니라 좀 번거롭지요.
   5) (　　　　　　), 우표 등 준비해야 할 것이 많거든요.
   6) 책상 앞에 앉아서 (　　　　　) 마음을 그리는 게 얼마나 행복하겠어요?
   7) 편지를 받을 사람의 이름과 (　　　　)을 쓴다.
   8) 먼저 상대방이 그동안 잘 지냈는지 물어본 후 (　　　　)를 전한다.
   9) 내용을 마무리하고 (　　　　)를 한다.

3. **다음을 잘 듣고 본문과 맞으면 ○표, 맞지 않으면 ×표를 하십시오.** (听录音,与课文内容一致的用○、不一致的用×表示。)
   1) (　　)   2) (　　)   3) (　　)   4) (　　)
   5) (　　)   6) (　　)   7) (　　)   8) (　　)

4. **본문 내용을 듣고 물음에 답하십시오.** (听课文内容,回答问题。)
   1) 민호 씨는 무슨 걱정을 하고 있어요?

   2) 편지를 쓰는 데에 있는 단점은 무엇입니까?

   3) 편지를 쓰는 데에 있는 장점은 무엇입니까?

   4) 안부 편지와 부탁 편지는 각각 무슨 내용을 써야 합니까?

   5) 편지를 쓸 때 어떤 때에 '추신'을 씁니까?

5. **다음 대화를 잘 듣고 이어질 수 있는 말을 고르십시오.**
   1) (　　　　)
      ① 친구랑 등산 갔다 왔어요.
      ② 노래방에서 노래를 부르는 중이에요.
      ③ 고향에 가면서 읽으려고 해요.
      ④ 가족들하고 낚시 가기로 했어요.

2) (　　　)
① 실수를 해서 그런지 기분이 안 좋네요.
② 이제 발표도 끝났으니까 마음 놓아도 돼요.
③ 준비를 많이 했으니까 잘할 수 있을 거예요.
④ 몸이 그렇게 안 좋으면 오늘은 일찍 가서 쉬세요.

3) (　　　)
① 이제는 빠지지 않도록 할게요.
② 그래서 저는 선물을 많이 받았어요.
③ 무슨 일이 있어도 꼭 들어야겠네요.
④ 재미있어서 그런지 시간이 빨리 갔어요.

6. 다음 대화를 잘 듣고 내용과 일치하는 것을 고르십시오. (　　　)
① 환갑은 결혼 때 하는 큰 잔치다.
② 백일은 아이의 생일 때 하는 큰 잔치다.
③ 백일 때 아이가 부모님께 큰절을 한다.
④ 환갑 때 자식이 부모님께 큰절을 한다.

7. 다음을 잘 듣고 질문에 답하십시오.
1) 들은 내용과 일치하는 것을 고르십시오.
① 요즘 한국 사람들은 몇 년 전보다 술을 더 마신다.
② 요즘도 술자리 문화는 그리 많이 달라지지 않았다.
③ 요즘은 한국 사람들이 일보다 술자리를 중요하게 여긴다.
④ 과거에는 술을 좋아하지 않아도 마셔야 하는 경우도 있었다.

2) 남자가 실망했다고 말한 이유는 무엇입니까?
① 여자가 술을 좋아하지 않아서
② 요즘 사람들이 건강에 신경을 쓰지 않아서
③ 술자리에 참석할 기회가 많지 않을 것 같아서
④ 사람들이 일 못지않게 술자리를 중요하게 여겨서

8. 외국어 배우기가 어려운데도 외국어를 배워야 하는 이유가 무엇일까요?
(学外语很难但还必须得学的理由是什么？)

9. 이메일은 편지보다 어떤 점이 좋은지 말해 보십시오. (谈一谈：与信相比，电子邮件有哪些优点？)

补充词汇

전화와 우편물 电话和邮件

국제전화 国际电话	리튬전지 锂电池
국내전화 国内电话	전보 电报
공중전화 公用电话	팩스/팩시밀리 传真
시외전화 市外电话	위성통신 卫星通讯
장거리전화 长途电话	핫라인 热线
콜렉트콜 对方付费电话	우편물 邮件
전화국 电话局	우체통 邮筒
전화부 电话本，电话簿	우편배달부 邮递员
다이얼/번호 号码	우편번호 邮编
국가번호 国家号	편지함 信箱
지역번호 地区号	사서함 邮政信箱
공중전화부스 公用电话亭	받는사람 收信人
자동응답기 自动电话答录机	보내는사람 发信人
인터폰 内部通话设备，对讲机	기념우표 纪念邮票
도청 窃听	엽서 明信片
도청기 窃听器	그림엽서 美术明信片
핸드폰/휴대폰 手机	왕복엽서 往复明信片
통화중 占线	동봉 附在信内
교환원 接线员	편지지 信纸
교환수 话务员	봉투 信封
혼선 串线，干扰	규격봉투 标准信封
전화요금 电话费	연하장 贺年卡
전화카드 电话卡	우편환 邮政汇票
수화기 听筒	속달 快送
동전투입구 硬币投入口	등기 挂号
동전반환구 硬币退还口	소인 邮戳
안테나 天线	우편요금/송료 邮费
외관케이스 机壳	전자우편 电子邮件
버튼 按键	항공편 空运
액정화면 液晶画面	배편/선편 船运

제21과 독서
读书

生词 (새 단어)

펴다 [他] 铺开，展开，伸开
머릿기사 [名] 头条新闻
훑어보다 [他] 端详，浏览，打量
사회면 [名] 社会版
시사성 [名] 时事性
따르다 [他] 跟随，按照，随着
인간 [名] 人类，人间
특권 [名] 特权
만족하다 [形] 满足，满意
초현실 [名] 超现实
사설 [名] 社论
여타 [名] 其他
다만 [副] 只，仅
옮기다 [他] 搬，挪，移，搬迁
습관화 [名] 习惯化
설정하다 [他] 设定，定；制定
확보하다 [他] 确保，保障
할애하다 [他] 割爱，舍得
혹은 [副] 或，或者
늘리기 [名] 增加，扩展，扩充
단지 [名] 小区，社区
옥상 [名] 屋顶，房顶
물탱크 [名] 水箱，水槽，水塔
저수조 [名] 蓄水池，贮水槽

실시하다 [他] 实施，实行，进行
단수되다 [自] 断水，停水
욕조 [名] 浴缸，浴盆，浴池
용기 [名] 用具，容器；勇气
과로 [名] 过劳，疲劳过度，过于劳累
정신 [名] 精神
돌 [名] 周年，周岁；石头
돌잔치 [名] 周岁筵席
뷔페 [名] 自助餐，冷餐
홀수 [名] 单数，奇数
뿌리박히다 [自] 扎下根，根深蒂固
드러나다 [自] 露出，暴露；显著，闻名
겹쳐지다 [自] 重叠，覆盖
꽉 [副] 用劲，紧紧地，死死地，满满地
삼다 [他] 作为，当做，看做
불길하다 [形] 不祥，凶，丧气
얻다 [他] 得到，取得，弄到
절하다 [词组] 施礼，拜
식생활 [名] 吃住，饮食
곁들이다 [他] 拼放，拼配；兼做，伴
분류하다 [他] 分类，归类
유사하다 [形] 类似，近似
여기다 [他] 感到，认为，以为

본문 들어가기 (课文视听)

1. 인기있는 지면
2. 독서와 인생

문법 알아보기 (语法解说)

1. 惯用型: -고 나서

   表示前一个动作完成之后, 再做另一个动作, 相当于汉语的 "……之后".
   - 진찰 결과를 보고 나서 결정합시다.
   - 이 일을 끝내고 나서 여행을 갑시다.
   - 친구를 만나고 나서 일이 어떻게 되었는지 알았어요.

2. 惯用型: -기는 하지만

   接在谓词词干后, 表示认定其内容的同时否定别的内容. 与 "-기는 하는데" 的语法意义相同.
   - 나는 시험을 보기는 했지만 통과할 수 있을지 모르겠어요.
   - 나는 영화 감상을 좋아하기는 하지만 시간이 없어서 자주 못 갑니다.
   - 그 학생은 키가 크기는 하지만 몸이 약해요.

3. 惯用型: 뭐니뭐니 해도

   是 "무엇이니 무엇이니라고 말해도" 的缩略形式. 表示 "不管说什么, 还是……". 与此相似的惯用型还有 "어디니 어디니 해도, 누구니 누구니 해도".
   - 뭐니뭐니 해도 한국 요리에는 고추가 없으면 안 돼.
   - 뭐니뭐니 해도 자식에 대한 부모의 사랑이 최고다.
   - 뭐니뭐니 해도 그는 영어 실력이 제일이다.

 연습문제 (练习)

1. 다음 문장을 받아 쓰십시오. (听写下列句子。)

   가)
   나)
   다)
   라)
   마)

2. 다음을 잘 듣고 빈칸을 채우십시오. (听录音填空。)

   1) (   ) 제일 먼저 무엇부터 봐요?
   2) 먼저 1면 머릿기사를 보고 내용을 (   ) 사회면을 봅니다.
   3) (   )이 풍부한 것도 없거든요.
   4) 젊은이에게 가장 인기 있는 것은 (   ) 스포츠면인 것 같습니다.
   5) 이상을 위해 산다는 것은 (   )이 누릴 수 있는 특권이다.
   6) (   )은 이상이라는 것이 없다.
   7) 이 꿈이란 것은 현실이 아니란 말이다. 현실 이상의 것, (   )을 의미한다.

3. 다음을 잘 듣고 본문과 맞으면 ○표, 맞지 않으면 ×표를 하십시오.（听录音，与课文内容一致的用○、不一致的用×表示。）
   1) (   )   2) (   )   3) (   )
   4) (   )   5) (   )   6) (   )

4. 본문 내용을 듣고 물음에 답하십시오. (听课文内容, 回答问题。)
   1) 마이클 씨는 신문을 펴면 제일 먼저 무엇부터 봅니까?

   2) 선생님은 왜 먼저 만화를 봅니까?

   3) 선생님이 보기에는 신문을 볼 때 젊은이에게 가장 인기가 있는 것은 무엇입니까?

   4) 한국 신문이 외국사람들에게는 좀 문제 되는 것은 무엇입니까?

   5) 인간은 여타의 동물과의 차이가 무엇입니까?

5. 다음을 듣고 이어질 수 있는 말을 고르십시오.
   1) (   )
      ① 제시간에 도착해서 다행이야.
      ② 수업 끝나고 가도 늦지 않아.
      ③ 강연은 누구든지 참가할 수 있어.
      ④ 시간이 얼마나 걸릴지 모르겠어.
   2) (   )
      ① 거기에 앉으시면 안 됩니다.
      ② 다른 곳으로 옮기고 싶습니다.
      ③ 오늘은 앞 자리가 다 찼습니다.
      ④ 그럼 문가 쪽으로 안내해 드리겠습니다.
   3) (   )
      ① 휴대폰 가지고 가세요.
      ② 제 휴대폰 빌려 드릴게요.
      ③ 저도 휴게실에 갈 거예요.
      ④ 휴게실에 두고 온 것 같아요.

6. 다음은 무엇에 대한 내용인지 맞는 것을 고르십시오.
   1) (   )
      ① 독서 시간 늘리기   ② 독서 시간 확보하기
      ③ 하루에 1시간 읽기   ④ 전철이나 버스에서 독서하기
   2) (   )
      ① 물 절약 안내   ② 욕조 청소 안내
      ③ 단수 안내   ④ 아파트 청소 안내
   3) (   )
      ① 감기 예방 방법   ② 과로를 하지 않는 방법
      ③ 추위를 이기는 방법   ④ 비타민C 복용에 대한 방법

7. 다음 대화를 잘 듣고 질문에 답하십시오.
   1) 민찬이 매이클에게 연락하려고 한 이유는 무엇입니까? (   )
      ① 대학원 모임이 있어서
      ② 돌잔치에 초대하기 위해서
      ③ 수업 시간을 몰라서
      ④ 정연의 연락처를 알기 위해서
   2) 들은 내용과 일치하는 것을 고르십시오. (   )
      ① 돌잔치는 6시 30분부터 시작할 것이다
      ② 돌잔치는 아현역에서 할 것이다.
      ③ 매이클은 제시간에 도착할 것이다.
      ④ 돌잔치 때 돌잡이를 할 것이다.

8. **자신이 만난 지혜로운 사람 또는 자신이 경험한 일, 지혜롭게 해결한 일에 대해 이야기해 봅시다.**(大家聊聊自己见过的智者、或者自己经历的事以及明智地解决的事情。)

韩国文化解读 (한국 문화 이해)

한국인이 홀수를 좋아한다

한국인이 홀수를 좋아하는 것은 한국인의 생각 속에 깊이 뿌리박혀 있는 음양사상 때문이다. 수에 있어서 홀수는 양수(阳数)이고 짝수는 음수(阴数)이다. 양(阳)은 겉으로 드러난 것, 강한 것, 능동적인 것을 뜻하고, 음(阴)은 숨어 있는 것, 약한 것, 수동적인 것을 뜻한다. 따라서 수의 선택에 있어서도 0, 2, 4, 6, 8보다 1, 3, 5, 7, 9를 즐겨 사용하였다. 그 중에서도 양수가 두 번 겹쳐진 설날(1.1), 삼짇날(3.3), 단오(5.5), 칠석(7.7), 중양절(9.9) 등과 같은 날은 "기운이 꽉 찬 날", "생명력이 가득한 날"이라 하여 특별한 명절로 삼았다.

한국에는 이러한 양수를 선택하여 불길한 기운을 막고 좋은 결과를 얻고자 하는 여러 풍습이 있다. 죽은 사람에게는 두 번 절하지만 산 사람에게는 한 번만 절을 하는 것이다. 또한 식생활에서도 기본 음식에 곁들이는 반찬 수에 따

라 음식상을 분류하는데, 이 때에 그 수를 홀수로 정하여 3첩, 5첩, 7첩, 9첩 반상이라 하였다. 이와 유사하게 건축에서도 집의 칸 수를 3칸, 5칸, 7칸, 9칸, 11칸 등 양수를 주로 사용하였다. 이렇게 한국인은 짝수보다 홀수인 양수를 행운의 수로 여겨 즐겨 사용하였다.

제22과 면접
面试

生词 (새 단어)

재학중 [名] 在校学习，在校
지원하다 [自] 志愿，申报
동기 [名] 动机
관심 [名] 关心，关注
적성 [名] 适应性，适应能力
문안 [名] （广告等）文案
카피라이터 [名] 广告文字撰稿人
결혼하다 [自] 结婚
직장 [名] 单位，职场
자신 [名] 自己
삶 [名] 生活
면접을 보다 [词组] 面试
헤어스타일 [名] 发型
화장 [名] 化妆
표정 [名] 表情
진하다 [形] 浓，稠
액세서리 [名] 装饰品，首饰
미소를 띠다 [词组] 微笑
면접관 [名] 考官
삼천리 [名] 三千里
근무 [名] 执勤，值班，工作
사원 [名] 公司职员
이래서 [副] "이리하여서"的略语，这样，这么做

선호하다 [他] 偏爱，偏好
적응하다 [他] 适应，调试
훈련 [名] 训练，培训
지원하다 [动] 支援，援助；应聘
아시아 [名] 亚洲
기울이다 [他/使动] 倾注，集中，
　　使倾，使歪斜
권하다 [他] 劝说，劝，规劝，劝解
귀사 [名] 贵公司，贵社
나름대로 [副] 自有(的)，独自(的)
게다가 [副] 加上，外加，外带，再说
임시적 [名] 临时
고객 [名] 顾客，主顾
홍보 [名] 宣传
요원 [名] 人员，要员
거래처 [名] 往来客户，交易对象，
　　交易处
자상하다 [形] 细心，无微不至；
　　亲切，慈祥
배려 [名] 照顾，关怀
끌리다 [被动] 被拖，被拉，被拽；
　　被吸引

  본문 들어가기 （课文视听）

1. 광고회사에서 면접 받기
2. 면접 때의 주의 사항

문법 알아보기 (语法解说)

惯用型: -ㄴ/은 지

由表示过去时制词尾"-ㄴ/은"和依存名词"지"构成,用于动词词干后,表示某一动作或状态发生后持续的时间。

- 대학에 입학한 지 벌써 일년이 넘었어요.
- 친구가 한국에 간 지 벌써 석 달이 되었어요.
- 이 회사에 다닌 지 오래 되었습니다.

연습문제 (练习)

1. 다음 문장을 받아 쓰십시오. (听写下列句子。)
   - 가)
   - 나)
   - 다)
   - 라)
   - 마)

2. 다음을 잘 듣고 빈칸을 채우십시오. (听录音填空。)
   1) 저는 학교 때부터 (　　　　　)을 많이 갖고 강의도 열심히 들었습니다.
   2) 광고회사에서 일하는 것이 (　　　　) 같다고 생각합니다.
   3) (　　　　　)을 만드는 일을 8개월 정도 도왔습니다.
   4) 귀사에서 일을 하게 된다면 (　　　　)로 일하고 싶습니다.
   5) 결혼한 뒤에 가정과 직장 모두를 잘 (　　　　)이 있습니까?
   6) 저는 가정도 중요하지만, 제 (　　　　)이 더 중요하다고 생각합니다.
   7) (　　　　)은 짧고 깨끗한 것이 좋습니다.
   8) 화장은 진하지 않은 것이 좋으며 화려한 (　　　　)는 피해야 합니다.
   9) 대답할 때는 (　　　　) 얼굴로 상대방의 눈을 보는 것이 좋습니다.

3. 다음을 잘 듣고 본문과 맞으면 ○표, 맞지 않으면 ×표를 하십시오. (听录音,与课文内容一致的用○、不一致的用×表示。)
   1) (　　)　　2) (　　)　　3) (　　)　　4) (　　)
   5) (　　)　　6) (　　)　　7) (　　)　　8) (　　)

4. 본문 내용을 듣고 물음에 답하십시오. (听课文内容,回答问题。)
   1) 박수미 씨는 광고회사에 지원한 동기가 무엇입니까?

2) 박수미 씨는 전에 광고회사에서 일한 경험이 있습니까?

3) 박수미 씨는 결혼 후의 직장생활에 대해 어떻게 생각했습니까?

4) 면접을 볼 때는 뭐가 중요합니까?

5) 어떻게 하면 면접관에게 좋은 인상을 주어 높은 점수를 받을 수 있습니까?

5. 다음 대화를 잘 듣고 이어질 수 있는 말을 고르십시오.
  1) (　　　)
    ① 그럼 다음에 또 오세요.
    ② 여기에서 기다리면 되겠죠?
    ③ 그럼 이따가 저녁에 찾으러 갈게요.
    ④ 죄송한데 한번 찾아봐 주시겠어요?
  2) (　　　)
    ① 그럼 같이 시험 준비할래요?
    ② 열심히 했으니까 잘될 거예요.
    ③ 민호 씨도 시험에 합격했어요?
    ④ 문제가 어려워서 걱정이겠네요.
  3) (　　　)
    ① 회의가 조금 있으면 끝나잖아요.
    ② 그래서 그렇게 계속 고민하고 있었군요.
    ③ 전부터 외국에 나가서 일하고 싶었대요.
    ④ 이번에는 신청자가 예년보다 훨씬 많았대요.

6. 다음 대화를 듣고 여자가 어떤 생각을 하고 있는지 맞는 것을 고르십시오.
  1) (　　　)
    ① 회의 시간 전에 생각을 정리해 와야 한다.
    ② 다양한 의견을 모은 후에 회의를 해야 한다.
    ③ 회의 때 덜 중요한 이야기는 넘어가야 한다.
    ④ 의견을 말할 수 있게 회의 시간이 더 길어져야 한다.
  2) (　　　)
    ① 회사에는 능력 있는 신입 사원이 많아야 한다.
    ② 회사는 신입 사원에게 다양한 교육을 해야 한다.

③ 회사에서 경력 사원을 뽑으려고 하는 것은 당연하다.
④ 회사는 경력이 없는 사람에게 더 많은 기회를 줘야 한다.
3) (   )
① 한두 잔의 커피는 건강에 좋다.
② 커피를 많이 마시는 것은 안 좋다.
③ 잠이 올 때는 커피를 마셔야 한다.
④ 일할 때는 커피를 마시지 말아야 한다.

7. 다음 대화를 잘 듣고 질문에 답하십시오.
1) 장소미는 대학에서 무엇을 전공했습니까? (   )
① 중국 역사
② 한국 역사
③ 국제 관계
④ 경제학
2) 교수님이 한 질문이 아닌 것을 고르십시오. (   )
① 고향이 어디입니까?
② 한국에 온 지 얼마나 되었습니까?
③ 우리 학과에 지원한 동기는 무엇입니까?
④ 앞으로의 계획은 무엇입니까?

8. 여러분이 면접관이라면 무엇을 질문하고 싶습니까? 친구와 이야기해 봅시다. (如果你是面试官,你想问哪些问题？和朋友谈谈吧。)

韩国文化解读 (한국 문화 이해)

면접관이 귀를 기울이는 말 10가지

1. 체력에는 자신감이 있습니다. 평소에 △△ 같은 스포츠로 몸을 단련해 왔습니다.

2. 가족들(또는 주위의 특별한 누구)은 ○○회사를 권했지만 저는 □□라는 이유 때문에 귀사를 지원하기로 마음먹었습니다.

3. 귀사에 대해 나름대로 여러 각도로 연구했습니다. 시간이 갈수록 귀사를 지원해야겠다는 결심이 확고해졌습니다.

4. 귀사에서 생산하는 △△ 제품을 사용하면서 귀사의 이미지가 늘 좋다고 생각하여 지원하게 되었습니다.

5. 만약 금년에 입사하지 못한다면 내년에 입사할 것입니다. 동경해 왔던 회사이기 때문에 귀사 이외에는 다른 회사를 염두에 두지 않았습니다.

6. 이미 △△면에서는 완성된 □□ 기업보다는 제 노력 여하에 따라서는 회사와 함께 발전할 수 있는 귀사에 입사하고 싶었습니다.

7. 여성이지만 집과 떨어진 근무지도 상관이 없으며 게다가 해외근무도 문제될 게 없습니다.

8. 예전에 귀사에 근무하는 선배로부터 귀사의 사업내용을 듣고서 마음이 끌리게 되었습니다.

9. 귀사를 □□의 이유로 △△ 때부터 동경해 왔습니다.

10. 예전에 귀사의 △△에서 아르바이트로(임시적 사원으로, 고객홍보요원으로, 거래처 아르바이트생으로 등) 일할 때 ○○○씨의 인간적인 매력(자상한 배려, 회사에 대한 강한 자부심 등)에 끌려서 귀사에 입사할 결심을 하게 되었습니다.

제 23 과 직장
单位

生词 (새 단어)

그만두다 [词组] 停止
보험회사 [名] 保险公司
낫다 [形] 胜过，强
월급쟁이 [名] 工薪族
공무원 [名] 公务员
지경 [名] 境地，地步，地界
차라리 [副] 宁可，莫如，倒不如
급사 [名] 勤杂人员，听差的
노릇 [名] 份内的事，做某件事
점원 [名] 店员
목수 [名] 木匠，木工
말미암다 [自] 由于，因为
강해지다 [自] 变强壮，变强
선택하다 [他] 选择
해결하다 [他] 解决
돈을 벌다 [词组] 挣钱，赚钱
경찰관 [名] 警察
소방관 [名] 消防员
환경 미화원 [名] 清洁工
집배원 [名] 邮递员

화제 [名] 话题，谈资
절약되다 [自] 节约，节省，省
늘어나다 [自] 变长，拉长，增多，提高
비경제적 [名] 非经济，低效率
말끔히 [副] 干干净净，利落
친화력 [名] 亲和力
됨됨이 [名] 为人，作人
관심사 [名] 关心的事情，关注的事情
대인관계 [名] 人际关系，人缘
중시하다 [他] 重视，看重
자기계발 [名] 自我开发，自学
잣대 [名] 尺度，标准
건전하다 [形] 强健，健全，健康。
진취적 [名] 进取，上进
살피다 [他] 察看，观察；观望
우정 [名] 友情
의리 [名] 事理，道义，情义，义气
일련 [名] 一连，一连串，一个接一个
언급하다 [他] 涉及，谈到，谈及

본문 들어가기 (课文视听)

1. 직업
2. 직업의 조건

문법 알아보기 (语法解说)

终结词尾 : -ㄴ/는/은/던걸(요)

强调或非常正式地表达说话者对某个动作或状态的感觉、判断等。

1) 正式的强调
   오늘은 거기까지 갈 시간이 없는걸.
   구름을 보니 밤에는 눈이 오겠는걸.
   입장권을 사는 사람이 생각보다 많은걸.

2) 在对话中提出不同意对方说法的理由
   김 : 다음에 또 만납시다.
   박 : 내일 귀국하는걸.

   김 : 언제 결혼해요?
   박 : 벌써 결혼했는걸요.

3) '-(이)ㄹ걸요' 接在动词后, 表示对过去的后悔或遗憾。
   主语为第一或第二人称, 否定形式为 '-지 말걸', 在表示尊重对方时用 '-ㄹ/을 걸 그랬어요' 的形式。
   좀더 열심히 공부할걸.
   그 날 술을 마시고 운전하지 말걸.
   돈을 좀 아끼고 낭비하지 말걸 그랬어요.

 연습문제 (练习)

1. **다음 문장을 받아 쓰십시오. (听写下列句子。)**
   가)
   나)
   다)
   라)
   마)

2. **다음을 잘 듣고 빈칸을 채우십시오. (听录音填空。)**
   1) 벌써 (   )가 오래 되었습니다. 보험회사에 취직한 지
      가 일 년이나 되었는걸요.
   2) (   ) 생활이야 마찬가지지요. 뭐.
   3) 공무원 생활은 (   )입니다.
   4) (   ) 들어가지 않았던들 이 고생은 하지 않을 텐데…
   5) 사람이란 고생으로 (   ), 강해지는가 봐요.
   6) (   )으로 의식주를 해결하기 때문이다.
   7) 직업을 선택하는 또 다른 조건은 (   )이다.
   8) 하지만 무엇보다 중요한 조건은 (   )이다.

3. 다음을 잘 듣고 본문과 맞으면 ○표, 맞지 않으면 ×표를 하십시오. (听录音，与课文内容一致的用○、不一致的用×表示。)
   1) (   )   2) (   )   3) (   )   4) (   )
   5) (   )   6) (   )   7) (   )   8) (   )

4. 본문 내용을 듣고 물음에 답하십시오. (听课文内容，回答问题。)
   1) 김진수 씨는 처음부터 공무원으로 취직하셨습니까?

   2) 직업을 고를 때 사람들은 어떤 조건을 고려합니까?

   3) 보람과 사회적 가치가 있는 직업을 예를 들어 설명하십시오.

   4) 적성에 맞지 않은 직업을 선택한다면 어떤 것이 쉽게 생길 수 있습니까?

5. 다음 대화를 잘 듣고 이어질 수 있는 말을 고르십시오.
   1) (   )
      ① 네. 스트레스가 풀리는 것 같아요.
      ② 네. 한번 올라가 보고 싶어지네요.
      ③ 네. 지금 바로 내려갔으면 좋겠어요.
      ④ 네. 이렇게 한 번씩 오면 좋더라고요.
   2) (   )
      ① 내가 기차 시간부터 알아볼게요.
      ② 차로 가는 게 더 편하고 좋잖아요.
      ③ 운전해서 가면 피곤할 것 같아서요.
      ④ 예매를 안 하면 표가 없을 것 같아요.
   3) (   )
      ① 저도 늦게 왔는데요.
      ② 빨리 시작하면 더 좋지요.
      ③ 처음이라 아직 잘 모르겠어요.
      ④ 일이 어렵지 않아서 좋겠어요.

6. 다음을 듣고 내용과 일치하는 것을 고르십시오.
   1) (   )
      ① 여자는 한 달 전에 이사를 했다.
      ② 남자는 이사 시간이 길어 힘들었다.
      ③ 남자는 해야 할 일들이 많아 정신이 없다.
      ④ 여자는 이사 후에 정리할 일이 많지 않았다.

2) (　　　)
① 점검을 할 때 비상벨이 울릴 수 있다.
② 불편한 점은 총무과에 전화하면 된다.
③ 점검하는 동안 계단으로 가면 안 된다.
④ 소방 점검은 세 시간 동안 진행될 것이다.

3) (　　　)
① 복사기 대여 기간은 최대 1년이다.
② 복사기가 고장 나면 수리를 해 준다.
③ 복사기 대여는 편리하지만 비경제적이다.
④ 복사기를 빌리면 관리비는 본인 부담이다.

7. 회사에서 직원들에게 알리는 방송입니다. 잘 듣고 게시판의 빈 곳을 채우십시오.

알립니다
누가 :
언제 :
어디서 :
왜 :
회비 얼마를 :
연락처 :

8. 여러분이 원하는 회사 분위기에 대해 말해 보십시오. (请谈一谈各位希望的工作环境。)

韩国文化解读 (한국 문화 이해)

면접 때 친구관계를 왜 묻는가?

　　친구관계는 그 사람의 친화력과 됨됨이, 그리고 주요한 관심사를 알아보기 위한 아주 좋은 질문이다. 그래서 이 질문은 대개 한 가지 질문으로 끝나지 않고 계속 질문이 이어지는 것이 특징이다. 특히 대인관계를 중시하는 부문이나 분야에서는 더욱 그렇다. 이때 친구가 많거나 적은 것이 중요한 것이 아니라 그 관계에 얼마나 깊이가 있으며, 친구들을 통한 자기계발이 얼마나 이루어지고 있는지, 그리고 사람을 평가하는 잣대는 무엇이며 그것이 건전하고 진취적인지를 살피고자 하는 것이다. 따라서 친구관계에 대한 대답은 우정과 의리를 계속 강조하기보다는 깊이있는 관계를 통해 서로의 발전을 위해 많은 노력을 하고 있으며, 그 속에서 어떠한 대화를 나누는지 등의 일련의 과정을 언급할 수 있도록 준비하는 것이 좋다.

제24과 비즈니스
商务

 生词 (새 단어)

수용하다 [他] 承受，容纳
최고가격 [名] 最高价格
귀사 [名] 贵公司
손해를 보다 [词组] 受损失，损害
선 [名] 线，界线，线条
물품 [名] 物品
인도하다 [他] 移交，交付，引导
내달 [名] 下个月
연기되다 [自] 延期，延长，延迟
계약서 [名] 合同书，契约
원만히 [副] 圆满地
성사되다 [自] 完成，成全
거래하다 [自] 交易，成交，买卖
체결 [名] 缔结，签订，订立
대접하다 [他] 接待，招待
기꺼이 [副] 欣然，高兴地，情愿地
전시회 [名] 展示会，展览会
전시장 [名] 展馆，展厅，展地
책자 [名] 小册子，册子
작품 [名] 作品

결정되다 [自] 决定，定，裁定
설치되다 [自] 设置，安装，放置
복사기 [名] 复印机
움직이다 [他/自] 动，活动，动摇
고장 나다 [词组] 出故障，失灵，坏
떨어지다 [自] 掉，落，掉下；分离。
과제 [名] 课题，任务
마감일 [名] 截止日期
홍보팀 [名] 宣传组
서다 [自] 站，立，停
딴생각 [名] 胡思乱想，别的想法
적극적 [名] 积极
현지 [名] 现场，当地
익히다 [使动] 使熟练，煮熟
체계적 [名] 系统，有条理，有计划
원하다 [他] 愿，希望
멤버십 [名] 成员全体，成员资格
다양하다 [形] 各种各样，多种多样，多样
강좌 [名] 讲座

 본문 들어가기 (课文视听)

1. 비즈니스 상담
2. 협력의 중요성

문법 알아보기 (语法解说)

1. 惯用型: -ㄴ/은/는/ㄹ/을 만큼

接在谓词后,表示程度相似或程度相似的依据。

1) 表示程度相似

친구들이 마시는 만큼 나도 술을 마셨다.
노력한 만큼 수확할 거야.
우리는 참을 수 없을 만큼 웃음이 터졌다.

2) 表示程度相似的依据

此时,前句作为依据,其结果在后句中体现出来,所以不能使用表示将来时制的"-ㄹ/을 만큼".

내가 도와 주는 만큼 너도 나를 도와주겠지?
우리 학교 배구팀의 실력이 뛰어난 만큼 일등은 당연히 우리에게 돌아와야지요.
이번에 새로 나온 영화는 청소년의 기분에 맞는 만큼 인기가 있을 거예요.

2. 惯用型: -ㄹ/-을 겸

用于动作动词后,表示前后动作同时进行。常以"-도 -ㄹ/을 겸 -도 -ㄹ/을 겸 (해서)"的形式使用。

중국말도 배울 겸 친구도 만나 볼 겸 베이징에 왔다.
귀국 인사도 드리고 선물도 전할 겸 해서 찾아 왔습니다.
취미 생활도 할 겸 돈도 벌 겸 해서 꽃가게를 차렸습니다.

연습문제 (练习)

1. 다음 문장을 받아 쓰십시오. (听写下列句子。)

가)
나)
다)
라)
마)

2. 다음을 잘 듣고 빈칸을 채우십시오. (听录音填空。)

1) 이번이 귀사와의 첫 거래이니 서로 (   )에서 계약하도록 합시다.
2) (   ) 저희 측이 손해를 보게 됩니다.
3) 계약서를 한번 (   ). 이의가 있으면 바로 말씀하십시오.
4) 계약이 (   ) 성사되어 기쁩니다.
5) 앞으로도 귀사와 계속 (   ).

6) 세계화는 경제활동이 (　　　　　) 전 세계로 확대되는 것을 의미합니다.
7) 신대륙이 발견되고 (　　　　　)의 무역이 활발했던 16세기에도 국경을 초월한 경제활동이 있었다.
8) 19세기와 20세기 초에는 상당한 (　　　　　) 하였습니다.
9) 과거의 세계화가 단순히 (　　　　　) 제한적 세계화였다.
10) 오늘날의 세계화는 상품에 국한되지 않고 자본, 서비스, 경영기법, 기술, (　　　　　) 문화도 함께 이전되는 전면적인 세계화라 할 수 있을 것입니다.

3. 다음을 잘 듣고 본문과 맞으면 ○표, 맞지 않으면 ×표를 하십시오.（听录音，与课文内容一致的用○、不一致的用×表示。）
　　1) (　　　)　　2) (　　　)　　3) (　　　)　　4) (　　　)
　　5) (　　　)　　6) (　　　)　　7) (　　　)

4. 본문 내용을 듣고 물음에 답하십시오.（听课文内容，回答问题。）
　　1) 두 회사가 첫 거래이기 때문에 어떻게 계약을 하자고 하였습니까?

　　2) 오늘날 세계경제의 흐름은 어떻게 나타나고 있습니까?

　　3) 세계화는 무엇을 의미합니까?

　　4) 20세기 말부터 나타나고 있는 세계화의 특징은 무엇입니까?

5. 다음 대화를 듣고 여자가 이어서 할 행동으로 알맞은 것을 고르십시오.
　　1) (　　　)
　　　① 전시장에 책자를 놓아둔다.
　　　② 책자를 남자에게 보여 준다.
　　　③ 책자의 사진 위치를 바꾼다.
　　　④ 전시회 준비 사항을 확인한다.
　　2) (　　　)
　　　① 강사들에게 전화를 한다.
　　　② 교육 장소를 다시 찾아본다.
　　　③ 교육 자료가 왔는지 확인한다.
　　　④ 강사들에게 교육 장소를 알려 준다

3) (　　　　)
① 복사기를 수리한다.
② 종이를 가지러 간다.
③ 복사기를 갈아 준다.
④ 서비스 센터에 전화한다.

6. 다음 대화를 듣고 남자가 어떤 생각을 하고 있는지 맞는 것을 고르십시오.
1) (　　　　)
① 과제 마감일을 넘겨서는 안 된다.
② 과제는 되도록 일찍 끝내야 한다.
③ 편안한 마음으로 과제를 해야 한다.
④ 과제 부담이 크면 과제를 끝내기 어렵다.
2) (　　　　)
① 서서 하는 회의를 더 자주 해야 한다.
② 서서 회의를 하면 회의에 더 집중할 수 있다.
③ 회의 시간에는 서로의 생각을 잘 표현해야 한다.
④ 회의에 적극적으로 참여할 수 있는 방법이 필요하다.
3) (　　　　)
① 신입 사원에게 출장에 관한 교육을 시켜야 한다.
② 계약을 성공시키려면 거래처 직원을 데려가야 한다.
③ 중요한 출장이므로 업무를 잘 아는 사람과 가야 한다.
④ 현지 업무를 파악하기 위해 출장을 자주 다녀야 한다

7. 다음을 잘 듣고 무엇에 대한 이야기인지 찾아내십시오. (　　　　)
① 외국 쇼핑몰 안내
② 인터넷 쇼핑몰 안내
③ 인터넷 사이트의 좋은 점
④ 중국어 관련 사이트의 가입 안내

8. 여러분이 좋아하는 사람과 싫어하는 사람의 특성에 대해서 이야기해 보십시오. (请大家谈谈你喜欢的人以及你讨厌的人的特性。)

9. 과학 기술이 지금보다 훨씬 더 발달하게 될 미래에는 우리의 생활이 어떻게 바뀌게 될지 상상하여 말해 봅시다. (未来,科技将更加发达,想象并向大家描述一下我们未来的生活将产生怎样的变化。)

补充词汇

직업/직무 职业/职务

실업가 实业家
회장 董事长，会长
전무 专务董事
상무 常务董事
이사 董事
지배인 经理
대표 代理，经理
상인 商人
고객 客户
신입사원 新手，新职员
점원 售货员
종업원 服务员
세일즈맨 推销员
외판원 推销员
은행원 银行职员
교사 教师
의사 医生，博士
간호사 护士
약제사/약사 药剂师
건축가 建筑师
통역관 翻译官
번역가 翻译家
항공사 飞行员
항법사 领航员
요술쟁이 魔术师，变戏法的
운동선수 运动选手
카피라이터 广告撰稿人
뉴스캐스터 新闻评论员
언론인 新闻工作者
방송인 广播工作者
아나운서 播音员
앵커 맨 新闻主持人
기자 记者
감독 导演，教练

작가 作家
소설가 小说家
시인 诗人
화가 画家
음악가 音乐家
무용가 舞蹈家
영화배우 电影演员
TV탤런트 电视演员
가수 歌手
엔지니어/기사 工程师
디자이너 设计家
회계사 会计师
공인회계사 注册会计师
지식인 知识分子
대통령 总统
총리 总理
의장 议长，议会主席
의장단 主席团
의원 议员
위원장 委员长
장관/부장 部长
차관 副部长
도지사 道知事
시장 市长
정치가 政治家
외교관 外交官
군인 军人
변호사 律师
경찰 警察
소방관 消防员
목사 牧师
신부 神父
승려 僧人

제25과 쇼핑
购物

生词 (새 단어)

빨다 [他] 洗，洗涤，吸，吮
줄어들다 [词组] 缩小，缩短
세일기간 [名] 打折期间，优惠期间
품절 [名] 脱销，断货
상태 [名] 状态
판매하다 [他] 出售，销售，贩卖
원래 [名] 原来，本来
보증하다 [他] 保，担保，保证
규정 [名] 规定
할인되다 [自] 降价，打折
쇼핑 [名] 购物
변하다 [自] 变，变化，改变
이삼십 대 [名] 二三十岁的人
맞벌이 [名] 双职工，夫妇都工作
대형 할인점 [名] 大型折扣店
다양화되다 [自] 多样化
재래 시장 [名] 固有的老市场，以前的市场
용산 전자상가 [名] 龙山电子市场
테크노마트 [名] Technomart（电子卖场名称）
전문 상가 [名] 专业商业街
살펴보다 [他] 观察，察看，打量
홈쇼핑 [名] 网上购物
취급하다 [他] 办理，处理，操纵，管理
농산물 [名] 农产品

가락시장 [名] 可乐洞市场
수산물 [名] 水产品
노량진시장 [名] 鹭梁津市场
약재 [名] 药材
경동시장 [名] 京东市场
양재꽃시장 [名] 良才洞花市
결제 [名] 清账，付清，结清
아끼다 [他] 节约，省着；珍爱，爱惜
최근 [名/副] 最近
유럽 [名] 欧洲
활발하다 [形] 活泼，活跃
여성스럽다 [形] 有女人味
강조하다 [他] 强调，着重
둥글다 [形] 浑圆，圆圆的
활동성 [名] 活动性
유행 [名] 流行，盛行，时尚，时髦
기저귀 [名] 尿布，尿片
상가 [名] 商家，商业街
믿기다 [自] 使人相信，置信
넘치다 [自] 溢出，超过，充满，洋溢
분주하다 [形] 繁忙，忙碌，奔忙
낮 [名] 白天，白日，白昼
수십 [名] 数十，几十
구입하다 [他] 购进，购入，买进
꺼내다 [他] 掏（出），拿（出）；提起
진열하다 [他] 陈列，摆放

본문 들어가기 (课文视听)

1. 물건 교환
2. 변화하는 쇼핑 문화

문법 알아보기 (语法解说)

惯用型: -에 비하다

接在体词后,多以"-에 비하여, -에 비해서, -에 비하면"等形式出现,表示比较。在叙述格词尾后用"-인데 비하여",谓词后用"-는 것에 비하여"。

- 생김새에 비해서 나는 남자의 재간을 더 중요시한다.
- 도시에 비하여 시골은 더 조용하다.
- 듣는 것에 비하여 말하기가 부족한 것 같아요.
- 이 옷은 값에 비해서 질이 별로 좋지 않다.
- 선생님은 나이에 비해서 젊어 보이십니다.
- 우리 회사는 다른 회사에 비하면 대우가 좋은 편이다.

연습문제 (练习)

1. 다음 문장을 받아 쓰십시오. (听写下列句子。)

   가)
   나)
   다)
   라)
   마)

2. 다음을 잘 듣고 빈칸을 채우십시오. (听录音填空。)

   1) 한 번 (   ) 이렇게 줄어 들었어요.
   2) 이 바지는 손님께서 (   ) 사신 거라 교환이 안 됩니다.
   3) 저희 백화점에서 판매한 제품은 (   ) 환불이 됩니다.
   4) 저희 백화점의 규정상 할인된 상품은 (   )이 되지 않습니다.
   5) 먼저 (   )를 중심으로 쇼핑 시간이 달라지고 있다.
   6) (   )들은 대형 할인점을 중심으로 밤 쇼핑을 즐기고 있다.
   7) (   ) 편리하게 물건을 구입할 수 있다.
   8) 재래 시장을 이용하는 사람들은 점점 줄고 있지만, (   ) 곳은 아직도 인기가 많다.

3. 다음을 잘 듣고 본문과 맞으면 ○표, 맞지 않으면 ×표를 하십시오. (听录音,与课文内容一致的用○、不一致的用×表示。)

1) (　　　)　　2) (　　　)　　3) (　　　)　　4) (　　　)
5) (　　　)　　6) (　　　)　　7) (　　　)　　8) (　　　)

4. 본문 내용을 듣고 물음에 답하십시오. (听课文内容,回答问题。)

1) 손님은 왜 산 바지를 교환이나 환불을 하려고 했습니까?

2) 그 백화점의 규정들은 뭐가 있습니까?

3) 쇼핑 문화가 빠르게 변하고 있는 데에 대해서 설명해 주십시오.

5. 다음을 듣고 내용과 일치하는 것을 고르십시오.

1) (　　　)
① 여자는 방송을 보고 전화했다.
② 남자는 여자에게 물건을 보냈다.
③ 여자는 내일 스카프를 받을 수 있다.
④ 남자는 여자에게 스카프를 사 주었다.

2) (　　　)
① 백화점은 오늘까지 세일을 한다.
② 두 사람은 아침 일찍 백화점에 왔다.
③ 지난번 세일 때는 물건이 많았다.
④ 여자는 마음에 드는 신발을 샀다.

3) (　　　)
① 남자는 아버지의 지갑을 산 적이 있다.
② 남자는 오늘 아버지와 백화점에 갔다 왔다.
③ 여자는 상품권을 선물로 드리고 싶어한다.
④ 여자는 오늘 아빠 선물을 사러 갈 것이다.

6. 다음을 잘 듣고 들은 내용과 다른 것을 고르십시오. (　　　)
① 가방은 여성스러움을 강조해야 한다.
② 일하는 여성을 위해서는 실용적인 가방을 만들면 좋다.
③ 일하는 엄마들을 위해 가방에 아기용품도 넣을 수 있게 만들었다.
④ 유럽 여성들 사이에서는 지금 크고 네모 모양의 가방이 유행하고 있다.

7. 다음 내용을 듣고 물음에 답하십시오.
    1) 들은 내용으로 맞는 것을 고르십시오.
        ① 이곳은 낮에는 문을 열지 않는다.
        ② 이곳에서는 대량으로만 물건을 팔고 있다.
        ③ 이곳에서는 일반 쇼핑객이 물건을 살 수 없다.
        ④ 이곳에서는 판매가 안 된 새 디자인도 볼 수 있다.
    2) 남자는 누구인지 고르십시오.
        ① 의상 디자이너   ② 의류 상가 상인
        ③ 의류 상가 쇼핑객   ④ 의류 상가 관리인

8. 인터넷으로 쇼핑을 합니까? 인터넷으로 쇼핑하는 좋은 점과 나쁜 점에 대해 이야기해 보십시오. (您用网络购物吗？请谈谈网络购物的优点和缺点。)

补充词汇

복장 服装

셔츠 衬衫
와이셔츠 衬衣
티셔츠 T恤衫
메리야스셔츠 棉毛衫，绒衫
남방셔츠 长袖衫
반소매 短袖
러닝셔츠 汗背心儿
넥타이 领带
나비넥타이 蝴蝶领结
웨딩드레스 婚纱
드레스 晚礼服
턱시도 燕尾礼服
치마 裙子
원피스 连衣裙
투피스 套裙
플레어스커트 喇叭裙
스커트 女裙
주름치마 百褶裙
저고리 上衣(韩服)
마고자 马褂(韩式)
조끼 坎肩儿

배자 坎肩儿
블라우스 女罩衫
개구멍바지 开裆裤
두루마기 长袍(韩服)
스타일 款式
패션잡지 时装杂志
패션모델 时装模特儿
마네킹 人体模特
패션쇼 时装表演
매무새 衣着
매무시 衣着，打扮
네글리제 休闲装，便装
캐주얼 休闲服
신사복 男装
숙녀복 女装
갑옷 铠甲
까치설빔 过年穿的花衣
까치저고리 彩色袖子的韩服上衣
기성복 成衣
임부복 孕妇服
비키니 比基尼

아동복 童裝
색동저고리 儿童上衣(韩服)
때때옷 彩色童裝
외출복/나들이옷 出门穿的衣服
평상복 日常穿的衣服，便服
제복/유니폼 制服，运动服，校服
상의 上衣
재킷/자켓 夹克，短上衣
방한복 防寒服
오리털점퍼 羽绒服
밍크코트 貂皮大衣
도롱이 蓑衣
털옷 皮衣
점퍼 工作服夹克，运动服夹克
스웨터 毛衣

가디건 开襟毛衣
덧옷 罩衣
파카 风雪大衣
바바리 防水布雨衣
외투/코트 外罩，大衣
가운 长袍
하의 下衣
핫바지 棉裤
거들 紧身裤
메리야스바지 棉毛裤，绒裤
팬티 内裤
바지춤 裤腰
말기 裤腰
바짓가랑이 裤筒

제26과 외래어
外来语

生词 (새 단어)

프로그램 [名] 项目, 节目, 程序
블루칼라 [名] 蓝色
화이트칼라 [名] 白色
업무 [名] 业务
여대생 [名] 女大学生
커리어우먼 [名] 职业女性
골드칼라 [名] 金领
타이피스트 [名] 打字员
반열 [名] 身份等级的顺序
짐작하다 [他] 推测, 估计
어휘 [名] 语汇, 词汇
심지어 [副] 甚至(于), 甚或
의도 [名] 意图, 用意
불가능하다 [形] 不可能
바뀌다 [自] 바꾸다的被动式
유행어 [名] 流行语
외래어 [名] 外来语
전문 용어 [名] 行业用语
민감하다 [形] 敏感, 感觉敏锐

이멜 [名] 电子邮件
자체 [名] 自己, 本身
데이트 [名] 约会, 交际
도용되다 [自] 被盗用
검색하다 [他] 查询, 检索
인턴사원 [名] 实习职员
손가락 [名] 手指
협조 [名] 协助, 协调
걸치다 [自] 搭, 架, 跨; 接, 连接
수험생 [名] 考生
진학 [名] 升学, 深造
인류 [名] 人类
질병 [名] 疾病
정복되다 [自] 征服, 制服
수명 [名] 寿命
달나라 [名] 月球, 月宫
순수하다 [形] 纯粹, 纯真, 纯
물려받다 [他] 继承, 承继
대충 [副] 大体, 大致, 大略
사라지다 [自] 消失, 隐没; 消除

본문 들어가기 (课文视听)

1. 화이트칼라
2. 사회의 변화에 따라 언어도 바뀌게 된다

문법 알아보기 (語法解說)

1. 终结词尾: -ㄴ/는대(요)
陈述句间接引用"-ㄴ/는다고 해(요)"的缩略形,多用于口语中。
- 중국에서 만든 무술 영화는 인기가 있대요.
- 한국어 능력 시험을 보았는데 고급에 합격했대요.
- 교수님께서 연구실에 계신대요.

2. 连接词尾: -더라도
用于谓词后,表示假设性的让步,相当于汉语的"即使……也……""就是……也……"。语气比"-아/어/여도"更强。
- 추운 날씨에 운동하기 싫더라도 계속하세요.
- 그 사람을 만나더라도 사과를 안 할 거예요.
- 아무리 어렵더라도 나는 포기하지 않을 것이다.

3. 惯用型: -고 말다
接在动词后,表示动作最终完成,相当于汉语的"最终……"。"-고"后有时加补助词"-야"表示强调。
- 길이 계속 막히게 되면 시간에 늦고 말겠어요.
- 우리는 이번 경기에서 꼭 이기고 말겠어요.
- 졸업논문을 어제 다 작성하고야 말았다.

연습문제 (練習)

1. 다음 문장을 받아 쓰십시오. (听写下列句子。)
   가)
   나)
   다)
   라)
   마)

2. 다음을 잘 듣고 빈칸을 채우십시오. (听录音填空。)
   1) 우리 프로그램은 '(   )'야 아니면 '화이트칼라'야?
   2) 많은 여대생들이 졸업 후에 (   )이 되길 바란대.
   3) 어렵겠지만 열심히 노력하면 (   )가 될 수도 있겠지.
   4) 우리 장 사장님은 바로 (   )에서 사장이 되었다구.
   5) 뜻을 전혀 모르거나(   )를 들었을 때 특히 그렇다.
   6) 어휘들 중에는 학교에서 배운 적도 없고 (   ) 사전에 나오지 않는 것도 있다.
   7) 단어를 전혀 다른 의미로 사용하거나, 새로운 단어를 만들어 쓸 경우에

는 (　　　　) 자체가 불가능해지고 말 것이다.
8) (　　　　　　　　), 전문 용어 등을 생각해 보면 언어가 얼마나 사회 변화에 민감한지 알 수 있다.

3. 다음을 잘 듣고 본문과 맞으면 ○표, 맞지 않으면 ×표를 하십시오. (听录音,与课文内容一致的用○、不一致的用×表示。)

1) (　　) 2) (　　) 3) (　　) 4) (　　)
5) (　　) 6) (　　) 7) (　　) 8) (　　)

4. 본문 내용을 듣고 물음에 답하십시오. (听课文内容,回答问题。)
1) 언어를 배울 때 언제 어렵다는 생각이 들었을까요?

2) 의사 소통을 할 때 제일 중요한 것은 무엇입니까?

3) 언어의 특징은 무엇이라고 생각합니까?

5. 다음 대화를 잘 듣고 이어질 수 있는 말을 고르십시오.
1) (　　)
① 다시 생각해 볼게요.
② 선물을 준비했거든요.
③ 와이프한테서 받은 거예요.
④ 생각도 못 했는데 고마워요.
2) (　　)
① 계속 통화 중이지요?
② 언제쯤 통화가 가능할까요?
③ 매니저 좀 바꿔 주시겠어요?
④ 매니저한테 메모 전해 드릴까요?
3) (　　)
① 벌써 한 것 같은데요.
② 내일 해도 괜찮겠어요.
③ 그럼 빨리 확인해야겠네요.
④ 팀장님한테 보고하라고 하시던데요.

6. 다음을 듣고 내용과 일치하는 것을 고르십시오.
1) (　　)
① 남자는 집중할 때 손가락을 움직인다.
② 남자는 여자 때문에 돌아다니면서 책을 읽는다.

③ 여자는 책 읽을 때 손가락을 움직인다.
④ 여자는 남자가 돌아다녀서 집중이 안 된다.
2) (　　　)
① 교실에 두는 물건은 자신이 보관해야 한다.
② 오후 1시까지는 8호 강의동에서 나가야 한다.
③ 내일은 하루 종일 8호 강의동에 들어갈 수 없다.
④ 내일 오후 5시까지 8호 강의동에 있어야 한다.
3) (　　　)
① 이 행사는 일주일 동안 진행될 예정이다.
② 이 행사는 대학생들을 위해서 마련되었다.
③ 이 행사에서는 진학에 관한 정보를 얻을 수 있다.
④ 이 행사의 참가자들은 서로 다른 전공을 가지고 있다.

7. **다음 대화를 잘 듣고 질문에 답하십시오.**
1) 정연이와 민호는 무엇에 대해 이야기합니까?

2) 민호는 사람들이 제일 무서워하는 게 뭐라고 생각합니까?

3) 2020년에 어떤 일이 일어난다고 했습니까?

4) 미래 시간표에 의하면 달나라, 화성 여행은 각각 몇 년에 할 수 있다고 했습니까?

8. **요즘 유행하는 말에는 어떤 것이 있습니까? 어디에서 들었습니까? 어떤 뜻이고 어떤 경우에 사용합니까?** (最近有哪些流行语？在哪里听到的？什么意思？用于哪种情况？)

9. **한국어를 배우면서 외래어를 많이 접촉하는데, 여러분은 외래어 공부에 대해서 어떻게 생각합니까?** (在学习韩国语的过程中会经常遇到外来语，对于外来语的学习，各位有什么想法？)

韩国文化解读 (한국 문화 이해)

한국인의 이름

처음 한국인의 이름을 들을 때 외국인들은 무척 당황하게 된다. 그 이유는 이름을 발음하기가 어려울 뿐만 아니라, 비슷한 이름이 많아서 기억하기도 쉽지 않기 때문이다. 이름이 이렇게 비슷하게 느껴지는 이유는 무엇일까?

　한국인의 이름은 대부분 한 음절의 성(姓)과 두 음절의 이름으로 되어 있다. 성은 100% 한자이고, 이름도 대부분 한자이다. 이것은 중국의 한자가 한국에 오랫동안 영향을 미쳤기 때문이다. 최근에는 자녀에게 순수한 한국어로 된 이름을 지어 주려는 부모가 조금씩 늘어나고 있다.

　성은 아버지의 성을 그대로 물려받으며, "김, 이, 박, 최"의 네 성이 한국인의 50% 이상을 차지한다. "남궁, 황보, 제갈, 선우" 등과 같이 두 글자로 된 성이 있기는 하지만 그 수는 많지 않다.

　이름을 보면 그 사람이 남자인지 여자인지를 대충 알 수 있다. 이름에 "미, 숙, 희, 정" 등이 쓰이면 여자일 가능성이 높고, "철, 웅, 혁" 등이 쓰이면 남자일 가능성이 높다. 가끔 한 글자로 된 이름도 있는데, 고려 시대에는 왕족에게만 한 글자로 된 이름을 쓸 수 있도록 한 적도 있었다. 하지만 지금은 그런 법이 사라져서 원하는 사람은 누구나 한 글자로 된 이름을 지을 수 있다.

제27과 날씨
天气

生词 (새 단어)

뉴욕발 [名] 从纽约出发
인천행 [名] 开往仁川方向的
짙다 [形] 浓，深，茂盛
지연되다 [自] 延迟，推迟，拖延
안개가 끼다 [词组] 下雾
일교차 [名] 日温差
예상되다 [自] 预想，预料，预测
기상청 [名] 气象厅
기상전망 [名] 气象预测
남부지방 [名] 南部地区
중부지방 [名] 中部地区
장마권 [名] 梅雨圈
집중호우 [名] 集中暴雨
쏟아지다 [自] 倾泻，涌流，流出
중순 [名] 中旬
가뭄현상 [名] 干旱现象

내다보다 [他] 向外看，向前看，展望
아나운서 [名] 播音员，主持人
분야 [名] 领域，方面，部门
다루다 [他] 对待，使用；处理
　　(事情)；经管
신뢰하다 [他] 信赖，信任
장맛비 [名] 梅雨，淫雨，霪雨
식다 [自] 凉，冷；热情淡化
미지근하다 [形] 温热，温吞吞
한층 [副] 进一层，更，更加，进一步
꽃샘 [名] (春天开花时)春寒
이맘때 [名] 这时候，这会儿
고기압 [名] 高压，高气压
파도 [名] 波涛
각별하다 [形] 特别，格外

들어가기 (课文视听)

1. 항공기는 짙은 안개로 인해 도착이 지연된다
2. 일기 예보

문법 알아보기 (语法解说)

1. 惯用型：-로/으로 인하다

表示原因，多用于正式的文书等书面语中。常以"-로/으로 인하여(인해서)"或"-로/으로 인한"形式使用。

- 중국 남방은 이상한 기후로 인해 많은 피해를 받았다.
- 계속되는 더위로 인한 전기 부족 현상이 점점 심해진다.
- 두 사람 사이에 말로 인한 오해가 있는 것 같다.

2. 惯用型：-ㄹ/을 정도

　　用于谓词后，表示程度。
- 그는 매일 밤 열두 시에야 집에 들어올 정도로 바쁘다.
- 그 문제는 대학생도 못 풀 정도로 어려웠습니다.
- 그 남자는 생명을 바칠 정도로 그녀를 깊이 사랑한다.

연습문제 （练习）

1. 다음 문장을 받아 쓰십시오. （听写下列句子。）
   가)
   나)
   다)
   라)
   마)

2. 다음을 잘 듣고 빈칸을 채우십시오. （听录音填空。）
   1) 금일 오전 8시 40분 도착 예정이었던 (　　　　　) 아시아나 항공기는 짙은 안개로 인해 도착이 지연되고 있습니다.
   2) 예정보다 50분 늦은 (　　　　　) 도착할 예정입니다.
   3) 그렇게 늦어지는 걸 보니까 안개가 (　　　　　).
   4) 아까 우리가 올 때도 앞이 (　　　　　).
   5) (　　　　　) 아무 것도 못 먹었거든.
   6) (　　　　　)는 예년보다 조금 늦은 다음 달 24일이나 25일쯤 시작될 것으로 예상됩니다.
   7) 서울 등 중부지방은 27일부터 (　　　　　)으로 보입니다.
   8) 또 장마가 시작되면서 (　　　　　) 가 있을 것이다.

3. 다음을 잘 듣고 본문과 맞으면 ○표, 맞지 않으면 ×표를 하십시오. （听录音,与课文内容一致的用○、不一致的用×表示。）
   1) (　　) 　2) (　　) 　3) (　　) 　4) (　　)
   5) (　　) 　6) (　　) 　7) (　　) 　8) (　　)

4. 본문 내용을 듣고 물음에 답하십시오. （听课文内容,回答问题。）
   1) 공항의 안내 말씀은 뭘 알려주었습니까?

   2) 올 여름 장마는 언제 시작할 것입니까?

3) 장마가 시작되기 전인 다음 달 중순까지는 날씨가 어떻게 될 것입니까?

5. 다음을 듣고 내용과 일치하는 것을 고르십시오.
   1) (   )
      ① 대련 공항의 날씨가 좋지 않다.
      ② 이 비행기는 서울로 갈 예정이다.
      ③ 방송이 끝나면 바로 탑승이 시작된다.
      ④ 승객들은 비행기 안에서 기다려야 한다.
   2) (   )
      ① 남자는 라디오 프로그램 아나운서이다.
      ② 여자는 방송국에서 일한다.
      ③ 여자는 믿을 만한 정보를 제공하기 때문에 이 라디오 프로그램을 좋아한다.
      ④ 여자는 버스운전사이다.

6. 다음은 무엇에 대한 내용인지 맞는 것을 고르십시오.
   1) (   )
      ① 장맛비의 일반적 특징   ② 장맛비가 내리는 이유
      ③ 장맛비가 내리는 지역   ④ 장맛비와 소나기의 차이
   2) (   )
      ① 음식의 온도가 중요한 이유   ② 음식이 가장 맛있는 온도
      ③ 시원하게 먹는 음식의 종류   ④ 떨어진 맛을 살리는 방법

7. 다음 내용을 듣고 물음에 답하십시오.
   1) 바람이 왜 이렇게 세게 불어요?

   2) 한국에서 일기예보 문의 전화는 어떻게 해야 해요?

   3) 남자가 야유회 가기는 틀린 것이라는 이유가 뭐예요?

8. 원래 "세대"란 30년을 단위로 하는 연령층을 말합니다. "세대"와 관련하여 "세대차"란 말이 있는데, 요즘은 나이 차가 3년밖에 안 나는 사람에게서도 세대 차를 느끼는 경우가 있다고 합니다. 여러분이 언제 세대 차를 느꼈는지 각자의 경험에 대해서 이야기해 봅시다. (原来所说的"一代"是以三十年为单位的年龄段；与"一代"相关的词语是"代沟",据说最近年龄相差仅三年的人们也感觉有代沟。大家何时感觉到了代沟？请谈谈各自的感受。)

补充词汇

기후 气候

더위 热
한더위 酷热
가마솥더위 闷热
무더위 闷热
늦더위 秋老虎(指晚秋闷热的天气)
대륙성 大陆性
해양성 海洋性
추위 冷
한파 寒流
한기 寒气
눈 雪
함박눈 鹅毛大雪
눈보라 暴风雪
첫눈 初雪
봄눈 春雪
진눈깨비 雨夹雪
도둑눈 夜雪
만년설 万年积雪
눈사태 雪崩
상고대 树挂
비 雨
봄비 春雨
가을비 秋雨
밤비 夜雨
비바람 风雨
단비 及时雨
장마 梅雨
장마철 雨季
진날 雨天
호우/폭우 大雨

폭풍우 暴风雨
집중호우 大暴雨
소나기 阵雨
이슬비 毛毛雨
가랑비 细雨
빗물 雨水
빗발 雨珠
빗줄기 雨脚
물마 (下雨后路上的)积水
곰팡이 霉
싸락눈/싸라기눈 霰
우박 冰雹
홍수 洪水
물난리 水灾
수해 涝灾
가뭄 旱灾
대한 大旱
천둥/우레 雷
번개 闪电
벼락 雷，霹雳
무지개 彩虹
쌍무지개 双虹
까치놀 红红的晚霞
구름 云
먹구름 乌云
비구름 乌云，阴云
구름안개 云雾
뭉개구름 云团
구름바다 云海
구름송이 云朵

제28과 계절
季节

生词 (새 단어)

장마철 [名] 梅雨季节
굉장히 [副] 宏伟，巨大，壮观
어지럽다 [形] 晕，昏，晕眩
피서법 [名] 避暑法
개나리 [名] 连翘，朝鲜金钟花
진달래 [名] 金达莱
건조하다 [形] 干燥
산불 [名] 山火
대륙 [名] 大陆
황사 [名] 黄沙，沙尘暴
본격적 [名] 正式，正规，真正
늦여름 [名] 晚夏，夏末
초가을 [名] 初秋
태풍 [名] 台风
피해를 입히다 [词组] 受灾，遭受损失
쾌적하다 [形] 舒服，爽快，舒适，痛快
이듬해 [名] 第二年，翌年，转年
추위 [名] 寒冷
독감에 걸리다 [词组] 患重感冒，得流行性感冒
강원도 [名] 江原道

스키장 [名] 滑雪场
통계자료 [名] 统计资料
분석 [名] 分析
낙엽 [名] 落叶
지저분하다 [形] 乱七八糟，杂乱无章；肮脏
미끄럽다 [形] 滑，光溜
넘어지다 [自] 倒下，摔倒，跌倒；败北
심해지다 [自] 加重，加剧
봄철 [名] 春季，春日
식중독 [名] 食物中毒
균 [名] 菌，菌类
퍼지다 [自] 伸展，长开；传开，普及
윤리 [名] 伦理
양반 [名] 两班，贵族，官宦
백성 [名] 百姓
짐승 [名] 禽兽，畜生
친함 [名] 亲，亲密
임금 [名] 人君；工资，薪酬
신하 [名] 大臣，臣子
구별 [名] 区别，区分，分辨
없애다 [他] 取消，清除；消灭
악습 [名] 恶习，陋规

본문 들어가기 (课文视听)

1. 여름 날씨
2. 한국의 계절

문법 알아보기 (语法解说)

惯用型: -기도 하다

接在谓词词干或"이다"词干后,表示强调、并列、包括或者补充说明同时存在的行为或状态。常以"-기도 하고 -기도 하다"的形式出现,相当于汉语的"既……又……""又……又……""有的时候……有的时候……"。

세상은 정말 좋기도 하다.
그는 내 친구이기도 하고 상사이기도 한다.
겨울 방학 때에 친구 만나기도 하고 여행을 가기도 했어요.

 연습문제 (练习)

1. 다음 문장을 받아 쓰십시오. (听写下列句子。)
   가)
   나)
   다)
   라)
   마)

2. 다음을 잘 듣고 빈칸을 채우십시오. (听录音填空。)
   1) 무척 더워, 특히 (　　　)이 되면 습기가 많고 무더워.
   2) 그래서 오후에 밖에 너무 오래 있으면 (　　　).
   3) 더위를 먹으면 (　　　) 머리가 아프지.
   4) 3월은 건조해서 산불이 잘 나고, 대륙으로부터 (　　　) 날도 많다.
   5) 장마가 끝나면 (　　　) 무더위가 찾아온다.
   6) 늦여름부터 초가을까지는 태풍이 와서 많은 (　　　)도 있다.
   7) 심한 추위와 건조한 날씨가 이어지기 때문에 (　　　) 조심해야 한다.
   8) 강원도 지역에는 (　　　) 많이 있어서 사람들이 이곳으로 스키 여행을 떠나기도 한다.

3. 다음을 잘 듣고 본문과 맞으면 ○표, 맞지 않으면 ×표를 하십시오. (听录音,与课文内容一致的用○、不一致的用×表示。)
   1) (　　) 2) (　　) 3) (　　) 4) (　　)
   5) (　　) 6) (　　) 7) (　　) 8) (　　)

4. 본문 내용을 듣고 물음에 답하십시오. (听课文内容,回答问题。)
   1) 한국의 봄은 날씨가 어떻습니까?

2) 한국에서 언제 제일 무더워요? 사람들은 어디에 가서 피서를 해요?

3) 한국의 겨울은 언제이고 겨울에 뭘 주의해야 해요?

5. 다음 대화를 잘 듣고 이어질 수 있는 말을 고르십시오.
    1) (   )
        ① 바꿔 주면 좋겠는데.　　② 물어볼 필요는 없겠지.
        ③ 날짜가 지났을지 몰라.　　④ 빨리 입어 볼 걸 그랬어.
    2) (   )
        ① 아니요, 제가 닫을게요.
        ② 네, 잠깐만 열어 주세요.
        ③ 아니요, 열지 않았을 거예요.
        ④ 네, 다음부터는 열어 놓을게요.
    3) (   )
        ① 자료는 모두 만들어 두었습니다.
        ② 지금 통계자료를 분석하고 있습니다.
        ③ 그럼 발표를 시작하도록 하겠습니다.
        ④ 내일까지 끝낼 수 있을 것 같습니다.

6. 다음 대화를 듣고 남자가 어떤 생각을 하고 있는지 맞는 것을 고르십시오.
    1) (   )
        ① 낙엽 청소하는 사람을 더 늘려야 한다.
        ② 낙엽은 쌓이기 전에 빨리 치워야 한다.
        ③ 낙엽을 치우기 전에는 물을 뿌려야 한다.
        ④ 낙엽을 치울 때 다치지 않게 해야 한다.
    2) (   )
        ① 에어컨은 할인을 할 때 사야 한다.
        ② 이 집에 어울리는 에어컨을 사고 싶다.
        ③ 에어컨의 설치 비용을 내릴 필요가 있다.
        ④ 이사를 한 다음에 에어컨을 사는 것이 좋다

7. 다음 내용을 듣고 물음에 답하십시오.
    1) 남자의 생각으로 맞는 것을 고르십시오.
        ① 식사를 빨리 하는 것이 건강에 좋다.
        ② 봄에는 야외 나가지 않는 것이 좋다.
        ③ 반드시 끓인 물로 음식을 요리해야 한다.
        ④ 손발을 깨끗이 씻는 것도 식중독을 막는 방법이다.

2) 봄철에 식중독 균이 잘 생기는 이유로 맞는 것을 고르십시오.
　　　①야외 공기가 나쁘기 때문에
　　　②밖에서 음식을 사 먹기 때문에
　　　③음식 조리 과정이 깨끗하지 않아서
　　　④아침과 저녁의 기온 차가 크기 때문에

8. 여러분은 무슨 계절이 제일 좋아요? 왜 좋아하나요? (大家喜欢哪个季节? 为什么?)

韩国文化解读 (한국 문화 이해)

인간이 알아야 할 다섯 가지 윤리

　　20세기 초 조선은 "유교"를 매우 중요하게 생각하던 나라였다. 특히 사람들은 유교의 기본 윤리인 오륜(五伦)을 양반은 물론 백성 모두가 지켜야 할 것이라고 생각했고 이를 모르면 인간이 아닌 짐승이라고까지 생각했다. 이렇게 조선은 예법을 중시하는 사회였으므로 여러 가지 예의의 형식은 발달했으나 인간의 자유로운 감정이나 생각을 억압하게 하는 단점도 있었다. 그러나 오륜은 본래 인간으로서 지켜야 할 도리를 얘기한 것이다.
　　오륜은 다섯 가지 윤리로서 다음과 같다.
　　　부모와 자식 사이에 친함이 있어야 한다.(부자유친 父子有亲)
　　　임금과 신하 사이에 의리가 있어야 한다. (군신유의 君臣有义)
　　　부부 사이에 구별이 있어야 한다. (부부유별 夫妇有别)
　　　어른과 어린 사람에 순서가 있어야 한다. (장유유서 长幼有序)
　　　친구 사이에 믿음이 있어야 한다.(붕우유신 朋友有信)
　　오륜의 내용 중 "부자유친, 군신유의, 장유유서, 붕우유신"은 어느 시대에나 맞는 기본 윤리가 될 수 있다. 그런데 부부 사이에 구별이 있다는 부부유별은 오늘날처럼 남녀가 동등하게 활동하는 사회에는 맞지 않는 것처럼 보인다. 그리고 과거 전통 사회에서 여성의 삶이 매우 심한 차별을 받았음을 생각하면 이런 윤리는 없애야 할 악습처럼 느껴지기도 한다. 그러나 부부유별의 본래의 뜻은 차별이 아니라 구별이 있다는 것이다.

제29과 방학
假期

生词 (새 단어)

해수욕장 [名] 海水浴场
농촌 봉사활동 [名] 支援农村活动
쓰러지다 [自] 倒下，倒，倒闭
벼 [名] 水稻
농약 [名] 农药
뿌리다 [他] 撒，喷
칭찬 [名] 称赞，赞扬
에다 [自] 割，挖，剜
감싸다 [他] 裹，包庇，袒护
탐스럽다 [形] 令人可爱，讨人喜欢
강추위 [名] 干冷，严寒，酷寒
생존 [名] 生存
조그맣다 [形] 小，微小

화로 [名] 火炉
군밤 [名] 烤栗子
스치다 [自] 掠过，吹拂，轻描淡写
훈훈하다 [形] 暖融融，暖烘烘，舒展
머물다 [自] 停留
소담스럽다 [形] 讨人喜欢，令人喜爱
더불어 [副] 一起，一块儿，一同
동심 [名] 童心
축복 [名] 祝福
크리스마스 [名] 圣诞节
캠프 [名] 野营帐篷，营帐
확률 [名] 概率
담그다 [他] 漫，泡，腌，酿
야외무대 [名] 露天舞台
봉사하다 [自] 侍候，侍奉，服侍，服务

들어가기 (课文视听)

1. 여름방학을 아주 보람있게 보냈네요.
2. 한국의 겨울

문법 알아보기 (语法解说)

"ㅎ"发音的不规则变化

以"ㅎ"为收音的形容词后出现元音"으"或其它元音时,"ㅎ"脱落,但"ㅎ"与元音"-아/어"相结合时,"ㅎ"脱落后形成"애"音。

빨갛다 + 으면 → 빨갛으면 → 빨가면 ("ㅎ"脱落)

빨갛다 + 아서 → 빨갛아서 → 빨개서 ("ㅎ"脱落后"아"变成"애")

어제 소개받은 그 남자 어땠어?

머리가 하야니까 더 늙어 보인다.

가을 농촌이 온통 빨간 고추로 물들어 있다.

1) 下列动词和形容词不发生上述的音变:

　动词: 놓다, 넣다, 낳다, 찧다, 쌓다

　形容词: 좋다, 싫다, 많다, 괜찮다

2) 在口语中经常产生下述的音节缩略

　놓아서 : 놔서

　놓아야: 놔야

　놓아도: 놔도

　놓았습니다: 놨습니다

 연습문제 (练习)

1. 다음 문장을 받아 쓰십시오. (听写下列句子。)

　가)

　나)

　다)

　라)

　마)

2. 다음을 잘 듣고 빈칸을 채우십시오. (听录音填空。)

1) 얼굴이 많이 탔네요. (　　　　)에 갔다왔어요?

2) 한국 친구들이 (　　　　　　　)을 하러 갈 때 같이 갔다왔어요.

3) 일을 시작한 지 (　　　　) 쓰러진 친구도 있었다.

4) 장마 때 (　　　　)도 세우고 농약도 뿌렸어요.

5) 문수 씨는 여름방학을 아주(　　　　　　).

6) 겨울하면 가장 먼저 떠오르는 것으로 (　　　　　) 추위와 세상을 감싸는 탐스러운 눈입니다.

7) 우리 나라의 겨울은 아름다움과 (　　　　)이 함께 머무는 사랑의 계절이기도 합니다.

8) 겨울은 (   )과 더불어 가족이나 친구들과 눈사람을 만들고 눈싸움을 즐기는 동심의 계절입니다.

3. **다음을 잘 듣고 본문과 맞으면 ○표, 맞지 않으면 ×표를 하십시오.** (听录音,与课文内容一致的用○、不一致的用×表示。)
   1) (   )   2) (   )   3) (   )   4) (   )
   5) (   )   6) (   )   7) (   )   8) (   )

4. **본문 내용을 듣고 물음에 답하십시오.** (听课文内容,回答问题。)
   1) 문수 씨는 방학 동안에 뭘 했습니까?

   2) 세민 씨는 방학 동안에 뭘 했습니까?

   3) 글쓴이는 한국의 겨울이 어떤 계절이라고 생각했습니까?

5. **다음 대화를 잘 듣고 이어질 수 있는 말을 고르십시오.**
   1) (   )
      ① 저도 가게에 가서 사야겠어요.
      ② 그 집 연락처 좀 알려 주세요.
      ③ 점심을 준비하려면 바쁘겠어요.
      ④ 점심을 직접 만들 수 있어서 좋아요.
   2) (   )
      ① 가고 싶은 곳이라고는 고향밖에 없어요.
      ② 지난번 시험은 잘 봤으니까 괜찮을 거예요.
      ③ 시험 본 지 일주일만에 고향으로 돌아가요.
      ④ 쓸데없는 걱정은 하지 말고 준비나 열심히 해요.
   3) (   )
      ① 비행기라고는 한 번밖에 못 타 봤어요.
      ② 안 그래도 그 얘기를 하려던 참이었어요.
      ③ 오늘 안개가 많이 끼어서 취소될지도 몰라요.
      ④ 생각하기에 따라서 쉬울 수도 있고 어려울 수도 있어요.

6. **다음을 잘 듣고 내용과 일치하는 것을 고르십시오.**
   1) (   )
      ① 해외 캠프에 가면 우물 안의 개구리가 된다.
      ② 해외 캐프는 참가해도 별로 의미가 없을 것이다.
      ③ 자유 활동은 너무 많아도 안 되고 너무 적어도 안 된다.
      ④ 자유 활동이 너무 적으면 공부에 방해가 될지도 모른다.

2) (　　　)
① 김치는 계절에 따라 담그는 방법이 다르다.
② 김장 김치는 맵지 않고 짜지 않아야 맛있다.
③ 여름에 나는 야채로 담근 김치는 맛이 없다.
④ 여름에는 배추가 맛있어서 물김치로 만들어 먹는다.

7. 다음을 듣고 물음에 답하십시오.
1) 남자는 무엇을 하고 있는지 고르십시오.
① 야외무대 위치에 대해 알아보고 있다.
② 야외무대 사용에 대해 문의하고 있다.
③ 야외무대에서 행사 진행을 도와주고 있다.
④ 야외무대에서 상품 홍보를 준비하고 있다.
2) 들은 내용으로 맞는 것을 고르십시오.
① 야외무대는 구청에서 관리한다.
② 행사 신청서는 자선 단체에 제출한다.
③ 행사 후 주변 청소는 구청에서 해 준다.
④ 자선 단체가 물건을 파는 행사를 하려고 한다.

8. 여러분이 자원 봉사해 본 경험이 있습니까? 경험이 있다면 언제 어디에서 무슨 일을 했는지 자세하게 소개해 보십시오. (大家做过自愿者吗？如果做过请仔细介绍一下何时、何地、做过什么事情。)

补充词汇

미용 美容

화장대 化妆台	스킨로션 润肤液，化妆水
화장솔 化妆刷	아이크림 抗皱眼霜
화장솜 化妆棉	영양크림 营养霜
화장수 化妆水	파운데이션 粉底霜
몸차림 打扮	콜드크림 冷霜
몸치장 打扮	밀크로션 乳液
피부관리 皮肤护理	아세톤 洗甲油
클렌징크림 卸装乳	매니큐어 指甲油
폼클렌징 洗面奶	리무버 洗甲水
아스트린젠트 紧肤水	손톱손질 美甲
모이스쳐로션 润肤露	아이브로펜슬 眉笔
크림 护肤霜	핸드크림 护手膏
모이스쳐라이징크림 润面霜	립스틱 口红
에센스 滋润霜，精华素	아이섀도 眼影

제29과 방학

아이라이너 眼线
마스카라 睫毛液
볼터치 胭脂
팩 面膜
투웨이케잌 双效粉饼
파우더 干粉
콤팩트 粉饼
분첩 粉底
퍼프 粉扑
아이래쉬컬러 睫毛夹
립글로스 唇彩
가발 假发
헤어패드 假发
염색 染发
헤어린스 染发素
파마 烫发

면도 刮脸
헤어세트 发卷
커트(하다) 剪(头发)
올백 背头
상고머리 平头
세팅 头发定型
스트레이트 拉直
트리트먼트 火局油
헤어크림 发膏
헤어로션 护发素
헤어토닉 生发香水
헤어오일 发油
샴푸 洗发水
무스 摩丝
젤 发胶

제30과 휴가
休假

生词 (새 단어)

혹시 [副] 有时, 间或, 万一, 如果
공짜 [名] 免费, 白得, 不花钱
경품 행사 [名] 赠品活动
당첨되다 [自] 中奖, 中签
왕복 항공권 [名] 往返机票
좌석 [名] 坐席, 座位
폭염 [名] 酷暑
유난히 [副] 特别, 格外, 异常
그리워지다 [自] 想念, 思念
오르내리다 [自] 升降, 起落, 涨落, 上上下下
정열 [名] 热情
계곡 [名] 山谷, 峡谷, 沟壑
사랑스럽다 [形] 可爱
유혹하다 [他] 诱惑, 煽惑
식히다 [他] 冷却, 冷静, 使……变凉
바라보다 [他] 看着, 眺望, 仰望, 盼望
한결 [副] 更加, 更进一步, 大大
구릿빛 [名] 古铜色
건강미 [名] 健康美
살이 찌다 [词组] 发福, 胖了
빼다 [他] 放出, 抽出; 减去, 拿掉; 除去
현실적 [名] 现实, 实际上
식습관 [名] 饮食习惯
끔찍하다 [形] 骇人听闻, 怕人, 可怕
개선하다 [他] 改进, 改善, 提高
기억하다 [他] 记忆, 记, 记住

골프를 치다 [词组] 打高尔夫球
이상 [名] 以上, 超出; 理想
땀을 흘리다 [词组] 流汗, 淌汗
풀리다 [被动] 散, 开; 退; 转暖。
체질 [名] 体质
자랑하다 [他] 炫耀, 夸耀
뻔하다 [形] 明明白白, 明显, 显而易见
당황하다 [自] 惊慌, 慌乱, 慌张
셈 [名] 数数, 计算; 算账
다행히 [副] 幸好, 幸亏, 得亏
초하루 [名] 初一, 第一天
잣 [名] 松子
호두 [名] 核桃, 胡桃
땅콩 [名] 花生
깨물다 [他] 咬破
풍속 [名] 风俗, 习俗
밟다 [他] 踏, 踩; 追踪
감자 [名] 土豆
고구마 [名] 地瓜
새벽 [名] 凌晨, 黎明, 拂晓
사물놀이 [名] 四物表演, 打击乐表演
악기 [名] 乐器
쇠(꽹과리) [名] 铜锣
북 [名] 鼓
장고 [名] 长鼓
징 [名] 锣
리듬 [名] 节奏, 节拍, 韵律
역할 [名] 作用, 角色
별칭 [名] 别称, 外号, 绰号
연주하다 [他] 演奏
우주 [名] 宇宙

본문 들어가기 (课文视听)

1. 연휴에 특별한 계획 있어요?
2. 한국의 여름

 문법 알아보기 (语法解说)

1. 补助词: -나마/이나마
   - 表示尽管心中觉得不足,但没有办法只能采用或让步。
   - 헌 가방이나마 있으니 다행이다.
   - 언니가 쓰던 자전거나마 한 대 있습니다.
   - 외국에서나마 잘 있다니 안심이구나.

2. 终结词尾: -라니/이라니
   - 用在体词后,表示感到意外,带有惊讶、感叹、愤慨等语气。
   - 벌써 결혼이라니! 시간이 정말 빠르다.
   - 갑자기 면접이라니? 너 회사를 바꾸려고 하니?
   - 저런 사람이 반장이라니! 실망했다.

3. 终结词尾: -더라고요
   - 接在动词、形容词词干后,对所回忆的事情表示感叹。
   - 이곳 겨울은 참 춥더라고요.
   - 철수 씨는 참 노래를 잘 부르더라고요.
   - 고향 음식은 참 맛있더라고요.

4. 连接词尾: -노라면
   - 用于动词后,表示某个处于进行过程中的动作是另一个事实的假定条件,相当于汉语的"……的话……"。用于部分动作动词后,不与时制词尾连用。
   - 이 오솔길을 걷노라면 학교 때 생각이 난다.
   - 푸른 바다를 보고 있노라면 가슴이 확 트이는 것 같다.
   - 열심히 하노라면 언젠가는 알아 주겠지요.

 연습문제 (练习)

1. 다음 문장을 받아 쓰십시오. (听写下列句子。)
   가)
   나)
   다)
   라)
   마)

2. 다음을 잘 듣고 빈칸을 채우십시오. (听录音填空。)
   1) 다나카 씨도 알겠지만 제주도는 꼭 (　　　　　　　) 곳이에요.
   2) 특히 성산 일출봉의 (　　　　) 가 아주 유명해요.
   3) 걱정하지 말아요. 제주도에 우리 친척이 있는 데다가 비행기 표도 두 장이나 (　　　　　　).
   4) 백화점 (　　　　　　) 제주도 왕복 항공권을 받게 됐어요.
   5) 하지만 내가 그냥 따라가도 되는 건지 좀 (　　　　).
   6) 여름은 (　　　　) 그리고 유난히 바다가 그리워지는 계절입니다.
   7) 산과 들엔 이름 모를 꽃들이 피고 계곡과 바다는 사랑스러운 소리로 우리의 (　　　　　　).
   8) 계곡에서 (　　　　) 사람들을 바라보노라면 우리의 마음도 한결 가벼워집니다.

3. 다음을 잘 듣고 본문과 맞으면 ○표, 맞지 않으면 ×표를 하십시오. (听录音,与课文内容一致的用○、不一致的用×表示。)
   1) (　　)   2) (　　)   3) (　　)   4) (　　)
   5) (　　)   6) (　　)   7) (　　)   8) (　　)

4. 본문 내용을 듣고 물음에 답하십시오. (听课文内容,回答问题。)
   1) 다나카 씨는 제주도 가 본 적 있어요? 왜요?

   2) 최희선 씨는 왜 다나카 씨에게 제주도 여행을 가자고 했어요?

   3) 제주도는 가볼 만한 곳이 많은데 특히 유명한 곳이 어디예요?

5. 다음 대화를 듣고 여자가 어떤 생각을 하고 있는지 알맞은 것을 고르십시오.
   1) (　　　)
      ① 살을 빼기 위해서 규칙적인 운동을 하는 것이 중요하다.
      ② 아무것도 안 먹는 것은 살을 빼는 것과는 관련이 없다.
      ③ 다이어트를 해도 살이 찌는 것은 어쩔 수 없다.
      ④ 다이어트는 건강을 해치는 일이다.
   2) (　　　)
      ① 아이들과 함께 골프를 치러 가야 한다.
      ② 아이들과 한 약속은 꼭 지켜야 한다.
      ③ 거래처 사장님을 연휴 때에 만나는 것은 옳지 않다.
      ④ 거래처 사장님과 함께 에버랜드에 가야 한다.

3) (　　　)
　① 피곤할 때는 집에서 쉬는 것이 제일이다.
　② 피곤할 때는 땀을 흘리는 것이 제일이다.
　③ 체질에 따라 피곤을 푸는 방법도 다르다.
　④ 체질이 다르지만 피곤을 푸는 방법은 같다.

6. 다음 내용을 잘 듣고 질문에 답하십시오.
　1) 들은 내용과 일치하지 않는 것은 무엇입니까?
　　① 여권을 다시 만들었다.
　　② 현금은 다행히 찾았다.
　　③ 비행기 표는 항공사에서 다시 받았다.
　　④ 수표는 잃어버렸지만 문제가 되지 않았다.
　2) 이번 배낭여행에 대해 여자는 어떻게 생각하고 있습니까?
　　① 고생을 많이 했다.
　　② 몸이 아파서 힘들었다.
　　③ 여행이 즐겁지 않았다.
　　④ 가방을 잃어버려서 큰일 날 뻔했다.

7. 다음을 잘 듣고 질문에 답하십시오.
　1) 정월 대보름 새벽에는 무엇을 먹습니까? (　　)
　　① 감자와 고구마
　　② 밤, 잣, 호두, 땅콩
　　③ 떡국과 송편
　2) 이것을 왜 먹습니까? (　　)
　　① 피부에 문제가 안 생긴다고 믿어서
　　② 새벽에 배가 고파서
　　③ 소원을 이루기 위해서
　3) 정월 대보름 저녁에 다리를 열두 번 지나다니는 이유는 무엇입니까?
　　(　　)
　　① 보름달을 새해 처음으로 보기 위해서
　　② 이렇게 하면 다리가 아프지 않다고 믿어서
　　③ 일 년 동안 농사를 잘 짓기 위해서

8. 술자리에서 지켜야 할 예의에는 어떤 것들이 있다고 생각합니까? (各位认为在酒桌上应该遵守哪些礼仪?)

韩国文化解读 (한국 문화 이해)

사물놀이

　사물놀이는 네 가지 악기, 즉 쇠(꽹과리), 북, 장고, 징으로 이루어진 타악기 연주입니다.

　네 가지의 악기 중에서 쇠와 징은 금속 악기이고 장고와 북은 가죽 악기입니다. 금속 악기와 가죽 악기는 소리가 다릅니다. 금속 악기는 센 소리가 나고, 가죽 악기는 부드러운 소리가 납니다. 쇠는 다른 악기를 이끌고, 징은 다른 악기를 감싸 안는 소리를 냅니다. 장고는 짧은 리듬을 내는 악기이고, 북은 장고를 도와주는 역할을 합니다.

　네 가지 악기는 모두 별칭이 있습니다. 쇠는 "구름", 징은 "비", 장고는 "바람", 북은 "번개"인데, 이것은 모두 자연의 모습입니다. 사물놀이의 네 가지 악기는 자연의 소리를 닮은 것입니다. 사물놀이의 네 가지 악기가 연주하는 소리는 자연이나 우주의 소리라고 할 수 있습니다.

참고답안
参考答案

제1과 설날

2. 1) 별일 2) 빈대떡 3) 떡국 4) 끓일 줄
   5) 농사 6) 윷놀이 7) 연날리기

3. 1) (×) 2) (×) 3) (○) 4) (×) 5) (×)

4. 1) 스미스 씨와 알베르 씨를 집으로 초대하려고 했어요.
   2) 떡국과 빈대떡을 친구들에게 준비해 주겠다고 했어요.
   3) 한국의 겨울은 길고 춥다. 농사를 마치고 길고 추운 겨울을 방 안에서 보내야 했던 옛 사람들은 여러 가지 놀이를 생각해 낸 것 같다.
   4) 윷놀이와 연날리기이다.

5. 1) ④ 2) ① 3) ③

6. 1) ③ 2) ② 3) ④ 4) ③ 5) ③

7. 1) ①②③⑤
   2) 전화나 광주 시청 홈페이지를 이용해서 11월 5일까지 참가 신청을 해야 합니다.
   3) 11월 20일 오전 12시 10분에 시청 앞에 가서 시청 버스를 타고 갑니다.

제2과 추석

2. 1) 한가위 2) 명절인가 3) 아시는 대로 4) 추수감사절
   5) 성묘하러 6) 풍습이란 7) 가까워지면, 귀성객 8) 송편

3. 1) (×) 2) (○) 3) (○) 4) (○) 5) (×) 6) (×)

4. 1) 아이들이 때때옷을 입었습니다.
   2) 추석을 다른 말로 한가위라고 합니다.
   3) 설날과 단오와 추석이에요.
   4) 음력 8월 15일이에요.
   5) 반달모양으로 빚은 송편과 토란국을 많이 먹습니다.
   6) 이 날 조상을 기리며 차례를 지내고 성묘를 한 다음 새로 나온 과일과 곡식을 나누어 먹는다.

5. 1) ① 2) ④ 3) ③

6. 1) ① 2) ① 3) ④ 4) ③ 5) ④

7. 1) 냇물이 더러워졌으니 물고기도 다른 곳으로 이사를 갔다.
   2) 맑은 물과 뛰어노는 물고기를 볼 수 없었기 때문이다.

제3과 문화

2. 1) 예술의 전당   2) 똑바로   3) 흔히   4) 본뜬   5) 월드 컵   6) 모으면
3. 1) (×)   2) (×)   3) (○)   4) (×)   5) (○)
4. 1) 마이클 씨는 예술의 전당에 가려고 합니다.
   2) 마이클 씨는 길을 물어 보는 곳에서 극장까지 걸어가면 15분쯤 걸립니다.
   3) 우리가 흔히 보는 우표는 작고 네모난 모양입니다. 그러나 길쭉한 우표, 둥근 우표, 동물이나 물건의 모양을 본뜬 우표도 있습니다.
   4) 우리는 우표에서 훌륭한 인물, 월드 컵과 같은 큰 행사, 사라져 가는 동물이나 식물 등을 볼 수 있습니다.
5. 1) ④ 2) ② 3) ④
6. 1) ③ 2) ③ 3) ① 4) ③ 5) ③
7. 1) 시험보는 학생들이 대학에 잘 붙으라는 뜻이고 옛날부터 전해져 왔다.
   2) 미역국을 먹으면 시험에서 떨어진다는 뜻이니까 절대로 안 먹는다고 한다.

제4과 안내

2. 1) 마친 후   2) 서울대입구   3) 줄을 서서   4) 계단을 내려가자
   5) 그어 놓은   6) 들리는데요   7) 갈아타시기   8) 틀지 마세요
3. 1) (○)   2) (×)   3) (×)   4) (○)   5) (×)   6) (×)   7) (×)
4. 1) 지금 막 열차가 도착하고 있습니다. 승객 여러분께서는 안전선 뒤로 한 걸음 물러서 주시기 바랍니다.
   2) 열차에 가까이 가면 위험하니까 조심하라고 그어 놓은 노란 선이에요.
   3) 다른 사람들한테 방해가 되기 때문입니다.
   4) 기숙사 1층에는 휴게실이 있고 거기서 잡지나 신문 등을 볼 수 있습니다. 그리고 조리실도 있고 거기서 요리를 할 수 있습니다.
5. 1) ③ 2) ④ 3) ③
6. 1) ① 2) ② 3) ② 4) ④ 5) ③
7. 1) 다음주 금요일에 시험을 볼 것이고 쓰기, 말하기, 듣기, 읽기 네 가지 시험을 볼 것이다.
   2) 5과부터 20과까지 공부하면 된다.
   3) 교과서를 여러 번 읽고, 될 수 있으면 외우도록 한다. 배운 것만 열심히 하면, 좋은 점수를 받을 수 있을 것이다.

제5과 정보

2. 1) 시키신 일   2) 취직 현황 조사   3) 적지 않을 텐데
   4) 조사설문지   5) 오는 대로   6) 학과 자료실, 웬만한 자료
   7) 짧게 전달하기 때문에 8) 컴퓨터 환경의 발달   9) 매체에 비해
3. 1) (×)   2) (×)   3) (×)   4) (○)   5) (○)
4. 1) 어떻게 보고서를 작성해야 될지 몰라서 고민하고 있습니다.

2) 학과 자료실에 있는 작년 보고서를 참고하라는 것입니다.
3) 미리 조사설문지를 졸업반 학생들에게 보내 주었습니다.

5. 1) ① 2) ② 3) ②
6. 1) ④ 2) ① 3) ④
7. 1) ① 2) ②

제6과 정보화 시대

2. 1) 전자 랜드   2) 리포트   3) 삭제, 삽입   4) 입력한 문서
   5) 적혀 있는   6) 중요시되는   7) 새롭고 다양한   8) 언제 어디서나

3. 1) (×)   2) (○)   3) (○)   4) (×)   5) (×)

4. 1) 마이크로 소프트 윈도우즈 ×p를 설치해서 사용하면 됩니다.
   2) 정보화 사회는 정보의 역할이 중요시되는 사회를 말합니다.
   3) 컴퓨터는 그림, 음악, 문자, 영상 등 여러 형태의 정보를 한꺼번에 처리할 수 있습니다.
   4) 사생활 침해, 가족 간의 대화 단절, 사이버 범죄의 증가 등이 있습니다. .

5. 1) ① 2) ④ 3) ①
6. 1) ④ 2) ③
7. 1) ② 2) ②

제7과 친구 사이

2. 1) 농담   2) 성격, 태도, 가치관   3) 다를지라도
   4) 가까워질 수 있는 5) 생각한 끝에   6) 목도리를 짜서
   7) 발렌타인데이   8) 초콜릿

3. 1) (×)   2) (○)   3) (×)   4) (×)   5) (○)

4. 1) 자꾸 만나다 보니 좋아하게 된 이유도 있지만 더 중요한 이유는 민호 씨의 성격, 태도, 가치관이 철수 씨와 비슷하기 때문일 거예요.
   2) 일반적으로 초콜릿을 줍니다.
   3) 손수 목도리를 짜서 선물로 남자친구에게 주기로 했어요.
   4) 엄마는 목도리를 짤 줄 아셔서 엄마께 어떻게 목도리를 짜는지 배울 생각이다.

5. 1) ④ 2) ① 3) ②
6. 1) ① 2) ②
7. 1) ① 2) ③

제8과 대학 생활

2. 1) 대학로   2) 야외극장   3) 콘서트   4) 점보는
   5) 장난삼아   6) 개강 준비   7) 떠난 지   8) 낯설던

3. 1) (×) 2) (○) 3) (×) 4) (○) 5) (×) 6) (○) 7) (×) 8) (×)

4. 1) 거기는 옛날에 대학이 있던 곳이라서 대학로라 불리게 된 거예요.
   2) 소극장에선 연극이나 콘서트를 해서 사람들이 많이 보러 가요.
   3) 젊은 사람들은 대부분 장난삼아 보는 거지 전부 믿는 사람은 없어요.
   4) 지난 2주 동안은 개강 준비하느라고 정신없이 바빴기 때문이다.
   5) 낯설던 중국 생활이 많이 익숙해졌고 친구들도 몇 명 사귀었어요.

5. 1)③ 2)① 3)③ 4)④ 5)④

6. ④

7. 1) ① 2) ①③

제9과 택시 타기

2. 1) 똑바로   2) 훨씬 덜   3) 놓치면   4) 마찬가지로   5) 노란색   6) 연세 든

3. 1) (○) 2) (×) 3) (×) 4) (○) 5) (×)

4. 1) 12시 반 기차를 타야 해요.
   2) 서울의 택시는 중국과 마찬가지로 거리와 시간에 따라 값이 정해집니다.
   3) 택시는 크게 두 종류로 일반택시와 모범택시가 있습니다.
   4) 서울의 택시 기본 요금은 1,800원이다.
   5) 모범택시는 보통 검은색으로 주로 택시기사는 오랜 운전경험이 있는 연세 든 분들이 몰며 택시비는 일반 리무진버스 요금을 웃도는 금액입니다. 기본료는 대개 6,000~7,000원선입니다.

5. 1) ④ 2) ③ 3) ③

6. 1) ③ 2) ③ 3) ④

7. 1) ① 2) ③

제10과 기차편 이용

2. 1) 무궁화호   2) 환불   3) 전액   4) 출발 직전
   5) 반액   6) 몇 구간   7) 삽입하면   8) 거스름돈

3. 1) (×) 2) (×) 3) (○) 4) (×) 5) (○) 6) (×) 7) (×)

4. 1) 어제 서울에서 부산으로 가는 무궁화호 열차 표를 두장 구입했는데, 사정이 생겨서 환불을 할까 해서 전화했다.
   2) 열차 출발 이틀 전까지는 전액 환불이 가능합니다.
   3) 하루 전부터 열차 출발 직전까지는 10%의 수수료를 내셔야 됩니다.
   4) 열차 출발 후에는 반액만 환불을 받을 수 있다.
   5) 지하철 표를 살 때는 100원, 500원짜리 동전이나 1,000원짜리 지폐를 사용할 수 있습니다. 먼저 가고자 하는 곳이 몇 구간에 해당되는지를 확인한 후에 버튼을 누릅니다. 그리고 동전이나 지폐를 삽입하면 노란색 지하철 표가 거스름돈과 함께 신호음을 내며 나옵니다. 그 다음에 거스름돈 챙기면 됩니다.

5. 1) ④   2) ②   3) ③   4) ③

6. 1) ①   2) ②   3) ①   4) ③

참고답안 147

7. 1) ①   2) ②

제11과   항공편 이용

2. 1) 창가의 35   2) 선반 위   3) 이륙할 예정
   4) 안전 벨트를 매시고, 등받이   5) 금연이니, 협조해 주시기 바랍니다
   6) 첫 비행   7) 노선으로는

3. 1) (×) 2) (×) 3) (×) 4) (○) 5) (○) 6) (○) 7) (×) 8) (×)

4. 1) 대한항공은 1969년 첫 비행을 시작하였다.
   2) 대한항공은 항공 운송 사업(항공 운송, 부대 사업), 관련사업 (기내식, 호텔, 면세점 등)이 있습니다.
   3) 아시아나항공은 현재 중국과 한국의 노선으로는 하얼빈, 연길, 장춘, 심양, 북경, 연대, 남경, 상해, 항주, 서안, 중경, 성도, 계림, 광주, 홍콩 등이 있습니다. (5개만 고르기)

5. 1) ①   2) ②   3) ④

6. 1) ④   2) ③

7. 1) ④   2) ②

제12과   한국 관광

2. 1) 이상하게   2) 마을을 지키는   3) 한라산   4) 삼다도
   5) 이국적인 경치   6) 백록담   7) 보기 드문   8) 해돋이

3. 1) (×) 2) (○) 3) (×) 4) (○) 5) (×) 6) (×) 7) (○) 8) (×)

4. 1) 제주도 사람들은 돌하루방이 마을을 지키는 수호신이라고 생각해요.
   2) 제주도에서 독특한 전통 문화와 이국적인 경치를 함께 느낄 수 있기 때문이다.
   3) 한라산의 정상에 있는 백록담, 천지연폭포, 폭포가 떨어지면서 생긴 연못 그리고 성산 일출봉 등이다.
   4) 폭포가 떨어지면서 생긴 연못에는 사는 사람 팔뚝보다 큰 장어가 천연기념물로 지정되어 보호되고 있다.
   5) 해돋이로 유명한 곳은 성산 일출봉이다.
   6) 백록담은 화산의 분화구에 물이 고여 만들어진 호수이다.

5. 1) ①   2) ③   3) ③

6. 1) ④   2) ④

7. 1) ③   2) ④

제13과   중국 관광

2. 1) 왕궁   2) 웅장한   3) 즉위식   4) 한 장 찍어
   5) 물결을 이루고 있다 6) 직선 길이   7) 전쟁으로 소실되었다   8) 재건되었다

3. 1) (×) 2) (○) 3) (○) 4) (×) 5) (○) 6) (×) 7) (×) 8) (○)

4. 1) 명 나라와 청 나라 시대에 왕궁으로 사용되던 곳입니다.

2) 황제의 즉위식이나 국가의 주요 행사를 하던 곳입니다.
3) 자금성은 1406년부터 1420년 사이에 지어졌습니다.
4) 왼쪽에 '중화인민공화국 만세', 중앙에 모택동 사진, 오른쪽에 '세계인민 대단결만세'가 있다.
5) 장안대로의 직선 길이가 48km이다.
6) 천안문은 명나라시대인 1417년에 만들어졌는데, 전쟁으로 소실되고, 현존하는 것은 1651년에 재건되었다.

5. 1) ②   2) ①   3) ④   4) ②
6. 1) ②   2) ④
7. 1) 변화가 없는 생활을 다람쥐 쳇바퀴 돌 듯 틀에 박힌 생활이라고 표현한다.
   2) 여행은 우리의 삶을 풍요롭게 해 주고 우리에게 짧은 시간에 다양한 경험을 할 수 있게 해 준다.

제14과 음식

2. 1) 이런 솜씨   2) 가장 자신있는   3) 느끼하고 독특한   4) 기름과 향료
   5) 좀 덜   6) 요리다운 맛   7) 빼놓을 수 없는   8) 건더기
3. 1) (×) 2) (○) 3) (×) 4) (×) 5) (○) 6) (×) 7) (○)
4. 1) 한국 음식에서 빼놓을 수 없는 것이 밥이에요.
   2) 한국에서는 이미 3,500년 전부터 벼를 기르기 시작했다고 합니다.
   3) 한국 음식 중 가장 기본이 되는 반찬은 김치입니다.
   4) 국은 국물이 많은 것이고, 찌개는 건더기가 많고 맛이 짠 것입니다.
   5) 한국 음식의 간을 결정하는 양념에는 소금, 간장, 된장, 고추장이 있습니다.
5. 1) ②   2) ①   3) ④
6. 1) ①   2) ②
7. 1) ③   2) ③

제15과 예약

2. 1) 방 몇 개   2) 트윈 룸   3) 016-2782-3219
   4) 양일간   5) 카운터   6) 사정이 생겨서
   7) 여러 사람에게 피해를 주게   8) 식당을 편안하게 이용하시려면
3. 1) (×) 2) (×) 3) (○) 4) (○) 5) (○)
4. 1) 한국호텔입니다.
   2) 손님은 이틀 동안, 방 두 개를 쓸 거예요.
   3) 방을 예약한 손님은 호텔에 도착해서 카운터에 말씀해 주시면 곧바로 투숙하실 수 있습니다.
5. 1) ③   2) ④   3) ③
6. 1) ③   2) ②   3) ②
7. 1) ③   2) ②

참고답안 **149**

제16과   취미

2. 1) 시간이 나면   2) 참 멋있는   3) 특별한
   4) 탈과 의상   5) 동전이나 우표   6) 여행을 즐기는
   7) 즐거움을 얻기 때문   8) 오히려 스트레스를 푸는 데

3. 1) (×)   2) (○)   3) (○)   4) (×)   5) (○)   6) (×)

4. 1) 민호 씨는 중국의 전통 희극인 경극을 좋아해요.
   2) 왕동 씨는 날씨가 좋으면 밖에 나가서 그림을 그려요.
   3) 매주 화요일에 티켓 값이 다른 때보다 좀 싸기 때문이다.

5. 1) ①   2) ②   3) ④

6. ④

7. 1) ④   2) ②

제17과   옷차림

2. 1) 옷을 입을 때에도   2) 때와 장소를 봐 가면서   3) 생활 주변에서   4) 짚신, 나막신
   5) 콧날이 도드라진   6) 검정색신   7) 정장을 할 때   8) 더해 줍니다

3. 1) (×)   2) (○)   3) (○)   4) (×)   5) (×)   6) (×)   7) (○)

4. 1) 해변으로 휴가 갈 때 입는 아주 화려한 옷을 사왔어요.
   2) 옷 입는 데에 신경 써야 할 게 있고 장소를 봐 가면서 입어야 해요.
   3) 한복을 입을 때에는 콧날이 도드라진 고무신을 신는 것이 잘 어울립니다
   4) 옛날에는 한국 사람들은 짚신이나 가죽신, 나막신 같은 것을 신었어요.

5. 1) ③   2) ③   3) ①   4) ③

6. 1) ③   2) ④

7. 1) ③   2) ②

제 18과   운동

2. 1) 월드컵 본선에   2) 축구 붐이 일고 있어요
   3) 야구 시합을 중계 방송하고   4) 한국 팀 대 일본 팀
   5) 현재 스코어   6) 서울 아시안게임
   7) 시범 종목으로 선정되었다   8) 허리에 매는 띠의 색깔

3. 1) (×)   2) (×)   3) (○)   4) (○)   5) (○)   6) (×)   7) (○)   8) (×)

4. 1) 지금 중계 방송을 하고 있는 경기는 한국팀과 일본팀의 야구 시합이다.
   2) 태권도는 고구려에서 시작되었으며 삼국 시대와 통일신라, 고려, 조선 시대를 거쳐 발전해 왔다.
   3) 태권도의 기본 동작은 손과 발을 이용한 기술로, 주먹과 손을 이용한 막기·지르기·찌르기·치기와 발을 이용한 차기가 있다.

5. 1) ③   2) ④   3) ①

6. 1) ④   2) ②

7. ④

제19과 건강

2. 1) 안색이 안 좋아요   2) 계속 졸리고   3) 불면증에
   4) 억지로 자려고 하는 게 5) 바쁠수록   6) 건강만큼
   7) 유교 전통을 지켜오던   8) 다섯 가지를 살펴보면

3. 1) (○) 2) (×) 3) (○) 4) (×) 5) (×) 6) (○) 7) (○)

4. 1) 다나카 씨는 낮에 계속 졸리고, 밤에 잠이 오지 않기 때문에 안색이 안 좋아 보여요.
   2) 잠이 잘 안 올 때에 억지로 자지 말고 자기 전에 운동을 좀 하면 좋을 거예요.
   3) 첫째는 '수', 둘째는 '부', 셋째는 '강녕', 넷째는 '유호덕', 마지막으로 '고종명' 이에요.

5. 1) ② 2) ① 3) ④

6. 1) ④ 2) ② 3) ②

7. 1) 음식을 가리지 않고 다 잘 먹는 것은 남자가 언제나 건강해 보이는 비결이다.
   2) 음식조절을 하지 못하고 불규칙한 생활을 하는 것은 여자가 건강하지 못한 원인이다.
   3) 밥 잘 먹고 잘 자는 게 보약보다 더 낫다는 것은 어른들 말씀이다.

제20과 편지

2. 1) 어떤 선물을 보낼지   2) 편지만한 것   3) 깊은 감동
   4) 편지를 쓰는 데는   5) 편지지와 편지 봉투 6) 하얀 종이 위에 또박또박
   7) 호칭   8) 자신의 안부   9) 끝인사

3. 1) (×) 2) (○) 3) (○) 4) (○) 5) (×) 6) (×) 7) (×) 8) (○)

4. 1) 며칠 후 여자 친구의 생일날에 어떤 선물을 보낼지 고민하고 있어요.
   2) 편지를 쓰는 데에는 시간도 많이 걸릴 뿐만 아니라 좀 번거롭다. 그리고 편지지와 편지 봉투, 우표 등 준비해야 할 것이 많다.
   3) 편지를 쓰는 과정은 바로 사랑과 기쁨을 전달하는 것이다. 책상 앞에 앉아서 하얀 종이 위에 또박또박 마음을 그리는 게 아주 행복하다.
   4) 안부 편지라면 자신의 요즘 생활에 대해 자세히 쓰고, 부탁 편지라면 무엇을 어떻게 해 달라는 내용을 쓰면 된다.
   5) 본문에 쓰지 못한 말이나 특별히 부탁하고 싶은 말이 있을 때는 '추신' 을 씁니다.

5. 1) ④ 2) ③ 3) ③

6. ④

7. 1) ④ 2) ③

제21과 독서

2. 1) 신문을 펴면   2) 대강 훑어 본 다음에   3) 만화만큼 시사성
   4) 뭐니뭐니 해도   5) 오직 인간만   6) 여타의 동물
   7) 초현실적인 것

3. 1) (×) 2) (×) 3) (○) 4) (○) 5) (○) 6) (○)

참고답안 151

4. 1) 먼저 1면 머릿기사를 보고 대강 내용을 훑어 본 다음에 사회면을 봅니다.
   2) 선생님은 만화만큼 시사성이 풍부한 것도 없다고 생각하기 때문이다.
   3) 젊은이에게 가장 인기가 있는 것은 뭐니뭐니 해도 스포츠면인 것 같다.
   4) 한국 신문이 외국사람들에게는 좀 문제 되는 것은 아무리 한글을 잘 알아도 한자를 모르고서는 신문을 읽을 수 없다는 것이다.
   5) 사람은 이상을 위해 살고 여타의 동물은 이상이라는 것이 없으며 다만 현실만을 위해 산다.

5. 1) ②   2) ④   3) ④
6. 1) ②   2) ③   3) ①
7. 1) ②   2) ④

제22과   면접

2. 1) 광고에 대한 관심   2) 제 적성에 맞을 것   3) 광고 문안
   4) 카피라이터   5) 이끌어 갈 자신   6) 자신을 위한 삶
   7) 헤어스타일   8) 액세서리   9) 미소를 띤

3. 1) (○) 2) (×) 3) (○) 4) (×) 5) (×) 6) (○) 7) (×) 8) (○)

4. 1) 박수미 씨는 학교 때부터 광고에 대한 관심을 많이 갖고 강의도 열심히 받았다. 그리고 광고회사에서 일하는 것도 자기의 적성에 맞을 것 같다고 생각하기 때문이다.
   2) 박수미 씨는 대학교에 다닐 때 광고회사에서 아르바이트를 한 적이 있었다. 거기서 광고 문안을 만드는 일을 8개월 정도 도왔다.
   3) 박수미 씨는 가정도 중요하지만, 자신을 위한 삶이 더 중요하다고 생각해서 결혼해서도 직장을 잘 이끌어 갈 자신이 있다.
   4) 면접을 볼 때는 헤어스타일, 화장, 옷, 표정 등이 모두 중요합니다.
   5) 짧고 깨끗한 헤어스타일, 진하지 않은 화장, 화려한 액세서리를 피하는 것, 정장을 입는 것, 대답할 때는 미소를 띤 얼굴로 상대방의 눈을 보는 것, 걸을 때 소리가 크게 안 나는 신발을 신는 것이다.

5. 1) ③   2) ②   3) ③
6. 1) ④   2) ③   3) ②
7. 1) ④   2) ①

제23과   직장

2. 1) 그만둔 지   2) 월급쟁이   3) 죽을 지경   4) 차라리
   5) 말미암아   6) 일을 통해 번 돈   7) 보람과 사회적 가치   8) 개인의 적성

3. 1) (×) 2) (○) 3) (○) 4) (×) 5) (○) 6) (○) 7) (×) 8) (○)

4. 1) 아닙니다. 김진수 씨는 학교 다닐 때부터 안 해 본 것이 없습니다. 급사, 점원, 판매원, 목수 등을 다 해 봤다.
   2) 직업을 선택하는 조건에는 월급, 적성 등이 있다. 직업을 선택하는 또 다른 조건은 보람과 사회적 가치이다. 하지만 무엇보다 중요한 조건은 개인의 적성이다.
   3) 힘이 들어도 다른 사람에게 도움을 줄 수 있으면 그 일은 가치 있는 일이다. 경찰관, 소방관, 청소부, 집배원 등은 월급은 적지만 사회에서 없어서는 안 될 중요한 일이다.

4) 적성에 맞지 않은 직업을 선택한다면 즐겁게 일할 수 없으며 오래 하기 힘들고, 스스로 만족히기도 어렵다.

5. 1) ①   2) ③   3) ③

6. 1) ③   2) ①   3) ②

7.
> 알립니다
> 누가 : 우리 모두
> 언제 : 오늘 퇴근 후 7시부터
> 어디서 : 회사 앞 "장미가든"에서
> 왜 : 얼마 전 새로 들어온 신입 사원들을 환영하기 위해서이다.
> 회비 얼마를 : 만원이다
> 연락처 : 780-4298

제24과   비즈니스

2. 1) 손해 안 보는 선   2) 물품이 연기될 경우   3) 훑어보시지요
   4) 원만히   5) 거래하길 바랍니다   6) 국경을 넘어서
   7) 동서양 간   8) 수준에 이르기도
   9) 상품의 이동에 국한된 10) 더 나아가

3. 1) (○) 2) (×) 3) (×) 4) (○) 5) (○) 6) (○) 7) (○)

4. 1) 두 회사가 첫 거래이기 때문에 서로 손해 안 보는 선에서 계약하도록 하자고 하였다.
   2) 오늘날 세계경제의 흐름은 크게 두 가지로 나타나고 있고 즉 세계화와 지역경제의 통합화입니다.
   3) 세계화는 경제활동이 국경을 넘어서 전 세계로 확대되는 것을 의미합니다.
   4) 오늘날의 세계화는 상품에 국한되지 않고 자본, 서비스, 경영기법, 기술, 더 나아가 문화도 함께 이전되는 전면적인 세계화라 할 수 있을 것입니다.

5. 1) ③   2) ③   3) ②

6. 1) ②   2) ②   3) ③

7. ④

제25과   쇼핑

2. 1) 빨았더니   2) 세일기간에   3) 원래 상태를 보존할 경우
   4) 환불이나 교환   5) 이삼십 대   6) 맞벌이 부부
   7) 재래 시장에 비해서는   8) 특별한 상품을 취급하는

3. 1) (×) 2) (○) 3) (○) 4) (×) 5) (○) 6) (×) 7) (×) 8) (×)

4. 1) 그 백화점에서 산 바지는 한 번 빨았더니 많이 줄어 들었기 때문이다.
   2) 백화점의 규정상 세일기간에 산 물건은 교환이 안 되고, 그리고 백화점에서 판매한 제품은 원래 상태를 보존할 경우 환불이 됩니다.
   3) 먼저 이삼십 대를 중심으로 쇼핑 시간이 달라지고 있다. 젊은이들은 동대문시장을 중심으로, 맞벌이 부부들은 대형 할인점을 중심으로 밤 쇼핑을 즐기고 있다. 쇼핑 장소도 백화점이나 재래 시장에서 대형할인점이나 전문 상가 등으로 다양화되고 있다.

참고답안 **153**

5. 1) ①　　2) ③　　3) ①
6. ①
7. 1) ④　　2) ②

제26과　외래어

2. 1) 블루칼라　　　　2) 화이트칼라 커리어우먼　　3) 골드칼라
   4) 타이피스트　　　5) 짐작하기 힘든 단어　　　　6) 심지어는
   7) 의사소통　　　　8) 유행어나 외래어

3. 1) (○)　2) (×)　3) (○)　4) (○)　5) (○)　6) (×)　7) (×)　8) (×)

4. 1) 뜻을 전혀 모르거나 짐작하기 힘든 단어를 들었을 때 어렵다는 생각이 들 것이다.
   2) 의사 소통을 할 때 제일 중요한 것은 상대방이 말하려고 하는 의도를 이해하는 것이다. 이 때 문법이 약간 틀린다고 해도, 그것 때문에 뜻을 이해할 수 없는 것은 아니다.
   3) 언어는 사회적 약속이기 때문에 개인이 마음대로 바꾸어 쓸 수 없는 것이다. 사회가 바뀌면 언어도 바뀌게 된다. 유행어나 외래어, 전문 용어 등을 생각해 보면 언어가 얼마나 사회 변화에 민감한지 알 수 있다.

5. 1) ④　　2) ②　　3) ③
6. 1) ①　　2) ①　　3) ③
7. 1) 정연이와 민호는 인류의 미래에 대해 이야기합니다.
   2) 민호는 사람들이 제일 무서워하는 게 죽음이나 질병 같은 것이라고 생각합니다.
   3) 2020년에는 암이 정복되고 인간의 평균 수명이 백 살이 넘을 일이 일어난다고 했습니다.
   4) 미래 시간표에 의하면 달나라 여행은 2015년에, 화성 여행은 2030년에 가능할 수 있다고 했습니다.

제27과　날씨

2. 1) 뉴욕발 인천행　　　　2) 9시30분 경에　　　　3) 꽤 심한가 봐
   4) 보이지 않을 정도였잖아　5) 서둘러 나오느라고　　6) 올 여름 장마
   7) 장마권에 들 것　　　　8) 한 두 차례 집중호우

3. 1) (×)　2) (○)　3) (×)　4) (○)　5) (○)　6) (○)　7) (×)　8) (×)

4. 1) 뉴욕발 인천행 아시아나 항공기는 짙은 안개로 인해 도착이 지연되고 있습니다. 예정보다 50분 늦어진 9시 30분 경에 도착할 예정입니다.
   2) 올 여름 장마는 예년보다 조금 늦은 다음 달 24일이나 25일쯤 시작될 것으로 예상됩니다.
   3) 기상청은 장마가 시작되기 전인 다음 달 중순까지는 더운 날이 많은 가운데 강우량이 예년보다 적어서 일부 지역에 여름 가뭄현상이 나타나겠다고 내다봤습니다.

5. 1) ②　　2) ③
6. 1) ②　　2) ①
7. 1) 이맘때가 되면 중국대륙에서 발달한 고기압이 산동반도를 지나면서 한 차례씩 불어 오기 때문이다.
   2) 국번 없이 131번을 누르면 된다.

3) 남자는 아침의 일기예보에 따라 파도의 높이가 2미터나 되니 운항하는 선박들이 각별한 주의를 바란다는 걸 들었기 때문이다.

제28과 계절

2. 1) 장마철 2) 더위를 먹어 3) 어지럽고
   4) 황사가 날아오는 5) 본격적으로 6) 피해를 입히는 경우
   7) 독감에 걸리지 않도록 8) 스키장이

3. 1) (○) 2) (○) 3) (×) 4) (○) 5) (×) 6) (○) 7) (×) 8) (○)

4. 1) 한국의 봄은 날씨가 따뜻하고 건조해서 산불이 잘 나고, 대륙으로부터 황사가 불어오는 날도 많다.
   2) 장마가 끝나면 본격적으로 무더위가 찾아온다. 무더위를 피하기 위해 사람들은 산과 바다로 피서를 떠난다.
   3) 한국의 겨울은 12월부터 이듬해 2월까지이다. 심한 추위와 건조한 날씨가 이어지기 때문에 독감에 걸리지 않게 조심해야 한다.

5. 1) ① 2) ② 3) ④

6. 1) ② 2) ④

7. 1) ④ 2) ④

제29과 방학

2. 1) 해수욕장 2) 농촌 봉사활동 3) 이틀만에 4) 쓰러진 벼
   5) 보람있게 보냈네요 6) 살을 에는 7) 훈훈한 정 8) 소담스러운 눈

3. 1) (×) 2) (×) 3) (○) 4) (○) 5) (×) 6) (○) 7) (○) 8) (○)

4. 1) 문수 씨는 방학 동안에 농촌 봉사활동을 하러 가고 장마 때 쓰러진 벼도 세우고 농약도 뿌렸어요.
   2) 세민 씨는 방학 동안에 중국어 회화와 컴퓨터를 배우러 학원에 다녔어요.
   3) 한국의 겨울은 아름다움과 훈훈한 정이 함께 머무는 사랑의 계절이기도 합니다. 특히 소담스러운 눈과 더불어 가족이나 친구들과 눈사람을 만들고 눈싸움을 즐기는 동심의 계절이며, 축복과 꿈이 머무는 크리스마스가 기다려지는 계절입니다.

5. 1) ② 2) ④ 3) ②

6. 1) ③ 2) ①

7. 1) ② 2) ①

제30과 휴가

2. 1) 한 번 가볼 만한 2) 해돋이 3) 공짜로 생겼거든요
   4) 경품 행사에 당첨돼 가지고 5) 부담스럽네요 6) 장마와 폭염
   7) 마음을 유혹합니다 8) 피서를 즐기는

참고답안 **155**

3. 1) (×) 2) (○) 3) (○) 4) (○) 5) (×) 6) (○) 7) (×) 8) (×)
4. 1) 다나카 씨는 제주도 가 본 적 없어요. 전에 가고 싶어했지만 여행 요금이 너무 비싸서 못 갔어요.
   2) 최희선 씨의 친척이 제주도에 있는 데다가 비행기 표도 두 장이나 공짜로 생겼기 때문이에요.
   3) 제주도는 가볼 만한 곳이 많은데 특히 성산 일출봉의 해돋이가 아주 유명해요.
5. 1) ① 2) ② 3) ③
6. 1) ② 2) ④
7. 1) ② 2) ① 3) ②

녹음대본 录音资料

제1과 설날

본문 들어가기 (课文视听)

1. **대화: 설날 아침에 뭘 먹어요?**

   김민호: 스미스 씨, 내일은 설인데, 별일 없으면 우리 집에 오세요.
   스미스: 네, 좋아요. 김민호 씨는 고향에 안 내려가요?
   김민호: 이번에는 일이 많아서 못 내려가요. 알베르 씨도 부르려고 하는데 괜찮아요?
   스미스: 그럼요.
   김민호: 제가 떡국과 빈대떡을 준비할게요. 설날 아침에는 떡국을 먹어야 돼요.
   스미스: 민호 씨는 떡국을 끓일 줄 알아요?
   김민호: 물론이지요. 혼자 살면서 배웠어요.
   스미스: 참, 우린 갈 때 뭘 가지고 가면 좋을까요?
   김민호: 그냥 빈 손으로 와도 되는데, 정 그러시면 과일 좀 가져 오세요.
   스미스: 알겠어요. 내일 봐요.

2. **글: 한국의 정월 놀이**

   세계 어느 나라나 다 마찬가지겠지만, 한국에도 독특한 놀이가 있다. 한국은 사계절이 뚜렷한데, 그 중에서도 겨울은 길고 춥다. 한 해를 보내고 새해를 맞이하는 설날이 있어 정월은 한국 사람들에게 특별하다. 농사를 마치고 길고 추운 겨울을 방 안에서 보내야 했던 옛 사람들은 여러 가지 놀이를 생각해 낸 것 같다. 정월이 되면 친척이나 친구들이 한데 모여 다같이 즐기는 놀이가 바로 윷놀이다. 한국에서 가장 오래된 놀이 중의 하나다. 그리고 한국의 정월은 바람이 많이 불어 연날리기에 좋다. 세배를 마친 아이들은 할아버지와 함께 만든 연을 들고 밖으로 나온다.

연습문제 (练习)

1. **새로 배운 문법으로 만든 문장을 받아 쓰십시오.**

   가) 아까 울던 아이가 누구예요?
   나) 오빠가 쓰던 가방을 제가 써요.
   다) 여기 놓였던 꽃병을 누가 치웠니?
   라) 여행을 같이 갔던 사람들이 모이기로 했어요.
   마) 그 놈이 있는 곳을 알아 내야 합니다.
   바) 그녀는 참으려고 했는데 참아 내지 못했어요.
   사) 그 애는 많은 어려움을 이겨 내고 혼자 연을 만들었다.

2. **다음을 잘 듣고 빈칸을 채우십시오.**

   1) 내일은 설인데, (별일) 없으면 우리 집에 오세요.
   2) 내가 떡국과 (빈대떡)을 준비할게요.
   3) 설날 아침에는 (떡국)을 먹어야 돼요.

4) 민호 씨는 떡국을 (끓일 줄) 알아요?
5) (농사)를 마치고 길고 추운 겨울을 방 안에서 보내야 했다.
6) (윷놀이)는 한국에서 가장 오래된 놀이 중의 하나다.
7) 한국의 정월은 바람이 많이 불어서 (연날리기)에 좋다.
8) (세배를 마친) 아이들은 할아버지와 함께 만든 연을 들고 밖으로 나온다.

3. 다음을 잘 듣고 본문과 맞으면 ○표, 맞지 않으면 ×표를 하십시오.
1) 김민호 씨는 스미스 씨만 집으로 초대하고 싶어한다.
2) 스미스 씨는 알베르 씨와 같이 김민호 씨의 집에 가고 싶지 않다.
3) 김민호 씨는 설날에 친구들에게 빈대떡과 떡국을 준비할 것이다.
4) 정월에 친척이나 친구들이 한데 모여 다같이 즐기는 놀이가 연날리기다.
5) 세배하기 전에 아이들끼리 밖에서 즐겁게 연날리기를 한다.

4. 본문 내용을 듣고 물음에 답하십시오.

5. 다음은 무엇에 대해 말하고 있습니까? 알맞은 것을 고르십시오.
1) 남자 : 내일이 쉬는 날이에요?
   여자 : 네. 내일은 스승의 날이라서 쉬어요.
2) 여자 : 침대, 책상, 의자,…… 방에 필요한 것은 거의 다 있네요.
   남자 : 네. 옷장만 사면 될 거예요.
3) 남자 : 이거 언제 찍은 거예요?
   여자 : 대학 졸업 여행 때에 베이징에서 찍은 거예요.

6. 다음을 잘 듣고 대화 내용과 같은 것을 고르십시오.
1) 남자 : 죄송하지만 문 좀 닫아 주세요.
   여자 : 네, 알겠습니다
2) 여자 : 민호 씨, 이게 뭐예요?
   남자 : 아, 이거요? 제 중국어 사전이에요. 동생에게 줄 거예요.
   여자 : 동생도 중국어를 공부해요?
   남자 : 네, 지난달부터 하고 있어요.
3) 여자 : 이번 주말에 컴퓨터 사러 가요. 같이 가 줄 수 있어요?
   남자 : 토요일은 친구 약혼식이 있어서 안 돼요.
   여자 : 그럼 일요일은 어때요?
   남자 : 오전에 약속이 있지만 네 시부터는 괜찮아요.
4) 여자 : 이곳에서 노래 연습을 할 수 있어요?
   남자 : 네, 그렇지만 오늘은 끝났습니다. 토요일이어서 다섯 시까지만 문을 엽니다.
   여자 : 그럼 내일은요?
   남자 : 내일은 열지 않습니다. 그렇지만 평일에는 오후 아홉 시까지 여니까 그때 오십시오.
5) 남자 : 실례합니다. 여기에서 여의도로 가는 지하철이 있어요?
   여자 : 한 번에 가는 지하철이 없고 갈아타야 해요.
   여자 : 그럼 어떻게 해야 돼요?
   남자 : 먼저 2호선을 타고 서울역에서 5호선으로 갈아타세요.

7. 다음 내용을 잘 듣고 질문에 답하십시오.
광주에서 김치 축제가 열립니다. 한국에 사는 외국인들에게 맛있는 김치를 소개하는 축제입니다. 여러분이 김치를 직접 만드는 행사도 있습니다. 제일 맛있는 김치를 만든 분에게는 상품도 드립니다. 여러분이 만든 김치는 모두 포장해서 집에 가져가실 수 있습니다.

김치 만들기 축제에 참가하실 분들은 11월 5일까지 신청해 주세요. 참가 신청은 전화나 광주 시청 홈페이지를 이용해 주세요.

여러분의 많은 참가를 바랍니다.

일시 : 11월 20일 토요일 오후 1시-5시
장소 : 시민공원 국화정원
참가비 : 10,000원
교통 : 시청 버스 (시청 앞 12시 10분 출발)

제2과 추석

본문 들어가기 (课文视听)

1. 대화: 추석에는 특별한 음식을 먹나요?

스미스: 아이들이 모두 때때옷을 입었군요. 치마 저고리며, 바지 저고리며, …오늘이 무슨 명절입니까?
김철수: 네, 오늘이 추석입니다. 추석을 한가위라고도 하지요.
스미스: 추석이 아주 큰 명절인가 보지요?
김철수: 그럼요. 한국에서는 설날과 단오와 추석이 제일 큰 명절이에요.
스미스: 좀 아시는 대로 말씀해 주시겠어요?
김철수: 네. 추석은 미국의 추수감사절과 비슷해요.
스미스: 이 날에 제사 같은 것을 지내나요?
김철수: 그럼요. 추석에 지내는 제사를 차례라고 해요. 차례를 지낸 뒤에 성묘하러 가지요.
스미스: 추석에는 특별한 음식을 먹나요?
김철수: 그럼요, 송편 같은 것을 만들어 먹지요. 토란국도 추석에 먹는 거구요.
스미스: 풍습이란 참 재미있군요.

2. 글: 추석은 설과 함께 한국의 가장 큰 명절이다

음력으로 팔월 십오일은 추석이다. 이 날은 한가위 또는 중추절이라고도 하는데 설과 함께 한국의 가장 큰 명절이다. 추석이 가까워지면 고향에서 집안식구들과 지내려는 귀성객들로 역마다 큰 혼잡을 이룬다. 추석은 수확을 하는 계절이고 일년 중 달이 가장 밝은 날이어서 풍요롭고 흥겨운 명절이다.

이 날 조상을 기리며 차례를 지내고 성묘를 한 다음 새로 나온 과일과 곡식을 나누어 먹는다. 대표적인 추석 음식으로 송편이 있다. 송편은 반달모양으로 빚어 만드는데 떡 맛과 깨나 콩으로 된 소의 맛이 한데 어울려 명실공히 한국 떡의 맛을 대표한다고 말할 수 있다.

연습문제 (练习)

1. 새로 배운 문법으로 만든 문장을 받아 쓰십시오.

가) 밖에 비가 오는가 봐요.
나) 사장님의 딸은 무척 착한가 봅니다.
다) 오늘은 쉬는 날인가 봐요.
라) 그 드라마가 어땠나요?
마) 집 주소를 바꾸었나요?
바) 거기에 가면 뭘 볼 수 있나요?
사) 인생이란 길고도 짧은 것이다.

아) 소중한 선물이란 마음과 정성이 담기는 것이다.
자) 행복이란 가까운 곳에 있는 것입니다.

2. **다음을 잘 듣고 빈칸을 채우십시오.**
   1) 오늘이 추석입니다. 추석을 (한가위)라고도 하지요.
   2) 추석이 아주 큰 (명절인가) 보지요?
   3) 좀 (아는 대로) 말씀해 주시겠어요?
   4) 추석은 미국의 (추수감사절)과 비슷해요.
   5) 차례를 지낸 뒤에 (성묘하러) 가지요.
   6) (풍습이란) 참 재미있군요.
   7) 추석이 (가까워지면) 고향에서 집안식구들과 지내려는 (귀성객)들로 역마다 큰 혼잡을 이룬다.
   8) 대표적인 추석 음식으로 (송편)이 있다.

3. **다음을 잘 듣고 본문과 맞으면 ○표, 맞지 않으면 ×를 하십시오.**
   1) 스미스 씨는 한국의 명절을 잘 압니다.
   2) 스미스 씨는 한국의 풍습에 대해서 관심이 많다.
   3) 추석은 한국의 가장 큰 명절 중의 하나다.
   4) 추석에는 송편뿐만 아니라 토란국도 많이 먹습니다.
   5) 추석을 지내고 나서 성묘합니다.
   6) 송편은 달모양으로 빚어 만든다.

4. **본문 내용을 듣고 물음에 답하십시오.**

5. **다음은 무엇에 대해 말하고 있습니까? 알맞은 것을 고르십시오.**
   1) 가 : 누구예요?
      나 : 이 사람은 형이고, 이 사람은 동생이에요.
   2) 남자 : 이건 제 머리에 안 맞는 것 같아요. 좀 커요.
      여자 : 그럼 이걸로 한 번 써 보세요.
   3) 여자 : 저는 요리하기를 좋아해요. 민수 씨는요?
      남자 : 저는 시간이 있을 때마다 산에 가요.

6. **다음을 잘 듣고 대화 내용과 같은 것을 고르십시오.**
   1) 여자 : 민호 씨, 어제 모임에 왜 안 왔어요?
      남자 : 미안해요. 많이 기다렸지요? 머리가 아파서 못 갔어요.
   2) 남자 : 가족이 몇 명이에요?
      여자 : 아버지하고 어머니 그리고 여동생이 한 명 있어요. 민호 씨도 동생이 있지요?
      남자 : 아니요, 누나만 한 명 있어요. 우리 부모님하고 누나는 모두 부산에 있어요.
   3) 여자 : 운전을 배우고 싶은데, 아침이나 저녁에도 배울 수 있어요?
      남자 : 네, 아침 출근 전과 저녁 퇴근 후에 배울 수 있습니다. 그런데 이번 달은 사람이 많아서 아침밖에 안 됩니다.
      여자 : 저녁에 배우려면 어떻게 해야 돼요?
      남자 : 그러면 다음 달에 배우십시오.
   4) 남자 : 오늘도 친구하고 농구하기로 한 약속을 잊어버려서 친구가 화가 많이 났어요.
      여자 : 약속을 잊어버리지 않으려면 휴대폰이나 수첩에 메모를 하세요. 나도 약속을 잊어버릴 때가 많았는데 그렇게 하고부터 약속을 잘 지키게 되었어요.
   5) 남자 : 집이 참 좋네요. 여기서 산 지 얼마나 됐어요?
      여자 : 이 년 됐어요. 그런데 새해 후에 이사 가요.

남자 : 왜요? 이 집 정말 좋은데요.
여자 : 저도 이 집이 좋지만 학교에서 너무 멀어서 다니기가 힘들어요.

7. 다음 내용을 잘 듣고 질문에 답하십시오.

이사를 간 물고기

　일요일 아침, 영수는 아버지의 고향 마을인 샘골로 가는 버스를 탔습니다. 차창 밖으로 보이는 시골 풍경이 아름다웠습니다.
　"영수야, 아버지는 어렸을 때 냇가에서 재미있게 놀았단다. 물고기도 잡으면서 말이야."
　"지금도 물고기가 살고 있겠지요?"
　영수는 물고기가 즐겁게 노는 모습을 볼 수 있다는 생각에 기뻤습니다. 차가 너무 천천히 간다고 생각하였습니다.
　버스에서 내려 샘골 마을로 향하였습니다. 길가의 꽃들이 방긋방긋 인사를 하는 것 같았습니다. 냇가에 다다랐을 때였습니다. 냄새가 났습니다. 냇물에서 나는 냄새였습니다.
　"어, 언제부터 이렇게 되었지?"
　아버지가 깜짝 놀라셨습니다.
　"아빠, 물고기가 살고 있을까요?"
　"냇물이 더러워졌으니 물고기도 다른 곳으로 이사를 갔을 거야."
　냇물을 바라보는 아버지의 얼굴 표정이 어두워졌습니다.
　맑은 물과 뛰어노는 물고기를 볼 수 없었습니다. 영수는 속이 상하였습니다. 집에 돌아온 영수는 낮에 있었던 일을 떠올리며 일기를 썼습니다.

제3과　문화

본문 들어가기 (课文视听)

1. **대화: 예술의 전당이 어디 있어요?**
   마이클: 실례합니다. 예술의 전당은 어디로 가지요?
   아가씨: 글쎄요. 저도 이곳이 처음이어서 잘 모르겠어요. 저 가게에서 한 번 물어 보세요.
   마이클: 아저씨, 예술의 전당이 어디 있어요?
   아저씨: 이 길로 똑바로 가다가 지하도를 건너가세요.
   마이클: 한참 가야 해요?
   아저씨: 15분쯤 걸어가면 새 건물이 보여요.
   마이클: 아저씨, 고맙습니다.

2. **글: 여러 나라의 우표**
   　우표는 나라마다 다릅니다. 사람들은 멋있고 아름다운 우표를 만들기 위하여 노력합니다. 우리가 흔히 보는 우표는 작고 네모난 모양입니다. 그러나 길쭉한 우표, 둥근 우표, 동물이나 물건의 모양을 본뜬 우표도 있습니다.
   　우표에는 여러 가지 내용이 들어가서 우표를 모으는 것을 좋아하는 사람들도 많습니다. 우리는 우표에서 훌륭한 인물, 월드 컵과 같은 큰 행사, 사라져 가는 동물이나 식물 등을 볼 수 있습니다. 나라마다 우표의 모양이나 내용이 다르기 때문에, 여러 나라의 우표를 모으면 그 나라에 대하여 더 잘 알 수 있습니다.

녹음대본

연습문제 (해답)

1. 새로 배운 문법으로 만든 문장을 받아 쓰십시오.
   가) 이번 기회는 마지막이어서 꼭 잡아야 해요.
   나) 귀중한 사진이어서 잘 보관할 거예요.
   다) 내일은 휴일이어서 등산을 갈 생각이에요.
   라) 백화점은 비싸서 시장에 갑니다.
   마) 늦게 일어나서 학교에 늦었습니다.
   바) 버스에서 내려서 지하철을 또 타십시오.
   사) 더 공부하기 위해서 유학을 갑니다.
   아) 영어를 공부하기 위해서 이 사전을 샀습니다.
   자) 집을 사기 위해서 돈을 모읍니다.

2. 다음을 잘 듣고 빈칸을 채우십시오.
   1) 실례합니다. (예술의 전당)은 어디로 가지요?
   2) 이 길로 (똑바로) 가다가 지하도를 건너가세요.
   3) 우리가 (흔히)보는 우표는 작고 네모난 모양입니다.
   4) 동물이나 물건의 모양을 (본뜬) 우표도 있습니다.
   5) 우리는 우표에서 훌륭한 인물, (월드 컵)과 같은 큰 행사 등을 볼 수 있습니다.
   6) 여러 나라의 우표를 (모으면) 그 나라에 대하여 더 잘 알 수 있습니다.

3. 다음을 잘 듣고 본문과 맞으면 ○표, 맞지 않으면 ×를 하십시오.
   1) 마이클 씨는 예술의 전당의 위치를 잘 압니다.
   2) 아가씨는 예술의 전당의 위치를 알려주었습니다.
   3) 우표는 모양이나 들어가는 내용이 나라마다 같지 않습니다.
   4) 우리는 우표에서 훌륭한 인물, 월드 컵과 같은 큰 행사만 볼 수 있습니다.
   5) 여러 나라의 우표를 모으면 그 나라에 대하여 더 잘 알 수 있습니다.

4. 본문 내용을 듣고 물음에 답하십시오.

5. 다음을 듣고 대화 내용과 같은 것을 고르십시오.
   1) 남자 : 요즘 한국어를 공부해요?
      여자 : 네. 한국 친구한테서 한국어를 배워요.
   2) 여자 : 민수 씨, 지금 기숙사에 살지요? 어때요?
      남자 : 방도 넓고 아주 편해요.
      여자 : 저도 기숙사에 살고 싶어요. 우리 집은 학교하고 너무 멀어요.
   3) 여자 : 안녕하세요. 제가 휴대전화를 잃어버렸는데요. 며칠 동안 전화기를 빌려 쓰고 싶어요.
      남자 : 네, 손님. 여기 있습니다. 그런데 이 전화기는 인터넷은 사용할 수 없습니다.
      여자 : 네, 알겠어요. 그런데 빌리는 건 돈은 안 내도 되죠?
      남자 : 네, 무료입니다. 지금 바로 사용하시겠어요?
      여자 : 네, 바로 사용할 거예요. 근데 까만색 말고 하얀색은 없어요?
      남자 : 죄송하지만 다른 색은 없습니다.

6. 다음을 잘 듣고 대화 내용과 같은 것을 고르십시오.
   1) 남자 : 오늘 같이 배드민턴 칠래요?
      여자 : 오늘 저녁에 약속이 있어요. 다음에 해요.
   2) 여자 : 실례합니다. 이 근처에 우체국이 있어요?

남자 : 이쪽으로 가세요. 그러면 오른쪽에 파란색 건물이 있어요. 우체국은 그 건물 일 층에 있어요.
　　　여자 : 파란색 건물 일 층요? 감사합니다.
　3) 남자 : 어, 미란 씨. 쇼핑하러 왔어요?
　　　여자 : 네. 옷을 사러 왔어요. 민호 씨는요?
　　　남자 : 저는 친구 생일 선물을 샀어요. 이제 가려고요.
　　　여자 : 그래요? 그럼 다음에 봐요.
　4) 여자 : 민호 씨, 평화공원 산책길 가 봤어요?
　　　남자 : 네, 저는 집이 가까워서 자주 가요.
　　　여자 : 저도 가 보고 싶은데 어느 길이 좋아요?
　　　남자 : 평화공원 놀이터 뒷길이 조용하고 힘들지 않아서 좋아요.
　5) 남자 : 어, 가방 한 개가 없어요.
　　　여자 : 무슨 가방요? 어, 정말 검은색 가방이 없네요. 아까 버스 안에서는 봤는데….
　　　남자 : 제 의자 위에 있었는데 안 가지고 내린 것 같아요. 어떻게 하지요?
　　　여자 : 다시 터미널로 가 봐요. 거기에서 물어보는 게 좋겠어요.

7. 다음 내용을 잘 듣고 질문에 답하십시오.
　여자 : 한국에서 시험공부하는 자녀들과 같이 밤을 새우는 어머니들도 있다면서요?
　남자 : 많지요. 다른 나라 사람들 눈에는 좀 이상하게 보일 것이지만.
　여자 : 사람들이 교문에다가 무엇을 붙이고 있는데 뭡니까?
　남자 : 엿이나 찰떡이에요. 미신인 줄 알면서도 잘 붙으라고 옛날부터 그렇게 해 왔어요.
　여자 : 자녀들을 위하는 부모님의 마음이 참 대단하군요.
　남자 : 그 뿐만이 아니에요. 시험보는 날엔 미역국 같은 것을 절대로 안 먹인다고 합니다.
　여자 : 아, 그래서 떨어지면 미역국을 먹었다고 하는군요. 하여튼 부모님들의 정성에 고개가 숙여집니다.

8. 다음을 잘 듣고 이어질 수 있는 말을 고르십시오.
　1) 남자: 허리는 맞는 것 같은데 길이가 좀 긴데요.
　　　여자: 그건 줄여 드립니다. 이 걸로 하시지요.
　　　남자: 네, 그런데 내일 꼭 입어야 하는데 오늘 해 주실 수 있나요?
　2) 의사: 어떻게 오셨어요?
　　　환자: 어제 밤부터 기침이 났는데 지금은 목이 부어서 밥도 못 먹겠어요.
　　　의사: 열도 있어요?
　　　환자: 네, 열도 나고 머리도 아파요.
　3) 가: 어제 어디 갔었니?
　　　나: 동생하고 같이 극장에 갔었어.
　　　가: 그래? 나도 어제 너한테 영화 보러 가자고 전화했는데.
　4) 가: 와, 여기 멋있는데 사진이나 한장 찍고 가자.
　　　나: 그래. 그럼 저기 가서 서봐. 내가 찍어 줄게.

제4과 안내

본문 들어가기 (課文視听)

1. 대화: 안내 방송

　　　희선과 다나카는 수업을 마친 후, 동대문시장에 가기로 했다. 그 곳에 가려면 지하철이 제일 편리하다고 생각했다. 버스를 타고 2호선 역인 서울대입구까지 갔다. 표 파는 곳에는 많은 사람들이 줄을 서서 기다리고 있었다. 그들이 표를 산 후 계단을 내려가자 안내 방송이 나왔다.

　　　"지금 막 열차가 도착하고 있습니다. 승객 여러분께서는 안전선 뒤로 한 걸음 물러서 주시기 바랍니다."

다나카: 말이 빨라서 무슨 소리인지 잘 모르겠어요. 안전선이 뭐지요?
희　선: 이 노란 줄이 바로 안전선이에요. 열차에 가까이 가면 위험하니까 조심하라고 그어 놓은 선이에요.
다나카: 아, 알겠어요. 빨리 탑시다.
희　선: 저기 빈 자리가 있으니 앉읍시다. 오늘은 재수가 좋군요.
다나카: 가만 있어 보세요. 안내 방송이 또 들리는데요.

　　　"다음 역은 시청, 시청 역입니다. 내리실 문은 오른 쪽입니다. 계속해서 서울 역, 상계 방면으로 가실 분은 4호선으로 갈아타시기 바랍니다."

희　선: 이번엔 잘 알아들었지요?

2. 글: 기숙사 규칙 안내

　　　자, 여러분. 자리에 앉아 주세요.
　　　반갑습니다. 저는 기숙사 조교 이선화입니다.
　　　오늘 기숙사에 들어온 여러분을 환영합니다.
　　　기숙사에는 많은 사람들이 함께 살기 때문에 몇 가지 규칙이 있습니다. 잘 들으시고 꼭 지켜 주시기 바랍니다.
　　　첫째, 기숙사에는 열두 시 전까지 들어오세요. 열두 시에 기숙사 문을 닫기 때문에 열두 시 이후에는 들어오지 못합니다.
　　　둘째, 방 안에서는 요리를 하지 마세요. 기숙사 1층 휴게실 옆에 조리실이 있습니다. 요리는 조리실에서만 하십시오.
　　　셋째, 음악이나 텔레비전을 크게 틀지 마세요. 다른 사람들한테 방해가 됩니다.
　　　넷째, 기숙사는 금연 건물이기 때문에 기숙사 안에서 담배를 피우지 못합니다.
　　　다섯째, 기숙사 1층 휴게실에는 여러 잡지나 신문이 있으니 언제든지 보십시오. 하지만 휴게실의 책이나 신문을 방으로 가져가지 마십시오.
　　　이 다섯 가지 규칙을 꼭 지켜서 즐거운 기숙사 생활을 합시다.

연습문제 (練习)

1. 새로 배운 문법으로 만든 문장을 받아 쓰십시오.

가) 선생님께서는 본문을 다 외워야 한다고 합니다.
나) 그는 여자 친구가 아주 예쁘다고 했습니다.
다) 학생들은 시험지를 받자 바로 문제들을 풀기 시작했어요.
라) 아버님이 집에 들어오자 아이들이 인사를 했어요.
마) 그가 의사인지는 잘 몰라요.
바) 이 지갑은 누구의 것인지 아무도 몰랐어요.

사) 길이 미끄러우니까 조심하세요.
아) 날씨가 더우니까 아무데도 안 갔어요.
자) 선생님은 교실에 들어와서 학생들에게 앉으라고 했어요.
차) 엄마가 동생에게 아이스크림을 사 주라고 했습니다.

2. 다음을 잘 듣고 빈칸을 채우십시오.
    1) 희선과 다나카는 수업을 (마친 후), 동대문시장에 가기로 했다.
    2) 버스를 타고 2호선 역인 (서울대입구)까지 갔다.
    3) 표 파는 곳에는 많은 사람들이 (줄을 서서) 기다리고 있었다.
    4) 그들이 표를 산 후 (계단을 내려가자) 안내 방송이 나왔다.
    5) 열차에 가까이 가면 위험하니까 조심하라고 (그어 놓은) 선이에요.
    6) 가만 있어 보세요. 안내 방송이 또 (들리는데요).
    7) 상계 방면으로 가실 분은 4호선으로 (갈아타시기) 바랍니다.
    8) 음악이나 텔레비전을 크게 (틀지 마세요).

3. 다음을 잘 듣고 본문과 맞으면 ○표, 맞지 않으면 ×표를 하십시오.
    1) 희선과 다나카는 수업을 마친 후, 동대문시장에 가려고 합니다.
    2) 희선과 다나카는 버스를 타고 동대문시장으로 가기로 했습니다.
    3) 다나카는 처음부터 안내 방송을 잘 알아들었습니다.
    4) 다나카는 안전선이 무엇인지 잘 몰랐습니다.
    5) 밤 12시가 넘어서도 기숙사에 들어갈 수 있습니다.
    6) 기숙사의 아무곳에서나 요리를 할 수 없습니다.
    7) 휴게실의 신문을 방으로 가져갈 수 있지만 책은 가져갈 수 없습니다.

4. 본문 내용을 듣고 물음에 답하십시오.

5. 다음을 듣고 대화 내용과 같은 것을 고르십시오.
    1) 여자 : 돈을 찾으려고 하는데 근처에 은행이 있어요?
       남자 : 네. 이쪽으로 쭉 가면 있어요.
    2) 남자 : 손님, 미술관으로 사진기를 가지고 들어오시면 안 됩니다.
       여자 : 어, 몰랐어요. 죄송해요. 그럼 이 사진기는 어떻게 할까요?
       남자 : 입구에 사진기 맡기는 곳이 있습니다.
    3) 남자 : 미란 씨는 요즘 주말에도 바쁜 것 같아요.
       여자 : 네, 좀 바빠요. 일요일마다 과자 만드는 걸 배우고 있어서요.
       남자 : 과자를 직접 만들어요? 재미있겠네요.
       여자 : 정말 재미있어요. 만드는 방법도 생각보다 어렵지 않고요.

6. 다음을 잘 듣고 대화 내용과 같은 것을 고르십시오.
    1) 남자 : 어제 경미 씨 결혼식에 왜 안 왔어요?
       여자 : 회사에 일이 너무 많았어요.
    2) 여자 : 일요일에 한국에서 친구가 와요.
       남자 : 아, 그래요? 뭐 할 거예요?
       여자 : 만리장성에 갈 거예요. 거기에서 재미있게 놀 거예요.
    3) 남자 : 사진 속 이 사람이 동생이에요? 미란 씨랑 많이 닮았네요.
       여자 : 네. 그런 이야기 많이 들었어요.
       남자 : 그런데 미란 씨보다 키가 좀 커 보여요.
       여자 : 네. 저보다 조금 더 커요.

4) 여자 : 정민 씨, 오늘 회의 시간을 저녁 다섯 시로 바꿀 수 있어요?
   남자 : 어떡하지요? 오늘은 일찍 퇴근해야 해요.
   여자 : 그러면 내일은 어때요?
   남자 : 내일은 괜찮아요. 그럼 회의 준비는 내일 해도 되겠네요.
5) 남자 : 미란 씨는 배구를 한 지 얼마나 됐어요?
   여자 : 일 년쯤 됐어요.
   남자 : 저는 배구를 처음 할 때 힘들었는데, 미란 씨는 괜찮았어요?
   여자 : 배우기 시작했을 때는 손목이 많이 아팠지만 지금은 괜찮아졌어요.

7. 다음 내용을 잘 듣고 질문에 답하십시오.
   선생님 : 다음주 금요일에 시험을 보겠어요. 질문이 있으면 해 보세요.
   학   생 : 선생님, 시험에 대해서 좀 더 자세히 설명해 주세요.
   선생님 : 쓰기, 말하기, 듣기, 읽기 네 가지 시험을 볼 겁니다.
   학   생 : 몇 과까지 공부하면 됩니까?
   선생님 : 5과부터 20과까지 공부하면 돼요.
   학   생 : 그럼, 시험 준비는 어떻게 해야 하나요?
   선생님 : 교과서를 여러 번 읽고, 될 수 있으면 외우도록 하세요. 배운 것만 열심히 하면, 좋은 점수를 받을 수 있을 거예요.

제5과   정보

본문 들어가기 (课文视听)

1. **대화: 정보 획득**

   강민호: 스미스 씨, 요즘 무슨 일 있어요?
   스미스: 실은 선생님께서 시키신 일이 하나 있는데, 어떻게 해야 될지 몰라서요.
   강민호: 무슨 일인데요?
   스미스: 취직 현황 조사를 이번 주까지 정리해서 보고하라고 하셨어요.
   강민호: 큰일이네요. 일이 적지 않을 텐데, 얼마나 했어요?
   스미스: 조사설문지를 졸업반 학생들에게 다 보냈어요.
   강민호: 그러면 결과가 오는 대로 정리하기만 하면 되지요. 뭐가 걱정이에요?
   스미스: 어떻게 보고서를 작성해야 될지 몰라서요.
   강민호: 나한테 좋은 생각이 있어요. 작년에 보고한 게 있으니까 그걸 참고하면 될 거예요.
   스미스: 그래요? 그럼 그걸 찾아봐야겠네요. 혹시 어디에 있는지 아세요?
   강민호: 학과 자료실에 있을 거예요. 웬만한 자료는 다 거기에 있으니까요.

2. **글: 정보 매체에 대하여**

   우리는 보통 텔레비전과 신문, 인터넷 등을 통해 뉴스를 듣습니다. 사람들에게 가장 쉽고 편리하게 뉴스를 전해 주는 매체는 텔레비전입니다. 하지만 텔레비전 뉴스는 소식을 짧게 전달하기 때문에 자세한 내용은 알 수 없습니다. 더 자세한 내용을 알고 싶으면 신문을 보는 것이 좋습니다. 최근에는 컴퓨터 환경의 발달로 인터넷을 이용하는 사람들이 늘고 있습니다. 인터넷은 다른 매체에 비해 새로운 소식을 빠르게 전달합니다. 이 밖에 라디오를 듣는 경우도 있는데, 특히 운전을 할 때나 여행을 갔을 때 라디오는 아주 중요한 정보 매체가 됩니다.

연습문제 (練習)

1. 새로 배운 문법으로 만든 문장을 받아 쓰십시오.
   가) 빈 자리가 없을 텐데 어떻게 하지요?
   나) 오후에 비가 올 텐데, 우산을 가져 가세요.
   다) 열심히 배우기만 하면 한국어 실력이 늘어날 거예요.
   라) 학생이 공부를 안 하고 놀기만 하면 안 되지요.
   마) 시간이 다 돼서 이제 집에 가야겠어요.
   바) 자기를 위해서라도 지금부터 열심히 공부해야겠어요.

2. 다음을 잘 듣고 빈칸을 채우십시오.
   1) 실은 선생님께서 (시키신 일)이 하나 있는데, 어떻게 해야 될지 몰라서요.
   2) (취직 현황 조사)를 이번 주까지 정리해서 보고하라고 하셨어요.
   3) 일이 (적지 않을 텐데), 얼마나 했어요?
   4) (조사설문지)를 졸업반 학생들에게 다 보냈어요.
   5) 그러면 결과가 (오는 대로) 정리하기만 하면 되지요.
   6) (학과 자료실)에 있을 거예요. (웬만한 자료)는 다 거기에 있으니까요.
   7) 텔레비전 뉴스는 소식을 (짧게 전달하기 때문에) 자세한 내용은 알 수 없습니다.
   8) 최근에는 (컴퓨터 환경의 발달)로 인터넷을 이용하는 사람들이 늘고 있습니다.
   9) 인터넷은 다른 (매체에 비해) 새로운 소식을 빠르게 전달합니다.

3. 다음을 잘 듣고 본문과 맞으면 ○표, 맞지 않으면 ×표를 하십시오.
   1) 스미스 씨는 취직을 못해서 고민을 하고 있습니다.
   2) 민호 씨는 선생님께서 시키신 일을 어떻게 할지 몰라서 고민을 하고 있습니다.
   3) 스미스 씨는 취직 현황 조사 보고서를 작성하기 위해서 설문조사지를 만들었습니다.
   4) 스미스 씨는 졸업반 학생에게 보내준 설문조사지를 아직 못 받았습니다.
   5) 스미스 씨는 취직 현황 조사 보고서를 작성하기 위한 좋은 방법을 찾았습니다.

4. 본문 내용을 듣고 물음에 답하십시오.

5. 다음을 듣고 대화 내용과 같은 것을 고르십시오.
   1) 여자 : 초여름이 되지만 아침 저녁에는 아직도 쌀쌀하네요.
      남자 : 네. 저는 밤에 옷을 얇게 입어서 감기에 걸렸어요.
      여자 : 그래서 저는 밖에 나올 때 긴팔 옷을 한 벌 가지고 와요.
   2) 여자 : 운전을 배워야 하는데요. 회사 일이 늦게 끝나서 갈 시간이 없어요.
      남자 : 요즘은 주말에도 운전을 배울 수 있어요. 저도 주말에 운전을 배웠어요.
      여자 : 그래요? 어디로 가면 돼요?
      남자 : 주말에 운전을 배우는 곳이 많은데 인터넷에서 찾아보고 가까운 곳으로 가세요.
   3) 여자 : 여보세요. 민호 씨, 밤늦게 죄송한데요. 출장 자료 좀 이메일로 보내 줄 수 있어요?
      남자 : 아, 제가 지금 밖에 있는데요. 집에 가서 바로 보내 드릴게요.
      여자 : 바쁘시면 다른 분께 부탁해 볼게요.
      남자 : 아니에요. 지금 집에 가고 있어요.

6. 다음을 듣고 남자의 중심 생각을 고르십시오.
   1) 남자 : 여기는 공원 안에 호수가 있네요.
      여자 : 네. 그래서 저녁에 산책하러 오는 사람들이 많아요.
      남자 : 공원에 있는 길을 따라서 걸으면 운동도 되겠는데요. 우리 집 근처에도 이런 곳이 있으면 좋겠어요.

여자 : 그럼, 산책하고 싶을 때 놀러 와요.
2) 여자 : 오늘 영화 정말 재미있었지요?
   남자 : 네. 근데 너무 앞자리라서 목이 좀 아팠어요. 영화관도 불편한 자리는 값을 좀 깎아 줘야 되는 거 아니에요?
   여자 : 맞아요. 앞자리나 뒷자리는 영화 볼 때 좀 불편하죠.
   남자 : 사실 연극이나 뮤지컬은 자리마다 값이 좀 다르잖아요.
3) 여자 : 민호 씨, 왜 이쪽 길로 가세요? 저쪽 길이 더 빠른데…
   남자 : 오늘 시민 걷기 대회가 있어서 저 길로는 못 가요.
   여자 : 지금 시간에 걷기 대회를 해요? 평일 아침이라 차도 많은데 길이 많이 막히겠네요.
   남자 : 길이 좀 복잡하기는 하겠지만 어쩔 수 없죠.

7. 다음을 듣고 물음에 답하십시오.
   여자 : 마이클 씨, 다음 주말에 '사랑나누기' 모임이 있는데 같이 갈래요?
   남자 : '사랑나누기'요? 그게 뭐예요?
   여자 : 혼자 사시는 할머니들을 도와 드리는 모임이에요.
   남자 : 아, 그래요? 근데 무슨 일을 도와 드려요?
   여자 : 청소를 하거나 음식을 만들어 드려요. 이번 주말엔 호박죽을 끓여서 드릴 거예요.
   남자 : 좋은 일을 하시네요. 저도 이번 모임에 가 보고 싶어요. 호박죽을 끓여 본 적은 없지만 열심히 해 볼게요.

제6과   정보화 시대

본문 들어가기 (課文視听)

1. 대화: 한글 입력하기
   강민호: 철수야, 며칠 전에 전자 랜드에 가더니 컴퓨터 한 대 사왔구나.
   김철수: 응, 장학금을 받아서 샀어.
   강민호: 이젠 컴퓨터로 리포트를 쓸 수 있게 되었구나.
   김철수: 그래, 이젠 컴퓨터 화면에서 문서를 삭제, 삽입, 수정, 보충 등을 할 수 있어. 그리고 이미 입력한 문서를 저장하였다가 다시 불러 올 수도 있고 프린트도 할 수 있어.
   강민호: 그럼 정말 편하게 되었구나.
   김철수: 그래, 이젠 책 편집이나 문서 작성은 모두 컴퓨터로 할 수 있으니까.
   강민호: 그런데 한글과 한자, 영문 등을 어떻게 동시에 입력할 수 있어?
   김철수: 지금은 여러 가지 운영체계가 개발되어 있는데 그 중에서 마이크로 소프트 윈도우즈 xp를 설치해서 사용하면 돼.
   강민호: 한글은 어떻게 입력해?
   김철수: 내가 도와줄게. 먼저 키보드에 적혀 있는 한글 자모를 잘 익혀.

2. 글: 정보화 사회
   정보화 사회는 정보의 역할이 중요시되는 사회를 말한다. 정보화 사회에서는 정보가 사회 전체의 발전을 이끄는 힘이 된다. 그렇기 때문에 새롭고 다양한 정보를 얼마나 빨리 얻는가가 개인과 국가의 경쟁력을 결정한다.
   정보화 사회는 컴퓨터의 등장과 함께 시작되었다. 컴퓨터는 텔레비전, 라디오 등과 달리 그림, 음악, 문자, 영상 등 여러 형태의 정보를 한꺼번에 처리할 수 있다. 인터넷, 온라인 서비스, 기업 네트워크 등의 발달은 시간과 장소의 벽을 없애고 있다. 우리는 이제 언제 어디서나 원하는 정보를 쉽게 얻을 수 있고, 먼 곳에 있는 사람과도 컴퓨터를 통해 회의나 채팅을 할 수 있다. 컴퓨터가 고도로 발달하면서 상상에서만 가능했던 일들이 현실로 이루어지고 있다.

하지만 정보화 사회에도 부정적인 면은 있다. 사생활 침해, 가족 간의 대화 단절, 사이버 범죄의 증가 등이 그것이다.

연습문제 (练习)

1. 새로 배운 문법으로 만든 문장을 받아 쓰십시오.
   가) 지현아, 내일 같이 갈 거지?
   나) 철수야, 빨리 먹고 학교에 가.
   다) 어제는 몹시 피곤하더니 오늘은 몸이 아주 가볍습니다.
   라) 물을 많이 마시더니 화장실에 자주 가네요.
   마) 너무 일찍 와서 아직 도서관 문이 닫혀 있어요.
   바) 사람에 따라서 생각이 달라요.
   사) 날씨에 따라서 내일 행사를 할지 결정하겠습니다.
   아) 내일 눈이 온다면 비행기가 뜨지 못할 텐데.
   자) 밥이 없다면 국수라도 끓여 먹지요.

2. 다음을 잘 듣고 빈칸을 채우십시오.
   1) 며칠 전에 (전자 랜드)에 가더니 컴퓨터 한 대 사왔구나.
   2) 이젠 컴퓨터로 (리포트)를 쓸 수 있게 되었구나.
   3) 이젠 컴퓨터 화면에서 문서를 (삭제, 삽입), 수정, 보충 등을 할 수 있어.
   4) 이미 (입력한 문서)를 저장하였다.
   5) 먼저 키보드에 (적혀 있는) 한글 자모를 잘 익혀.
   6) 정보화 사회는 정보의 역할이 (중요시되는) 사회를 말한다.
   7) 그렇기 때문에 (새롭고 다양한) 정보를 얼마나 빨리 얻는가가 개인과 국가의 경쟁력을 결정한다.
   8) 우리는 이제 (언제 어디서나) 원하는 정보를 쉽게 얻을 수 있다.

3. 다음을 잘 듣고 본문과 맞으면 ○표, 맞지 않으면 ×표를 하십시오.
   1) 강민호 씨는 이젠 컴퓨터로 리포트를 쓸 수 있게 되었다.
   2) 김철수 씨는 이젠 책 편집이나 문서 작성은 모두 컴퓨터로 한다.
   3) 김철수 씨는 한글과 한자, 영문 등을 어떻게 동시에 입력하는지를 잘 알고 있다.
   4) 정보화 사회는 텔레비전의 등장과 함께 시작되었다.
   5) 텔레비전은 그림, 음악, 문자, 영상 등 여러 형태의 정보를 한꺼번에 처리할 수 있다.

4. 본문 내용을 듣고 물음에 답하십시오.

5. 다음 대화를 듣고 이어질 수 있는 말을 고르십시오.
   1) 여자 : 제가 몇 시쯤 전화하는 게 좋겠어요?
      남자 : _____
   2) 남자 : 어제 잠을 못 자서 너무 피곤해요. 일을 끝내야 하는데 졸려서 걱정이에요.
      여자 : _____
   3) 여자 : 어디를 그렇게 빨리 가세요?
      남자 : 기숙사예요. 와이셔츠에 바지에, 오늘 빨아야 하는 것이 너무 많아요.
      여자 : 세탁기에 넣고 빨래하면 되잖아요.
      남자 : _____

6. 다음을 듣고 대화 내용과 같은 것을 고르십시오.
   1) 남자 : 혹시 경미 씨 아니에요?
      여자 : 민호 씨? 반가워요. 그동안 어떻게 지냈어요?
      남자 : 저는 군대에 갔다와서 취직했어요. 경미 씨는요?
      여자 : 저도 다음 달에 졸업해요.
   2) 여자 : 민찬 씨, 회의 시작했는데 왜 안 와요?
      남자 : 회의요? 두 시 아니에요?
      여자 : 제가 보낸 이메일 못 봤어요? 과장님이 일이 있어서 한 시간 일찍 시작하기로 했어요.

7. 다음을 듣고 물음에 답하십시오.
   남자 : 여보세요.
   여자 : 여보, 지금 어디예요?
   남자 : 집에 들어가고 있어요. 이십 분 후에 도착할 거예요.
   여자 : 그래요? 지금 집에 손님이 오셨는데 음료수가 없네요. 음료수 좀 사오세요.
   남자 : 알았어요. 무슨 음료수를 사 갈까요?
   여자 : 오렌지쥬스하고 알로에쥬스 좀 사 오세요.

제7과   친구 사이

본문 들어가기 (課文視聽)

1. 대화 : 친구 사이의 이야기
   철수: 민호 씨, 내가 왜 민호 씨를 좋아하는 것 같아요?
   민호: 글쎄요, 내가 잘 생겨서 그런가? 그건 농담이고 자꾸 만나다 보니 좋아하게 된 것이 아닐까요?
   철수: 물론 그런 이유도 있지만 더 중요한 이유는 민호 씨의 성격, 태도, 가치관이 나와 비슷하기 때문일 거예요.
   민호: 비록 태도나 가치관이 다를지라도 상대방이 나한테 잘해 주고 이익을 갖다 주면 좋아할 수도 있을 거예요.
   철수: 그래요. 그런 것도 다 중요하지만 가장 쉽게 가까워질 수 있는 것은 성격, 능력, 외모 등 좋은 특성을 가지는 것이라고 생각해요.

2. 글: 발렌타인데이 선물
   발렌타인데이가 곧 다가온다. 매년 이 날에는 여자애들이 자신의 남자친구에게 선물을 준다. 일반적으로 초콜릿을 주지만 올해의 발렌타인데이에는 난 특별한 선물을 남자친구에게 주고 싶었다. 나는 이리저리 생각한 끝에 결국 한 가지 좋은 생각을 해냈다. 손수 목도리를 짜서 남자친구에게 따뜻함을 느끼게 해 주고, 날 생각나게 하고 싶었다. 하지만 나는 목도리를 짤 줄 몰랐는데. 다행히 엄마는 목도리를 짤 줄 아셔서 엄마께 어떻게 목도리를 짜는지 배울 생각이다. 남자친구가 이 선물을 받았을 때의 모습을 생각하면, 난 행복하다.

연습문제 (練習)

1. 새로 배운 문법으로 만든 문장을 받아 쓰십시오.
   가) 먹다 보니 혼자 다 먹어 버렸다.
   나) 그 옷은 너무 자주 입다 보니 싫어졌어요.
   다) 비가 많이 내릴지라도 약속 시간에 안 늦을 겁니다.
   라) 비록 많이 떨어져 있을지라도 마음만은 변하지 맙시다.

2. 다음을 잘 듣고 빈칸을 채우십시오.
   1) 그건 (농담)이고 자꾸 만나다 보니 좋아하게 된 것이 아닐까요?
   2) 더 중요한 이유는 민호 씨의 (성격, 태도, 가치관)이 나와 비슷하기 때문일 거예요.
   3) 비록 태도나 가치관이 (다를지라도) 상대방이 나한테 잘 해 주고 이익을 갖다 주면 좋아할 수도 있을 거예요.
   4) 가장 쉽게 (가까워질 수 있는) 것은 성격, 능력, 외모 등 좋은 특성을 가지는 것이라고 생각해요.
   5) 나는 이리저리 (생각한 끝에) 결국 한 가지 좋은 생각을 해냈다.
   6) 손수 (목도리를 짜서) 남자친구에게 따뜻함을 느끼게 해 주는 것이다.
   7) (발렌타인데이)가 곧 다가온다.
   8) 일반적으로 이 날에는 여자애들이 자신의 남자친구에게 (초콜릿)을 준다.

3. 다음을 잘 듣고 본문과 맞으면 ○표, 맞지 않으면 ×표를 하십시오.
   1) 철수 씨가 민호 씨를 좋아하는 이유는 민호 씨가 잘 생겼기 때문이다.
   2) 민호 씨의 성격, 태도, 가치관이 철수 씨와 비슷하기 때문에 철수 씨는 민호 씨를 좋아하게 되었다.
   3) 이번 발렌타인데이에 나는 남자친구에게 초콜릿을 주기로 했다.
   4) 남자친구에게 따뜻함을 느끼게 해 주기 위해서 엄마께 목도리를 짜 달라고 했다.
   5) 나는 목도리를 짤 줄 몰랐는데 엄마께 어떻게 목도리를 짜는지 배울 생각이다.

4. 본문 내용을 듣고 물음에 답하십시오.

5. 다음을 듣고 이어질 수 있는 말을 고르십시오.
   1) 가 : 맛있게 드세요.
      나 : _____
   2) 여자 : 여보세요, 김철민 씨 좀 바꿔 주세요.
      남자 : _____
   3) 남자 : 오늘 학교에 왜 늦게 왔어요?
      여자 : _____

6. 다음 대화를 듣고 물음에 답하십시오.
   여자 : 민호 씨는 어떤 여자를 좋아해요?
   남자 : 저는 성격이 좋고 마음이 따뜻한 사람이 좋아요. 미란 씨는요?
   여자 : 저하고 취미가 같고 이야기를 재미있게 하는 사람이 좋아요.
   남자 : 미란 씨는 여행을 자주 하니까 여행을 좋아하는 남자가 좋겠네요.

7. 다음 내용을 듣고 물음에 답하십시오.
   여자 : 지난 일요일, 산림 동물원에서 불이 나서 동물들이 불을 피해 동물 보호 우리를 빠져나와 동물원 근처로 도망갔습니다. 현재 산림 동물원은 화재가 난 곳을 수리하고 있으며, 동물원을 빠져나간 동물들을 찾고 있습니다. 동물원에서 빠져나간 동물을 보시거나, 보호하고 계신 분들은 산림 동물원 관계자에게 연락해 주시기 바랍니다.

제8과 대학 생활

본문 들어가기 (课文视听)

1. 대화: 대학로
   A: 여기가 어디인데, 사람이 이렇게 많지요?

B: '대학로'라고 하는 거리예요.
A: 대학로요? 근처에 대학이 있나 보지요?
B: 맞아요. 여기는 옛날에 대학이 있던 곳이라서 대학로라 불리게 된 거예요.
A: 지금은 소극장이나 야외극장이 많고, 젊은이들이 좋아하는 커피숍, 양식집도 많이 들어서 있지요.
B: 소극장에선 연극이나 콘서트를 해서 사람들이 많이 보러 와요.
A: 한마디로 말해서 젊은이들의 거리라 할 수 있겠네요. 그런데 저 사람들은 지금 무엇을 하고 있는 거죠?
B: 저기 있는 사람들 말이군요. 점보는 사람들이에요.
A: 점이요? 그거 미신 아니예요?
B: 예, 하지만 젊은 사람들은 대부분 장난삼아 보는 거지 전부 믿는 사람은 없어요.
A: 나도 미래 신부감이 어떤 사람인지 궁금하네요.

2. 글: 편지

그리운 어머니께:

    그간 안녕히 계셨어요? 아버지께서도 건강하시고 수진이, 동연이도 잘 있는지요? 저도 이곳에서 잘 지내고 있어요. 지난 2주 동안은 개강 준비하느라고 정신없이 바빴어요. 오늘 수업을 마치고 기숙사로 돌아와 쉬다가, 문득 집 생각이 나서 편지를 씁니다.

    이번 학기에 저는 종합, 작문, 듣기, 번역 등 네 개 과목을 선택했어요. 다 재미있는 과목인 것 같아요. 수업은 일주일에 16시간을 하는데 월, 화, 목, 금만 수업이 있고 나머지 시간은 거의 도서관에서 자습해요.

    집을 떠난 지 이제 8개월이 다 되어 가네요. 그렇게 낯설던 중국 생활이 많이 익숙해졌고 친구들도 몇 명 사귀었어요. 만날수록 마음에 드는 친구들이에요.

    참, 다음 달 첫 번째 일요일이 아버지 생신이지요?

    아버지께 안부 전해 주세요. 그럼 안녕히 계세요.

2008.9.15
중국에서 태영 올림

추신: 어제 아버지 생신 선물로 중국 차 보냈어요.

연습문제 (練習)

1. 새로 배운 문법으로 만든 문장을 받아 쓰십시오.
   가) 제가 직접 만든 선물이라서 어머니가 좋아하실 거예요.
   나) 가수라서 역시 노래를 잘 부르는군요.
   다) 연애를 하느라고 요즘 무척 바쁘다.
   라) 어머니 전화를 기다리느라고 외출을 못했어요.
   마) 한국어는 공부하면 공부할수록 재미있다.
   바) 학생일수록 자신의 행동을 조심해야 한다.

2. 다음을 잘 듣고 빈칸을 채우십시오.
   1) 여기는 옛날에 대학이 있던 곳이라서 (대학로)라 불리게 된 거예요.
   2) 여기에 지금은 소극장이나 (야외극장)이 많다.
   3) 소극장에선 연극이나 (콘서트)를 해서 사람들이 많이 보러 와요.
   4) 저기 있는 사람들은 (점보는) 사람들이에요.
   5) 젊은 사람들은 대부분 (장난삼아) 보는 거지 전부 믿는 사람은 없어요.

6) 지난 2주 동안은 (개강 준비)하느라고 정신없이 바빴어요.
7) 집을 (떠난 지) 이제 8개월이 다 되어 가네요.
8) 그렇게 (낯설던) 중국 생활이 많이 익숙해졌어요.

3. 다음을 잘 듣고 본문과 맞으면 ○표, 맞지 않으면 ×표를 하십시오.
1) 대학로에는 소극장이나 영화관과 야외극장이 많아요.
2) 대학로에는 젊은이들이 좋아하는 커피숍, 양식집이 많이 들어 있어요.
3) 젊은이들은 대학로에서 점보는 일을 미신이라고 생각해서 전혀 안 해요.
4) 편지를 쓰는 사람은 중국에서 유학하고 있어요.
5) 편지를 쓰는 사람은 중국에 온 지 벌써 두 달이 되었다.
6) 편지를 쓰는 사람은 이번 학기에 네 과목을 선택했어요.
7) 편지를 쓰는 사람은 월, 화, 수, 금요일만 수업이 있다.
8) 다음 달 세 번째 일요일이 편지 쓰는 사람의 아버님 생신날이다.

4. 본문 내용을 듣고 물음에 답하십시오.

5. 다음 대화를 잘 듣고 이어질 수 있는 말을 고르십시오.
1) 여자 : 요새 날씨가 계속 무덥네요. 내일은 기온이 더 올라간다고 하던데.
   남자 : 내일 야유회 가야 하는데 걱정이네요.
   여자 : _____

2) 여자 : 요즘 새로 이사할 집을 알아보고 있어.
   남자 : 왜? 지금 사는 집 학교와 가까워서 편하다고 했잖아.
   여자 : _____

3) 여자 : 친구들하고 야영 가고 싶었는데 이것저것 준비해야 할 게 너무 많아서 못 갔어.
   남자 : 텐트같이 야영에 필요한 물건들이 다 갖춰진 데가 있다던데?
   여자 : _____

4) 여자 : 요즘 사무실 분위기를 카페처럼 편하게 바꾸는 회사들이 많대요. 그런 데서 일하면 일할 맛 나겠네요.
   남자 : 전 오히려 일에 집중이 안 될 것 같은데요.
   여자 : _____

5) 남자 : 저, 사장님, 지난번에 말씀하신 해외 연수, 개인 사정 때문에 못 갈 것 같습니다.
   여자 : 그래요? 좋은 기회인데 다시 한번 생각해 보시죠.
   남자 : _____

6. 다음을 듣고 내용과 일치하는 것을 고르십시오.
남자 : 정미야, 미안한데 도서관에서 책 좀 빌려 줄래? 지난 주말에 학생증을 잃어 버렸어.
여자 : 도서관에 가면 도서관 출입증을 만들어 주던데.
남자 : 도서관 출입증? 사진이 있어야지… 사진이 없어도 만들어 줘?
여자 : 학생회관에 사진을 찍는 데 있어. 찍은 사진을 가져가서 만들면 돼.

7. 다음을 잘 듣고 질문에 답하십시오.
　한국 사람들은 보통 시험을 앞둔 친구에게 찹쌀떡과 엿을 선물합니다 이것은 시험에 꼭 붙으라는 의미입니다. 그래서 중요한 시험이 있는 날, 교문에 엿을 붙이고 자식의 합격을 기원하는 어머니의 모습을 자주 볼 수 있습니다.
　그 밖에 다른 것을 선물하는 경우도 있는데, 그 뜻이 아주 재미있습니다. 휴지는 시험 문제를 잘 풀라는 뜻이고, 포크와 도끼는 모르는 문제를 잘 찍으라는 뜻입니다. 돋보기와 거울을 주는 경우도 있는데, 이것은 시험을 잘 보라는 의미입니다.

제9과 택시 타기

본문 들어가기 (课文视听)

1. 대화: 택시 안에서
   손님: 아저씨, 서울역까지 빨리 가 주세요. 시간이 없어서 그래요.
   기사: 네, 알겠습니다. 서두르지 마세요.
   손님: 어, 왜 이 길로 가세요? 서울역은 똑바로 가야 하지 않아요?
   기사: 이 시간엔 그 길은 항상 막혀요. 약간 돌아가지만 이 쪽 길이 훨씬 덜 복잡해요.
   손님: 그래요? 그럼, 아저씨만 믿겠어요. 12시 반 기차를 타야 하는데, 놓치면 큰일이에요.
   기사: 걱정하지 마세요. 기차 시간 20분 전까지 모셔다 드리겠어요.

2. 글: 서울의 택시
   　　서울의 택시는 중국과 마찬가지로 거리와 시간에 따라 값이 정해집니다. 택시는 크게 두 종류로 일반택시와 모범택시가 있습니다. 일반택시에는 개인 택시와 회사 택시가 있으며 보통 노란색이 주를 이룹니다. 서울의 택시 기본 요금은 1,800원이며, 비교적 친절한 편입니다. 그리고 모범택시는 보통 검은색인데 택시기사는 주로 오랜 운전경험이 있는 연세 든 분들이며 택시비는 일반 리무진버스 요금을 웃도는 금액입니다. 기본료는 대개 6,000~7,000원선입니다.

연습문제 (练习)

1. 새로 배운 문법으로 만든 문장을 받아 쓰십시오.
   가) 장명 씨는 교수님을 댁까지 모셔다 드렸어요.
   나) 내가 그 책을 친구에게 가져다 주었어요.
   다) 그의 부모님은 그 고아를 데려다가 키웠어요.
   라) 이 양복이 팔 만원이면 비싼 편은 아닙니다.
   마) 저는 운동을 좋아하는 편이라서 몸이 튼튼해요.
   바) 중국말은 영어에 비해서 발음이 어려운 편이지요?

2. 다음을 잘 듣고 빈칸을 채우십시오.
   1) 서울역은 (똑바로) 가야 하지 않아요?
   2) 이 쪽 길이 (훨씬 덜) 복잡해요.
   3) 12시 반 기차를 타야 하는데, (놓치면) 큰일이에요.
   4) 서울의 택시는 중국과 (마찬가지로) 거리와 시간에 따라 값이 정해집니다.
   5) 일반 택시에는 개인 택시와 회사 택시가 있으며 보통 (노란색)이 주를 이룹니다.
   6) 모범택시의 기사는 주로 오랜 운전경험이 있는 (연세 든) 분들입니다.

3. 다음을 잘 듣고 본문과 맞으면 ○표, 맞지 않으면 ×표를 하십시오.
   1) 손님은 서울역으로 가려고 합니다.
   2) 손님은 12시 기차를 타야 한다.
   3) 택시기사가 손님에게 기차 시간 10분 전까지 모셔다 드리겠다고 약속했다.
   4) 한국 택시는 크게 두 종류로 일반택시와 모범택시가 있습니다.
   5) 서울의 택시 기본 요금은 2,800원이다.

4. 본문 내용을 듣고 물음에 답하십시오.

5. 다음을 듣고 이어질 수 있는 말을 고르십시오.
   1) 가 : 저녁에 일찍 집에 들어가요?

나 : 아니요. 오늘은 동료들하고 식사하기로 했어요.
가 : 평일에는 집에서 식사를 자주 안 하나 봐요.
2) 가 : 미란 씨 소식 들었어요?
나 : 아니요. 무슨 일이 있어요?
가 : 글쎄, 유학을 못 가게 됐다는데요.
3) 가 : 오늘 모임 있는 거 잊지 않았지요?
나 : 그럼요. 내가 얼마나 가다리던 모임인데요.
가 : 30분 뒤에 출발하면 될 듯하지요?

6. 다음 대화를 잘 듣고 여자가 이어서 할 행동으로 알맞은 것을 고르십시오.
1) 남자 : 너 불어 잘하지? 번역 과제가 있는데 제대로 했는지 확인해 줄 수 있어?
여자 : 음, 일단 메일로 보내 봐. 그런데 언제까지 해야 되는데?
남자 : 과제 제출이 다음 주 금요일이니까 수요일까지 보내 줘.
여자 : 알았어. 그럼 메일 확인하고 전화할게.
2) 여자 : 경영학과 사무실이지요? 학비 납부 고지서를 아직 못 받았어요.
남자 : 아, 그래요? 혹시 학교 홈페이지에서 확인했나요?
여자 : 확인했는데 없더라고요. 지금 학과사무실에 가면 받을 수 있나요?
남자 : 학과사무실에서 발급해 줄 수 없어서 제가 확인한 후 다시 연락 줄게요.
3) 여자 : 민호 씨, 차가 좀 흔들리는 것 같아요.
남자 : 그래요? 너무 빨라서 그런 거 아닐까요? 속도를 좀 줄여 봐요.
여자 : 마찬가지예요. 카센터에서 점검한 지 얼마 안 됐는데… 아무래도 세워야겠어요.
남자 : 조금 더 가면 휴게소가 나올 거예요. 혹시 바퀴에 문제가 있는지 내려서 제가 확인해 볼게요.

7. 다음을 듣고 물음에 답하십시오.
여자 : 마산에 소포를 보내려고 하는데 지금 보내면 언제 도착해요?
남자 : 지금 보내시면 모레 도착할 거예요.
여자 : 오늘 저녁까지 도착할 수는 없을까요? 제가 좀 급해서요.
남자 : 오전에 보내셨으면 오늘 안에 도착하는데 지금은 너무 늦었어요. 지금은 특급으로 보내도 내일 오전에 도착해요.
여자 : 아, 그래요? 내일 오전까지 들어갈 수 있으면 그걸로 해 주세요.

제10과 기차편 이용

본문 들어가기 (课文视听)

1. **대화: 기차표 환불**
역무원: 예, 감사합니다. 서울역입니다.
민　정: 예, 어제 서울에서 부산으로 가는 무궁화호 열차 표를 두장 구입했는데요, 사정이 생겨서 환불을 할까 합니다. 환불이 되나요?
역무원: 출발 날짜가 언제죠?
민　정: 25일인데요.
역무원: 열차 출발 이틀 전까지는 전액 환불이 가능합니다.
민　정: 하루 전에 환불하면 어떻게 되나요?
역무원: 하루 전부터 열차 출발 직전까지는 10%의 수수료를 내셔야 됩니다. 열차 출발 후에는 반액

만 환불해 드리고, 열차 도착 시간이 지나면 환불이 되지 않습니다.

2. 글: 서울의 지하철

서울의 지하철은 현재 1호선부터 8호선까지 있습니다. 그리고 인천1호선이나 분당선을 연결하는 역도 있습니다. 교통카드를 이용할 때 10km까지의 기본운임은 900원입니다. 10km초과하고 40km까지의 거리 속에서 5km마다 100원의 추가운임이 증가합니다. 40km초과시 10km마다 100원이 추가됩니다. 1회승차권을 이용할 때 교통카드 운임에 100원이 더 추가됩니다.

서울 지하철은 가장 빠르고 깨끗한 교통수단으로 많은 서울시민의 사랑을 받고 있습니다. 표를 살 때는 100원, 500원짜리 동전이나 1,000원짜리 지폐를 사용할 수 있습니다. 먼저 가고자 하는 곳이 몇 구간에 해당되는지를 확인한 후에 버튼을 누릅니다. 그리고 동전이나 지폐를 삽입하면 노란색 지하철 표가 거스름돈과 함께 신호음을 내며 나옵니다. 거스름돈 챙기는 것도 잊지 마세요.

연습문제 (짜임)

1. 새로 배운 문법으로 만든 문장을 받아 쓰십시오.
   가) 좋은 소식이 있을까 하고 학생들이 많이 와서 기다렸다.
   나) 무엇을 먹을까, 무엇을 입을까 하고 걱정하지 마라.
   다) 혹시 전화라도 올까 해서 외출을 못하고 있어요.
   라) 다음주 토요일에 등산을 하고자 합니다.
   마) 친구의 회사에서는 신입사원을 모집하고자 합니다.
   바) 지금부터 강의를 시작하고자 합니다.

2. 다음을 잘 듣고 빈칸을 채우십시오.
   1) 어제 서울에서 부산으로 가는 (무궁화호) 열차 표를 두장 구입했는데요.
   2) 사정이 생겨서 (환불)을 할까 합니다.
   3) 열차 출발 이틀 전까지는 (전액) 환불이 가능합니다.
   4) 하루 전부터 열차 (출발 직전)까지는 10%의 수수료를 내셔야 됩니다.
   5) 열차 출발 후에는 (반액)만 환불해 드립니다.
   6) 먼저 가고자 하는 곳이 (몇 구간)에 해당되는지를 확인한 후에 버튼을 누릅니다.
   7) 동전이나 지폐를 (삽입하면) 노란색 지하철 표가 거스름돈과 함께 신호음을 내며 나옵니다.
   8) (거스름돈) 챙기는 것도 잊지 마세요.

3. 다음을 잘 듣고 본문과 맞으면 ○표, 맞지 않으면 ×표를 하십시오.
   1) 손님은 부산에서 서울로 가는 무궁화호 열차 표를 두장 구입했다.
   2) 열차 출발 이틀 전까지는 전액 환불이 안 되고 반액 환불이 가능합니다.
   3) 하루 전부터 열차 출발 직전까지는 10%의 수수료를 내셔야 됩니다.
   4) 열차 출발 후에는 10%만 환불해 드리고, 열차 도착 시간이 지나면 환불이 되지 않습니다.
   5) 서울의 지하철은 현재 1호선부터 8호선까지 있다.
   6) 서울의 지하철은 교통카드를 이용할 때 기본운임은 1000원입니다.
   7) 지하철 표를 살 때는 100원, 200원짜리 동전이나 1000원짜리 지폐를 사용할 수 있다.

4. 본문 내용을 듣고 물음에 답하십시오.

5. 다음 대화를 잘 듣고 이어질 수 있는 말을 고르십시오.
   1) 남자 : 어제 모임에 왜 안 왔어?
      여자 : 잠깐 침대에 누웠는데 나도 모르게 잠이 들었어.
      남자 : _____

2) 여자 : 일자리 구했다면서요?
   남자 : 마음에 드는 곳이 있어서 내일부터 일하기로 했어요.
   여자 : _____
3) 여자 : 도가니탕 나왔습니다. 맛있게 드세요.
   남자 : 아주머니, 여기 소금 좀 주세요.
   여자 : _____
4) 남자 : 부장님, 게시판에 붙일 안내문 다 만들었습니다.
   여자 : 어디 한번 볼까요? 음… 괜찮네요.
   남자 : _____

6. 다음 대화를 잘 듣고 여자가 이어서 할 행동으로 알맞은 것을 고르십시오.
   1) 여자 : 여보세요? 오늘 부모님을 모시고 식사하는 걸 잊지 않았지요?
      남자 : 물론이지요. 그런데 어디에 가서 먹으면 좋을까요?
      여자 : 우리 자주 가는 그 레스토랑 어때요? 당신한테 물어보고 예약하려고요.
      남자 : 그래요? 그럼 난 퇴근하고 바로 그리로 갈 테니까 7 시에 봐요.
   2) 여자 : 오늘 환자가 좀 많네요. 많이 기다려야 돼요?
      남자 : 네, 환절기라서요. 한 시간은 기다리셔야 될 것 같은데요.
      여자 : 지금 접수해 놓고 나갔다 와도 되죠?
      남자 : 네, 볼일 보시고 늦지 않게 오세요.
   3) 여자 : 저희 집 침대 커버를 좀 바꾸려고 하는데요.
      남자 : 이쪽으로 와서 보세요. 책자에도 많이 있으니까 좀 보시고요.
      여자 : 음… 가게에는 딱히 마음에 드는 게 없어서 책자를 좀 봐야겠네요.
      남자 : 그럼 앉아서 천천히 보세요. 마음에 드는 거 있으시면 만들어서 택배로 보내 드릴게요.
   4) 여자 : 박 대리님, 다음 달 신입사원 교육 일정 나왔어요?
      남자 : 네, 일정은 모두 짰고 장소도 곧 확정될 것 같아요. 그런데 특강해 주실 분을 못 구해서 걱정입니다.
      여자 : 그건 내가 알아볼게요. 잘 아는 경영학 교수 한 분이 계시는데 그 분을 모시면 될 것 같아요.
      남자 : 알겠습니다. 그럼 전 장소가 확정되는 대로 보고 드리겠습니다.

7. 다음을 듣고 물음에 답하십시오.
   남자 : 교수님, 안녕하십니까? 다음 주부터 방학이라 인사드리러 왔습니다.
   여자 : 어, 어서 와요. 이번 방학에는 뭐 할 거예요?
   남자 : 방학을 좀 특별하게 보내고 싶어서 해외배낭 여행을 해 보려고요.
   여자 : 음, 배낭 여행 좋죠. 힘들기는 하겠지만 좋은 경험이 될 거예요.
   남자 : 네. 그리고 사진 찍기도 한번 배워 보려고 합니다.
   여자 : 새로운 걸 배워 보는 것도 좋겠네요.

제11과 항공편 이용

본문 들어가기 (課文視聽)

1. **대화: 비행기 안에서**
   승무원: 어서 오십시오.
   왕 동: 이 자리는 어디지요?

승무원: 저 쪽 창가의 35A석입니다. 앞으로 쭉 가세요.
왕 동: 짐은 어디에 두지요?
승무원: 선반 위에 올리세요. 제가 도와 드리겠습니다.
왕 동: 고맙습니다. 그런데 화장실은 어디에 있어요?
승무원: 기내 앞쪽과 맨 뒤쪽에 있습니다.
왕 동: 감사합니다.
　　　　(기내 방송)
승무원: 비행기가 곧 이륙할 예정입니다. 승객 여러분께서는 안전 벨트를 매고, 의자의 등받이를 똑바로 세워 주십시오. 그리고 기내의 모든 곳에서는 금연이니, 승객 여러분께서도 협조해 주시기 바랍니다.

2. 글: 대한항공과 아시아나항공

　　대한항공은 1969년 첫 비행을 시작으로, 현재 국내선 15개 도시, 국제선 27개 국, 68개 도시의 노선이 있고 항공기 119대를 보유해 운항하고 있으며, 항공 운송 사업(항공 운송, 부대 사업), 관련 사업 (기내식, 호텔, 면세점 등)이 있습니다. 중국과 한국의 노선으로는 북경, 상해, 심양, 서안, 대련, 샤먼, 연길, 연대, 제남, 천진, 성도, 곤명, 무한, 해남도, 홍콩 등이 있습니다.

　　아시아나항공은 1988년 첫 비행을 시작으로 국내선 14개 도시, 18개 노선과 국제선 16개 국, 53개 도시, 61개 노선이 있습니다. 현재 중국과 한국의 노선으로는 하얼빈, 연길, 장춘, 심양, 북경, 연대, 대련, 남경, 상해, 항주, 서안, 중경, 성도, 계림, 광주, 홍콩 등이 있습니다.

연습문제 (練習)

1. 새로 배운 문법으로 만든 문장을 받아 쓰십시오.
　가) 하숙집 아주머니가 아침부터 저를 깨웁니다.
　나) 어머니는 아이에게 우유를 먹입니다.
　다) 이 양복을 세탁소에 좀 맡겨 주세요.
　라) 좋은 직장에 취직하려면 여러 가지 실력을 향상시켜야 한다.
　마) 나는 손님을 자리에 앉으시게 했습니다.

2. 다음을 잘 듣고 빈칸을 채우십시오.
　1) 저 쪽 (창가의 35)A석입니다.
　2) 짐은 (선반 위)에 올리세요
　3) 비행기가 곧 (이륙할 예정)입니다.
　4) 승객 여러분께서는 (안전 벨트를 매시고), 의자의 (등받이)를 똑바로 세워 주십시오.
　5) 기내의 모든 곳에서는 (금연이니), 승객 여러분께서도 (협조해 주시기 바랍니다).
　6) 대한항공은 1969년 (첫 비행)을 시작하였다.
　7) 중국과 한국의 (노선으로는) 베이징, 상하이, 홍콩 등이 있습니다.

3. 다음을 잘 듣고 본문과 맞으면 ○표, 맞지 않으면 ×표를 하십시오.
　1) 손님의 자리는 창가의 45A석입니다.
　2) 비행기를 탈 때 휴대짐은 반드시 선반 위에 올려야 한다.
　3) 기내에는 맨 뒤쪽에만 화장실이 있다.
　4) 비행기가 이륙하기 직전에 안전 벨트를 매고, 의자의 등받이를 똑바로 세워야 한다.
　5) 비행기 안의 어디에서도 담배를 피우지 못한다.
　6) 대한항공은 현재 국내선 15개 도시, 국제선 27개 국, 68개 도시와의 노선이 있다.
　7) 대한항공은 항공기 129대를 보유해 운항하고 있다.

8) 아시아나 항공은 1998년 첫 비행을 시작하였다.

4. 본문 내용을 듣고 물음에 답하십시오.
5. 다음을 듣고 대화 내용과 같은 것을 고르십시오.
   1) 여자 : 민호 씨, 미안해요. 지난번에 빌린 책을 오늘 못 가져왔어요.
      남자 : 그래요? 내일은 가져다 줄 수 있어요?
      여자 : 네. 그렇게 할게요.
   2) 여자 : 우리 아이가 탈 자전거 좀 보여 주세요.
      남자 : 이 아이가 탈 거예요? 이쪽에서 골라 보세요.
      여자 : 이 빨간색 자전거가 예쁘네요. 이걸로 주세요. 아, 근데 의자가 우리 아이한테 너무 높지는 않겠죠?
      남자 : 그럼요. 이 아이 정도면 탈 때 불편하지는 않을 거예요.
   3) 여자 : 이 물건들 버리시는 거예요?
      남자 : 네. 제가 외국으로 이사를 가서요.
      여자 : 아직 쓸 수 있는 물건이 많은데 제가 가져가도 돼요?
      남자 : 네, 필요하시면 가져가세요.

6. 다음을 듣고 물음에 답하십시오.
   남자 : 안녕하십니까? 저는 이 비행기의 기장 강수민입니다. 이 비행기는 오늘 오전 여덟 시에 김해공항을 출발하여 목적지인 제주도에는 아홉 시에 도착할 것입니다. 현재 제주도는 18도 정도의 따뜻하고 맑은 날씨지만 바람이 조금 불고 있습니다. 하지만 비행에는 큰 문제가 없겠습니다. 즐거운 여행 되십시오. 감사합니다.

7. 다음을 듣고 물음에 답하십시오.
   여자 : 아이 통장을 하나 만들려고 하는데요.
   남자 : 아, 어린이 통장요? 요즘 입학 때라 많이들 만드시네요.
   여자 : 네. 우리 아이도 자기 통장을 갖고 싶어해서 선물하려고요.
   남자 : 좋은 생각이세요. 자기 통장이 생기면 돈을 모으는 즐거움을 느낄 수 있을 거예요. 참, 아이 도장은 가져오셨죠?
   여자 : 도장이 필요해요? 안 가져왔는데… 그냥 내일 다시 와야겠네요.
   남자 : 그럼 내일 아이도 데리고 오세요. 은행에 와서 직접 통장을 만들면 더 좋아할 거예요.

제12과 한국 관광

본문 들어가기 (课文视听)

1. 대화: 제주도 여행
   조   월: 희선 씨, 제주도가 너무 아름다워요. 다른 친구들도 같이 올 걸 그랬어요.
   최희선: 글쎄 말이에요.
   조   월: 그런데 저기 서있는 것은 무엇입니까? 참 이상하게 생겼군요.
   최희선: 아, 바로 돌하루방이에요.
   조   월: 하루방이 뭡니까?
   최희선: 하루방은 제주도 말로 할아버지라는 뜻이에요. 저 돌하루방은 마을을 지키는 수호신 같은 거예요.
   조   월: 참 재미있네요.
   최희선: 조월 씨, 바로 저기가 한라산이에요. 멋있지요?

조　월: 참 높네요. 우리 내일 저 한라산에 올라가요?
최희선: 그럼요. 제주도까지 왔는데 한라산에는 꼭 올라가야 해요.

2. **글: 가보고 싶은 섬**

　　가 보고 싶은 섬, 제주도
　　제주도는 한국에서 가장 큰 섬으로 바람, 여자, 돌이 많다고 해서 '삼다도'라고 불리기도 한다. 제주도는 독특한 전통 문화와 이국적인 경치를 함께 느낄 수 있어서, 신혼 부부들이 많이 찾는 곳이다.
　　제주도에서 특히 가 볼 만한 곳을 소개하면 다음과 같다. 먼저 한라산의 정상에 있는 백록담이다. 백록담은 화산의 분화구에 물이 고여 만들어진 호수로, 그 규모가 크지는 않지만 주변의 경치와 잘 어울려 아름답다.
　　천지연폭포는 물이 바다로 직접 떨어지는 보기 드문 폭포이다. 폭포가 떨어지면서 생긴 연못은 그 깊이가 20m나 된다. 이 연못에는 사람 팔뚝보다 큰 장어가 사는데, 이 장어는 천연기념물로 지정되어 보호되고 있다. 이 곳은 서귀포에서 가장 아름다운 것으로 손꼽힌다.
　　해돋이로 유명한 곳은 성산 일출봉이다. 일출봉의 삼면은 바닷물에 수직으로 깎여 절벽을 이루고 있다. 여기서 바라보는 해돋이의 장관은 평생 잊을 수 없는 추억이 될 것이다.
　　이 밖에도 중문 관광 단지는 유명 호텔과 해수욕장, 식물원, 골프장 등이 모여 있어서 제주도를 찾는 관광객들에게 인기 있는 곳이다.

연습문제 (練習)

1. **새로 배운 문법으로 만든 문장을 받아 쓰십시오.**
　　가) -테니스는 못하겠어요.
　　　　-힘들어서 말입니까?
　　나) 내 말은 시간이 없단 말이야.
　　다) -어제 축구 경기를 제대로 했어요.
　　라) -비가 왔는데 말입니까?

2. **다음을 잘 듣고 빈칸을 채우십시오.**
　　1) 그런데 저기 서있는 것은 무엇입니까? 참 (이상하게) 생겼군요.
　　2) 저 돌하루방은 (마을을 지키는) 수호신 같은 거예요.
　　3) 제주도까지 왔는데 (한라산)에는 꼭 올라가야 해요.
　　4) 제주도는 바람, 여자, 돌이 많다고 해서 '(삼다도)'라고 불리기도 한다.
　　5) 제주도는 독특한 전통 문화와 (이국적인 경치)를 함께 느낄 수 있다.
　　6) (백록담)은 화산의 분화구에 물이 고여 만들어진 호수다.
　　7) 천지연폭포는 물이 바다로 직접 떨어지는 (보기 드문) 폭포이다.
　　8) (해돋이)로 유명한 곳은 성산 일출봉이다.

3. **다음을 잘 듣고 본문과 맞으면 ○표, 맞지 않으면 ×표를 하십시오.**
　　1) 조월과 희선 씨는 다른 친구들과 같이 제주도에 와 있다.
　　2) 조월과 희선 씨는 이번에 꼭 한라산에 올라갈 것이다
　　3) 제주도는 바다, 여자, 돌이 많다고 해서 '삼다도'라고 불리기도 한다.
　　4) 제주도는 신혼 부부들이 신혼 여행을 할 때 많이 찾는 곳이다.
　　5) 한라산의 정상에 있는 백록담은 인공으로 만든 호수이다.
　　6) 해돋이는 서귀포에서 가장 아름다운 것으로 손꼽힌다.

7) 폭포가 떨어지면서 생긴 연못에는 사람 팔뚝보다 큰 장어가 사는데, 이 장어는 천연기념물로 지정되어 보호되고 있다.
8) 제주도에 골프장과 해수욕장 등이 많지만 유명한 식물원은 없다.

4. 본문 내용을 듣고 물음에 답하십시오.

5. 다음을 듣고 여자의 중심 생각을 고르십시오.
  1) 여자 : 민호 씨, 어제 농구 경기 봤어요?
     남자 : 네. 저는 친구들하고 재미있게 봤어요. 우리 팀이 이겨서 더 좋았죠. 수미 씨도 봤어요?
     여자 : 저도 봤어요. 우리 선수 한 명이 다쳐서 걱정했는데 이겨서 다행이었어요. 다음 경기도 이기면 좋겠네요. 그럴 수 있겠죠?
     남자 : 그럴 수 있을까요? 다음 상대팀이 너무 잘해서요.
  2) 여자 : 우리 이제 그만 구경하고 가요.
     남자 : 오랜만에 여행 왔는데 벌써 가요? 자주 오기도 어려운데 역사박물관만 더 보고 가요.
     여자 : 오늘은 많이 봤으니까 미술관은 내일 봐요. 저는 좀 쉬었으면 좋겠어요.
     남자 : 그래도 조금만 더 보고 가면 안 될까요?
  3) 여자 : 오늘 몇 시쯤 물건을 받을 수 있을까요?
     남자 : 지금은 몇 시에 갈 수 있을지 잘 모르겠어요.
     여자 : 아, 그래요? 그런데 앞으로는 오는 시간을 미리 알려 주면 좋겠어요.
     남자 : 죄송합니다. 요즘 배달할 물건이 많아서 도착 시간을 말씀 드리기 좀 어렵네요.

6. 다음을 듣고 물음에 답하십시오.
  여자 : 자, 여러분. 호텔에 도착했습니다. 많이 피곤하시죠? 먼저 방에 가 계시면 짐들을 가져다 드리겠습니다. 식사는 2층 식당에서 하시면 됩니다. 호텔에 있는 헬스장은 무료로 이용하실 수 있습니다. 그리고 필요한 것이 있으면 저에게 전화해 주십시오. 제 방은 503호입니다. 그럼 편히 쉬십시오.

7. 다음을 듣고 물음에 답하십시오
  1) 들은 내용과 같은 것을 고르십시오.
     남자 : 미란 씨, 주말에 뭐 해요?
     여자 : 저는 이번 주말에 민속촌에 가 보려고요.
     남자 : 거기는 지난번에 같이 가 봤잖아요.
     여자 : 그때는 시간이 없어서 구경만 했잖아요. 한복도 입어 보고 전통 놀이도 해 보고 싶어서요.
     남자 : 그래요? 저도 해 보고 싶어요. 같이 가요.
  2) 여자는 왜 이 잡지를 좋아합니까?
     남자 : 미란 씨, 이 잡지 어때요?
     여자 : 저는 이 잡지 좋아해요. 제가 요즘 요리에 관심이 많거든요. 그런데 여기에 음식을 어떻게 만드는지 많이 나와요.
     남자 : 그렇군요. 잡지가 작고 가벼워서 가지고 다니면서 읽기도 좋겠어요.
     여자 : 네, 맞아요. 그래서 전 가방에 넣어서 가지고 다녀요.
     남자 : 잡지 가격은 어때요? 비싸지 않아요?
     여자 : 별로 비싸지 않아요. 그리고 잡지를 사면 가끔 선물도 줘요. 전 이번에 화장품을 받았어요.
     남자 : 와, 좋네요. 보니까 운동에 대한 이야기도 많이 있네요.
     여자 : 네. 그래서 남자들도 많이 봐요.

제13과 중국 관광

본문 들어가기 (課文視听)

1. 대화: 자금성

왕 동: 자금성에 가 본 적이 있습니까?
강민호: 아니오. 아직 못 가 봤습니다. 그렇지만 사진이나 영화에서 여러 번 보았습니다.
왕 동: 꼭 한번 가 보십시오.
강민호: 자금성은 어느 시대의 왕궁입니까?
왕 동: 명 나라와 청 나라 시대에 왕궁으로 사용되던 곳입니다. 지금은 일부가 그림, 도자기 등을 전시하는 박물관으로 사용됩니다.
　　　　(자금성에서)
강민호: 이 건물은 아주 웅장합니다. 무엇을 하던 곳입니까?
왕 동: 이 건물이 자금성에서 가장 웅장한 태화전입니다. 황제의 즉위식이나 국가의 주요 행사를 하던 곳입니다.
강민호: 아주 오래된 것 같은데요. 자금성은 언제 지었습니까?
왕 동: 1406년부터 1420년 사이에 지었습니다.
강민호: 건물 안에 들어가도 됩니까?
왕 동: 그럼요. 들어가서 봅시다.
　　　　(태화전 안에 들어가서)
강민호: 여기서 사진을 한 장 찍어 주십시오.
왕 동: 건물 안에서는 사진을 찍으면 안 됩니다. 밖에 나가서 찍어 드리겠습니다.

2. 글: 천안문

　　중국의 뉴스가 나오면 TV에 제일 먼저 비치는 것이 천안문이다. 왼쪽에 '중화인민공화국 만세', 중앙에 모택동 사진, 오른쪽에 '세계인민 대단결 만세'가 있다.
　　광장과 천안문 사이의 넓은 도로 위에는 자동차와 자전거가 물결을 이루고 있다. 이 도로가 장안대로이다. 이 도로는 직선 길이가 48km, 폭이 100m이며 좁은 곳은 50m가 된다. 상상할 수 없는 큰 도로라 할 수 있다.
　　천안문은 명나라시대인 1417년에 만들었는데, 처음에는 승천문(承天門)이라고 불렀으나 전쟁으로 소실되고, 현존하는 것은 1651년에 재건되었다.
　　1949년 10월 1일 중국의 건국 선언문이 바로 이곳에서 발표되었다. 1988년부터 관광객이 천안문 성루에 오를 수 있게 되었다.

연습문제 (練习)

1. 새로 배운 문법으로 만든 문장을 받아 쓰십시오.
　가) 크기는 잘 맞으나 색이 마음에 안 듭니다.
　나) 이상은 높으나 현실은 그렇지 않다.
　다) 옛날에는 학교 운동장이었으나 지금은 주차장이 되었습니다.

2. 다음을 잘 듣고 빈칸을 채우십시오.
　1) 자금성은 어느 시대의 (왕궁)입니까?
　2) 이 건물이 자금성에서 가장 (웅장한) 태화전입니다.
　3) 황제의 (즉위식)이나 국가의 주요 행사를 하던 곳입니다.
　4) 여기서 사진을 (한 장 찍어) 주십시오.

5) 광장과 천안문 사이의 넓은 도로 위에는 자동차와 자전거가 (물결을 이루고 있다).
6) 이 도로는 (직선 길이)가 48km이다.
7) 천안문은 처음에는 승천문이라고 불렸으나 (전쟁으로 소실되었다).
8) 현존하는 것은 1651년에 (재건되었다).

3. **다음을 잘 듣고 본문과 맞으면 ○표, 맞지 않으면 ×표를 하십시오.**
   1) 자금성은 청나라 때부터 사용되던 왕궁이다.
   2) 자금성은 1406년부터 1420년 사이에 지었습니다.
   3) 자금성 건물 안에서는 사진을 찍을 수 없다.
   4) 자금성은 옛날에 황제가 살던 곳이지만 지금은 완전히 그림, 도자기 등을 전시하는 박물관으로 사용됩니다.
   5) 장안대로에 자동차와 자전거가 많다.
   6) 장안대로는 직선 길이가 38km, 폭이 100m이며 좁은 곳은 50m가 된다.
   7) 천안문은 명나라시대인 1427년에 만들었다.
   8) 1949년 10월 1일 중국의 건국 선언문이 바로 천안문에서 발표되었다.

4. **본문 내용을 듣고 물음에 답하십시오.**

5. **다음은 무엇에 대한 내용인지 맞는 것을 고르십시오.**
   1) 남자 : 다음 달에 회사 근처로 이사를 가려고 하는데, 혹시 이삿짐센터를 아세요?
      여자 : 네. 저번에 제가 이사할 때 잘 도와준 이삿짐센터가 있는데, 소개해 줄까요?
      남자 : 그럼 좀 부탁할게요. 저희 집은 책도 많고 가구도 많아서 이삿짐 나르기가 힘들거든요.
      여자 : 그분들은 친절하기도 하고, 일도 열심히 해 주세요.
   2) 여자 : 한국 사람들은 명절 때 왜 모두 고향에 가요?
      남자 : 그동안 떨어져 지냈던 가족들과 함께 맛있는 것도 먹고 차례도 지내려고 고향에 가는 거예요.
      여자 : 그런데 사람들이 모두 한꺼번에 가느라고 차도 많이 막히잖아요.
      남자 : 그렇지만 일 년에 두 번 있는 명절에 가지 않으면 또 언제 가족들과 시간을 보낼 수 있겠어요.
   3) 여자 : 지금부터 만주족 전통 물건을 전시해 놓은 '지방 민속관'을 보시는 방법을 안내해 드리겠습니다. 민속관은 왼쪽에서부터 시작합니다. 이동하실 때는 왼쪽에서 오른쪽으로 이동하여 주시고, 다른 사람에게 불편을 주지 않도록 해 주십시오. 민속관 안에서는 사진을 찍을 수 없고, 핸드폰도 반드시 꺼 주십시오.
   4) 남자 : 요즘 혼자 살거나 결혼하더라도 아이를 낳지 않은 사람들이 점점 많아집니다. 그런데 아이를 낳지 않으면 사회 구성원이 줄어들어 사회 구조가 불안해집니다. 그렇게 되면 사람들이 나이가 들어 일을 할 수 없을 때 경제가 많이 흔들립니다. 미래 사회를 위해서라도 아이들을 낳아야 합니다.

6. **다음을 듣고 물음에 답하십시오.**
   여자 : 여러분, 이쪽으로 오세요. 지금 보시는 것은 옛날 신발인데요. 옛날 사람들은 비가 올 때 이 신발을 신었습니다. 신발의 앞과 뒤가 바닥보다 높아서 비가 올 때도 발이 물에 젖지 않고요. 또 가벼운 나무로 만들었기 때문에 신었을 때 불편하지 않습니다. 남자 신발과 여자 신발은 모양이 좀 다른데요. 여자 신발은 꽃 그림을 그려서 예쁘게 만들었습니다. 다 보셨으면 옆으로 가실까요?

7. 다음을 잘 듣고 질문에 답하십시오.

　　여행은 우리의 삶을 풍요롭게 해 준다. 여행은 우리에게 짧은 시간에 다양한 경험을 할 수 있게 해 준다. 다람쥐 쳇바퀴 돌 듯 틀에 박힌 생활에서 벗어나 평소에 경험할 수 없던 일들을 여행을 통해 경험하게 된다. 그뿐만 아니라 가까운 곳이나 먼 곳 어디를 가도 여러 가지 삶의 모습에서 비슷한 점들을 발견하게 되는 경우도 있다. 다시 말하면 여행을 하는 동안 다른 사람들에게서 우리 자신과의 공통점과 차이점을 발견하게 되며 이를 통하여 자기 자신을 되돌아볼 수 있게 된다. 이렇듯 여행은 우리의 삶을 여간 윤택하게 하는 것이 아니다.

제14과　음식

본문 들어가기 (課文視听)

1. 대화: 중국 요리

　조　　월: 식기 전에 어서 드세요.
　최희선: 보기만 해도 입맛이 당기네요. 이런 솜씨까지 있는 줄 몰랐어요.
　조　　월: 사실 이 두 가지는 제가 가장 자신있는 요리죠. 맛이 어때요? 입맛에 맞아요?
　최희선: 맛있는데 좀 느끼하고 독특한 향이 있는 것 같아요.
　조　　월: 원래 중국요리에서는 기름과 향료를 많이 쓰죠. 진작 알았으면 기름과 향료를 좀 덜 넣었을 텐데…
　최희선: 아니에요. 중국 요리는 중국 요리다운 맛이 있어야지요.

2. 글: 한국의 음식

　　여러분은 오늘 아침에 무슨 음식을 드셨습니까? 한국 음식을 드셨다고요? 그렇다면 한국 음식에서 빼놓을 수 없는 것이 무엇일까요?
　　밥! 그렇습니다. 한국인의 주식은 바로 밥입니다. 한국에서는 이미 3,500년 전부터 벼를 기르기 시작했다고 합니다. 처음에는 쌀을 떡처럼 쪄서 먹다가 점차 물을 붓고 끓여서 밥을 지어 먹게 되었습니다.
　　그리고 또 한국 음식에서 중요한 것이 뭐가 있을까요? 김치! 여러분 중에 혹시 김치를 싫어하는 사람이 있습니까? 김치야말로 한국 음식 중 가장 기본이 되는 반찬입니다. 김치에는 비타민, 아미노산 등 우리 몸에 필요한 영양소가 많이 들어 있으며 암을 예방하는 물질도 있습니다.
　　또 무엇이 있습니까? 국과 찌개가 있지요. 국과 찌개의 차이점은 무엇일까요? 국은 국물이 많은 것이고, 찌개는 건더기가 많고 맛이 짠 것입니다. 국과 찌개에서 가장 중요한 것이 '간'입니다. 음식의 간을 결정하는 양념에는 소금, 간장, 된장, 고추장이 있습니다. 이런 장들은 음식을 맛있게 해 주는 것으로 영양분도 많습니다. 옛날에는 고기나 생선보다 주로 채소를 반찬으로 먹었기 때문에 단백질이 부족했습니다. 그래서 콩으로 된장, 고추장을 담그고 두부를 만들어서 단백질을 보충했습니다.
　　여러분이 매일 먹는 밥과 국, 김치가 바로 한국 음식의 기본이라고 할 수 있습니다. 모두 맛있게 드셨지요?

연습문제 (练习)

1. 새로 배운 문법으로 만든 문장을 받아 쓰십시오.
　　가) 내 친구야말로 우리 동네에서 가장 잘 생긴 사람이다.
　　나) 이것이야말로 내가 가장 아끼는 옷이다.
　　다) 고추야말로 한국 음식 중 가장 기본이 되는 조미료다.

라) 병원에 가야겠어요. 움직이기만 해도 아프잖아요.
마) 요즘 볼 만한 영화가 많이 나왔어요. 무술 영화만 해도 몇 편이 있던데요.
바) 며칠 전까지만 해도 날씨가 따뜻했는데 오늘 갑자기 눈이 내리네요.

2. **다음을 잘 듣고 빈칸을 채우십시오.**
   1) 보기만 해도 입맛이 당기네요. (이런 솜씨)까지 있는 줄 몰랐어요.
   2) 사실 이 두 가지는 제가 (가장 자신있는) 요리죠.
   3) 맛있는데 좀 (느끼하고 독특한) 향이 있는 것 같아요.
   4) 원래 중국요리에서는 (기름과 향료)를 많이 쓰죠.
   5) 진작 알았으면 기름과 향료를 (좀 덜) 넣었을텐데…
   6) 중국 요리는 중국 (요리다운 맛)이 있어야지요.
   7) 그렇다면 한국 음식에서 (빼놓을 수 없는) 것이 무엇일까요?
   8) 국은 국물이 많은 것이고, 찌개는 (건더기)가 많고 맛이 짠 것입니다.

3. **다음을 잘 듣고 본문과 맞으면 ○표, 맞지 않으면 ×표를 하십시오.**
   1) 원래 중국요리에서는 고기와 향료를 많이 쓴다.
   2) 한국 음식에서 빼놓을 수 없는 것이 밥이다.
   3) 한국에서는 이미 4,500년 전부터 벼를 기르기 시작했다고 합니다.
   4) 불고기야말로 한국 음식 중 가장 기본이 되는 반찬입니다.
   5) 김치에는 비타민, 아미노산 등 우리 몸에 필요한 영양소가 많이 들어 있다.
   6) 국과 찌개에서 가장 중요한 것이 '간장'입니다.
   7) 음식의 간을 결정하는 양념에는 소금, 간장, 된장, 고추장이 있습니다.

4. **본문 내용을 듣고 물음에 답하십시오.**

5. **다음을 듣고 내용과 일치하는 것을 고르십시오.**
   1) 여자 : 민찬 씨, 몸은 좀 어때요?
      남자 : 많이 좋아졌어요. 다음 주면 퇴원할 수 있어요.
      여자 : 그럼, 학교에는 언제쯤 나올 수 있어요?
      남자 : 아마 퇴원하자마자 학교에 나갈 수 있을 거예요. 너무 오래 수업에 빠져서 많이 걱정이에요.
   2) 여자 : 이게 가족사진인가요? 딸이 둘, 아들이 하나 있네요.
      남자 : 네. 큰 딸은 부산에서 병원에 다니고 있고, 작은 딸은 지금 대학에서 공부하고 있어요. 아들은 작년에 결혼해서 해외 파견을 갔어요.
      여자 : 큰딸과 아들이 많이 보고 싶으시겠어요.
      남자 : 그런데 전화나 편지가 자주 와서 괜찮아요.
   3) 남자 : 자동차 사고가 나면 다친 곳이 없다고 생각해도 반드시 병원에 가야 합니다. 자동차 사고는 정신적 충격으로 인한 증상이나 신체적인 증상이 나중에 나타날 수도 있기 때문입니다. 그래서 의사에게서 검사를 받고, 나중에 있을 후유증에 대비하는 것이 좋습니다.

6. **다음 대화를 듣고 남자는 어떤 생각을 하고 있는지 맞는 것을 고르십시오.**
   1) 남자 : 물건을 왜 그렇게 많이 샀어요?
      여자 : 백화점이 세일 기간이라 샀어요. 세일 기간에는 물건 값이 많이 싸거든요.
      남자 : 백화점 세일이 싸 보았자 얼마나 싸겠어요. 싸다고 물건을 많이 사면 그게 오히려 비싼 거예요. 반드시 필요한 물건만 사야 해요.
      여자 : 이건 모두 제가 사고 싶었던 물건이라고요.

2) 남자 : 시청 앞에서 시위를 하던데, 봤어요?
    여자 : 네. 동물 실험을 하지 말라는 내용이었어요.
    남자 : 맞아요. 동물들을 대상으로 실험을 하면 안 되지요.
    여자 : 그렇지만 실험을 하지 않으면 사람들에게 도움이 되는 약은 어떻게 만들겠어요.
    남자 : 그렇지만, 동물도 살아 있는 생물인데 동물에게 실험하는 건 잔인한 일이라고 생각해요.

7. 다음을 듣고 물음에 답하십시오.
    남자 : 요즘 주말에 뭐 해요? 몇 번의 모임에서도 보지 못한 것 같아요.
    여자 : 아, 요즘 주말마다 집 근처 가구 만드는 곳에 가서 책상을 만들고 있어요.
    남자 : 책상요? 책상을 사지 않고 만들어요?
    여자 : 네. 좀 큰 책상을 갖고 싶어서 시작했는데 아주 재미있어요. 그래서 다음에는 식탁도 만들어 보려고요.
    남자 : 그런 걸 할 줄 알아요? 나는 작은 상자도 못 만드는데……
    여자 : 가구 만드는 곳에 가면 다 가르쳐 줘요. 하고 싶으면 같이 가요.

제15과   예약

본문 들어가기 (课文视听)

1. 대화: 호텔 예약
    직원: 감사합니다. 한국호텔입니다.
    손님: 이번 주 목요일, 금요일 이틀 동안 쓸 방을 예약하고 싶은데요.
    직원: 몇 분이 쓸 겁니까?
    손님: 세 사람이 쓸 겁니다. 한강을 보고 싶으니까 가능하면 강이 보이는 쪽으로 예약해 주십시오.
    직원: 네, 알겠습니다. 손님, 방은 몇 개를 예약해 드릴까요?
    손님: 싱글 룸 하나하고 트윈 룸 하나 예약해 주십시오.
    직원: 네, 손님. 싱글 룸 하나 , 트윈 룸 하나요.
        손님 성함하고 연락처를 말씀해 주십시오.
    손님: 제 이름은 김철수이고요. 전화번호는 016-2782-3219입니다.
    직원: 다시 한 번 확인하겠습니다. 이름은 김철수님이고요, 전화번호는 016-2782-3219, 싱글 룸 하나, 트윈 룸 하나, 이번 주 목요일, 금요일 양일 간 쓰실 거구요.
    손님: 네, 맞습니다.
    직원: 예약되었습니다. 오셔서 카운터에 말씀해 주시면 곧바로 투숙하실 수 있습니다.
    손님: 네, 감사합니다.

2. 글: 예약 예의
    예약은 일종의 약속입니다. 호텔이나 식당 그리고 경기장 같은 곳은 예약을 하면 반드시 약속을 지켜야 합니다. 만일 사정이 생겨서 갈 수 없게 되면 꼭 미리 연락을 해야 합니다. 그렇게 하지 않으면 여러 사람에게 피해를 주게 됩니다.
    식당은 보통 주말에 손님이 많습니다. 저녁 시간에는 가족들이 많이 가기 때문에 자리가 없을 때도 있습니다. 주말 저녁에 식당을 편안하게 이용하시려면 먼저 전화로 예약하시는 것이 좋습니다.

연습문제 (练习)

1. 새로 배운 문법으로 만든 문장을 받아 쓰십시오.
    가) 주어진 시간 안에 시험 문제를 다 풀어야 한다.

나) 동생은 자꾸 뚱뚱해지는 것 같아요.
다) 한국에 온 지 1년이 넘었는데 한국 생활에 점점 익숙해지고 있어요.
라) 박 선생님께서는 잘 계시고요?
마) 벌써 엄마가 준 생활비 다 써 버렸다구요?
바) 사모님은 참 미인이세요. 요리 솜씨도 보통이 아니시고요.

2. 다음을 잘 듣고 빈칸을 채우십시오.
   1) 손님, (방 몇 개)를 예약해 드릴까요?
   2) 싱글 룸 하나하고 (트윈 룸) 하나 예약해 주십시오.
   3) 전화번호는 (016-2782-3219)입니다.
   4) 이번 주 목요일, 금요일 (양일간) 쓰실 거구요.
   5) 오셔서 (카운터)에 말씀해 주시면 곧바로 투숙하실 수 있습니다.
   6) 만일 (사정이 생겨서) 갈 수 없게 되면 반드시 미리 연락을 해야 합니다.
   7) 그렇게 하지 않으면 (여러 사람에게 피해를 주게) 됩니다.
   8) 주말 저녁에 (식당을 편안하게 이용하시려면) 먼저 전화로 예약하시는 것이 좋습니다.

3. 다음을 잘 듣고 본문과 맞으면 ○표, 맞지 않으면 ×표를 하십시오.
   1) 손님은 이번 주 수요일, 목요일 이틀 동안 쓸 방을 예약하고 싶어해요.
   2) 손님은 세 명이고 방 세 개를 예약하려고 해요.
   3) 손님은 싱글 룸 하나, 트윈 룸 하나를 예약했어요.
   4) 호텔을 예약한 손님의 전화번호는 016-2782-3219입니다.
   5) 예약을 해서 만일 사정이 생겨서 갈 수 없게 되면 반드시 미리 연락을 해야 합니다.

4. 본문 내용을 듣고 물음에 답하십시오.

5. 다음 대화를 듣고 이어질 수 있는 말을 고르십시오.
   1) 남자 : 담배를 피우고 싶은데 어디로 가야 해요?
      여자 : 저도 이 건물은 처음이라서 잘 모르겠어요. 조금 참으세요.
      남자 : 자꾸 흡연 금지 구역이 많아서 담배를 피우는 것도 너무 힘드네요.
      여자 : _____
   2) 남자 : 우체국 문이 닫혀서 소포를 못 보냈어요.
      여자 : 그래요? 문 닫을 시간이 될 때까지 아직 멀었는데요.
      남자 : _____
   3) 여자 : 한국에 온 지 6개월이 되었네요. 그동안 생활하면서 어떤 점이 힘들었어요?
      남자 : 한국의 문화가 우리나라와 많이 다르니까 한국의 예절을 몰라서 당황할 때가 많았어요.
      여자 : _____

6. 다음을 듣고 남자의 중심 생각을 고르십시오.
   1) 남자 : 민정 씨, 왜 회사 동호회에 가입 안 해요?
      여자 : 저는 따로 활동하는 동호회가 있어요. 그래서 회사 동호회는 가입 안 하려고요. 개인 생활까지 알게 되면 좀 불편할 것 같아서요.
      남자 : 취미 생활을 같이 하면 회사 사람들이랑 빨리 친해질 수 있어요. 필요할 때 조언도 구할 수 있고요.
   2) 남자 : 이건 지금까지 발행된 올림픽 기념우표인가 봐요.
      여자 : 네. 정말 멋있네요. 올림픽의 역사를 보여 주는 것 같아요.
      남자 : 사실 기념우표를 왜 발행하는지 잘 이해가 안 됐어요. 그런데 전시회에 와 보니까 의미를 알겠어요. 특히 역사적인 가치가 큰 것 같아요.

3) 남자 : 저 드라마 역사하고 너무 다른 거 아냐? 작가가 제대로 알고 썼는지 모르겠네.
   여자 : 그냥 드라마일 뿐이잖아. 재미있게 만들려고 내용을 좀 각색했겠지.
   남자 : 역사 드라마는 시청률보다 역사적인 사실 전달에 더 신경 써야 할 것 같아. 시청자들이 기대하는 것도 그런 거 아닐까?
   여자 : 그 말도 맞는데, 시청자가 원하는 건 역사 공부가 아니라 재미야.

7. 다음을 듣고 물음에 답하십시오.
   남자 : 안녕하세요? 여기 풍요마트인데요. 지난주에 주문한 주전자 때문에 전화 드렸습니다.
   여자 : 네, 연락하려고 했는데 주문한 주전자가 왜 이렇게 안 와요?
   남자 : 원하시는 디자인이 가게에 없어서 공장에 주문을 했는데요. 생각보다 늦어져서요. 죄송합니다.
   여자 : 그래요? 그럼 언제쯤 받을 수 있어요?
   남자 : 내일 보낼 거니까 모레쯤은 도착할 겁니다.
   여자 : 네, 알겠습니다.

제16과 취미

본문 들어가기 (课文视听)

1. 대화: 취미가 뭐예요?
왕   동: 민호 씨, 시간이 나면 뭘 해요?
강민호: 전 중국의 전통 희극인 경극을 좋아해요. 그래서 시간이 나면 극장에 가서 경극 공연을 봐요. 왕동 씨는 취미가 뭐예요?
왕   동: 날씨가 좋으면 밖에 나가서 그림을 그려요.
강민호: 참 멋있는 취미를 가졌군요. 난 전혀 그림을 못 그려요.
왕   동: 경극 감상도 아주 특별한 취미인 것 같아요. 중국 문화를 이해하기에도 좋고요.
강민호: 저는 경극의 탈과 의상을 특히 좋아해요. 이번 화요일 밤에 저와 같이 공연을 보실래요? 매주 화요일에 티켓 값이 다른 때보다 좀 싸요.
왕   동: 그래요? 그럼 저도 경극을 한 번 구경해 봅시다.

2. 글: 취미 생활
대부분의 사람들은 취미를 가지고 있습니다. 어떤 사람들은 동전이나 우표를 수집하고, 또 어떤 사람들은 영화나 음악을 감상합니다. 운동이나 여행을 즐기는 사람도 있습니다. 하지만 돈이나 시간 때문에 취미 생활을 못하는 사람도 있습니다.
사람들은 왜 취미 생활을 하는 것일까요? 가장 큰 이유는 취미를 통해 즐거움을 얻기 때문입니다. 취미 생활은 자신이 좋아서 하는 일이기 때문에 스트레스를 받지 않습니다. 오히려 스트레스를 푸는 데 도움을 줍니다. 그러므로 몸과 마음의 건강을 위해 취미 생활을 하는 것이 좋습니다.

연습문제 (练习)

1. 다음 문장을 받아 쓰십시오. (听写下列句子)
가) 저는 주로 서양의 고전음악만 듣는 편이에요.
나) 컴퓨터로 집에서 일하는 사람은 집에만 있으니까 운동부족이 되기 쉬워요.
다) 밖에서 온몸을 이용하는 운동을 하면서 신선한 공기를 마시면 건강에도 좋을 거예요.
라) 취미는 일상 생활에 지친 사람들에게 즐거움을 주고, 새로운 힘을 줍니다.
마) 사람들의 삶이 바쁘고 피곤할수록 취미 활동은 더욱더 중요한 역할을 할 것입니다.

2. 다음을 잘 듣고 빈칸을 채우십시오.
   1) (시간이 나면) 극장에 가서 경극 공연을 봐요.
   2) (참 멋있는) 취미를 가졌군요.
   3) 경극 감상도 아주 (특별한) 취미인 것 같아요.
   4) 저는 경극의 (탈과 의상)을 특히 좋아해요.
   5) 어떤 사람들은 (동전이나 우표)를 수집합니다.
   6) 운동이나 (여행을 즐기는) 사람도 있습니다.
   7) 가장 큰 이유는 취미를 통해 (즐거움을 얻기 때문)입니다.
   8) (오히려 스트레스를 푸는 데) 도움을 줍니다.

3. 다음을 잘 듣고 본문과 맞으면 ○표, 맞지 않으면 ×표를 하십시오.
   1) 왕동 씨는 시간이 나면 극장에 가서 경극 공연을 봐요.
   2) 민호 씨는 왕동 씨가 참 멋있는 취미를 가졌다고 생각해요.
   3) 민호 씨는 그림을 전혀 못 그려요.
   4) 민호 씨와 왕동 씨는 이번 토요일 밤에 경극을 구경하러 극장에 가기로 했어요.
   5) 사람들이 취미 생활을 하는 가장 큰 이유는 취미를 통해 즐거움을 얻기 때문입니다.
   6) 취미 생활은 돈과 시간을 써서 사람들에게 스트레스를 줍니다.

4. 본문 내용을 듣고 물음에 답하십시오.

5. 다음 대화를 듣고 여자가 할 행동으로 알맞은 것을 고르십시오.
   1) 여자 : 도대체 내 컴퓨터에 무슨 문제가 있는지 모르겠는데, 선생님, 좀 봐 줄 수 있어요?
      남자 : 나도 인터넷으로 자료 찾는 정도밖에 모르는데, 박 선생님이 컴퓨터 전공이라서 모르는 게 없잖아요.
      여자 : 그래요? 가까이에 컴퓨터 전공하신 분이 있는 줄 몰랐네요.
   2) 여자 : 잇몸이 붓고 피가 나서 왔어요.
      남자 : 입을 크게 벌려 보십시오. 치아에는 이상이 없는데 잇몸에 염증이 조금 생겼네요.
      여자 : 양치질할 때마다 피가 나는데 왜 그렇죠?
      남자 : 피가 많이 날 만큼 염증이 심한 것은 아닌데, 양치질하는 방법이 잘못된 것 같네요.
      여자 : 그래요? 저는 지금까지 계속 옆으로만 열심히 닦았는데, 그렇게 닦으면 안 되나요?
      남자 : 그렇게 닦으니까 잇몸에 염증이 생기는 겁니다. 앞으로 위아래로 닦으시고 안쪽도 같은 방법으로 닦으십시오.
   3) 여자 : 민호 씨, 내일 민속촌에 같이 갈래요?
      남자 : 민속촌은 왜요?
      여자 : 김치 축제가 있어서 구경 가려고요.
      남자 : 나도 보고 싶기는 하지만 다른 때 가면 안 될까요? 내일은 약속이 좀 있어서요.
      여자 : 내일이 마지막 날이라서 곤란해요. 약속을 다른 날로 바꾸지 그래요?
      남자 : 그럴 수 없어요. 중요한 약속이거든요.
      여자 : 그럼 어쩔 수 없네요. 혼자 가는 수밖에.

6. 다음 대화를 잘 듣고 내용과 일치하는 것을 고르십시오.
   스미스 : 민정 씨, 연을 만들고 있네요.
   민 정 : 아, 내일 연날리기를 하러 한강에 가려고 연을 만들고 있는 거예요.
   스미스 : 저도 연날리기를 좋아하는데, 같이 가도 돼요?
   민 정 : 물론이지요. 그럼 스미스 씨도 연을 만들어 보세요. 나는 네모 모양의 연을 만들 거니까 스미스 씨는 마름모 모양을 만들어 보세요. 여기 마름모 종이 가운데에 둥글게 구멍을 만드는 거예요.

스미스 : 그 다음에는요?
민　정 : 다 됐으면 이 대나무로 틀을 만들고 여기에는 꼬리를 만들어 붙이면 돼요. 바람이 불면 꼬리가 있는 연이 멋있거든요.
스미스 : 꼬리는 여기 여기 세 개를 붙이면 되겠네요.

7. 다음을 듣고 물음에 답하십시오.
여자 : 요즘 집안에 실내 정원을 만들고 싶어하는 분들 많으시죠? 하지만 꽃을 심고 정원을 가꾸는 게 보통 일은 아닙니다. 이럴 때 도움을 받을 수 있는 책이 한 권 있는데요. 이 책에는 꽃을 키우는 방법들이 사진과 함께 있어 배우기가 아주 쉽습니다. 또 봄, 여름, 가을, 겨울에 키울 수 있는 꽃의 종류도 알 수 있고요.

제17과　옷차림

본문 들어가기 (課文視听)

1. 대화: 네가 보기에 내가 입은 이 옷 어때?
   박수미: 희선아, 네가 보기에는 내가 입은 이 옷 어때?
   최희선: 수미야, 너 해변으로 휴가 갈거니? 안 돼, 너무 화려해.
   박수미: 그럴 리가, 내가 백화점을 둘러 볼 때 한 눈에 보고 맘에 쏙 들었다구. 난 이런 스타일이 좋단 말이야.
   최희선: 하지만 옷 입을 때에도 신경을 써야 하는 거야. 옷은 때와 장소를 봐 가면서 입어야 돼.
   박수미: 안심해. 이런 옷을 입고 출근하진 않을 거니까.
   최희선: 그럼 괜찮고. 너 만약에 그거 입고 출근하면 다른 사람들이 분명히 너를 이상하게 볼 거야.

2. 글: 고무신
   한국인은 생활 주변에서 가장 쉽게 구할 수 있는 짚과 나무를 이용해 발을 보호하였습니다. 짚신은 날씨가 좋은 날에 신었고 나막신은 비가 오는 날 신었습니다.
   한복을 입을 때에는 콧날이 도드라진 고무신을 신는 것이 잘 어울립니다. 아주 옛날에는 짚신이나 가죽신, 나막신 같은 것을 신었지만, 외국에서 고무가 들어온 이후부터는 고무신을 신었습니다. 검정색신은 일할 때 신는 막신이었고, 흰색신은 정장을 할 때 신었습니다. 하얀색 버선에 흰 고무신의 곡선은 한복의 아름다움을 더해 줍니다.

연습문제 (練习)

1. 다음 문장을 받아 쓰십시오.
   가) 내 꿈은 바로 패션 디자이너가 되는 거야.
   나) 이런 종류는 싸긴 한데, 오랫동안 사용할 수 없어요.
   다) 이 옷과 어울리는 구두를 한 켤레 찾는데요.
   라) 마음에 안 들면 물릴 수 있습니까?
   마) 전번에 여기서 이 옷을 샀는데요, 돌아가서 물에 한번 빠니까 줄어들었어요.

2. 다음을 잘 듣고 빈칸을 채우십시오.
   1) 하지만 (옷을 입을 때에도) 신경을 써야 하는 거야.
   2) 옷은 (때와 장소를 봐 가면서) 입어야 돼.
   3) 한국인은 (생활 주변에서) 가장 쉽게 구할 수 있는 짚과 나무를 이용해 발을 보호하였습니다.
   4) (짚신)은 날씨가 좋은 날에 신었고 (나막신)은 비가 오는 날 신었습니다.
   5) 한복을 입을 때에는 (콧날이 도드라진) 고무신을 신는 것이 잘 어울립니다.

6) (검정색신)은 일할 때 신는 막신입니다.
7) 흰색신은 (정장을 할 때) 신었습니다.
8) 하얀색 버선에 흰 고무신의 곡선은 한복의 아름다움을 (더해 줍니다).

3. 다음을 잘 듣고 본문과 맞으면 ○표, 맞지 않으면 ×표를 하십시오.
1) 수미 씨가 보여준 옷은 정장입니다.
2) 수미 씨는 새로 산 옷을 입고 출근하지 않을 생각이다.
3) 한국인은 생활 주변에서 가장 쉽게 구할 수 있는 짚과 나무를 이용해 발을 보호하였습니다.
4) 나막신은 날씨가 좋은 날에 신었고 짚신은 비가 오는 날 신었습니다.
5) 한복을 입을 때에는 구두를 신는 것이 잘 어울립니다.
6) 검정색 고무신은 정장을 할 때 신었습니다.
7) 하얀색 버선에 흰 고무신의 곡선은 한복의 아름다움을 더해 줍니다.

4. 본문 내용을 듣고 물음에 답하십시오.

5. 다음 대화를 잘 듣고 이어질 수 있는 말을 고르십시오.
1) 남자 : 마음에 드시면 한번 신어 보시겠어요?
   여자 : 이건 좀 클 거 같은데 좀 더 작은 거로 신어 볼게요.
   남자 : _____
2) 여자 : 실례합니다. 잠깐 들어가도 되겠어요?
   남자 : 네. 그런데 어떻게 오셨습니까?
   여자 : _____
3) 남자 : 이번 주 일요일 오전 광주행 기차를 예약하고 싶은데요.
   여자 : 오전에는 좌석이 없습니다.
   남자 : _____
4) 여자 : 민호 씨 안색이 안 좋은 것 같아요.
   남자 : 정말 그렇죠? 아침까지도 괜찮아 보였는데…….
   여자 : _____

6. 다음을 듣고 내용과 같은 것을 고르십시오.
1) 남자 : 부장님은 초록색을 참 좋아하시나 봐요. 요즘 초록색 옷을 자주 입으시네요.
   여자 : 그러게요. 예전에는 잘 몰랐는데 요즘은 왠지 초록색이 예뻐 보이네요. 나이를 먹어서 그런가 봐요.
   남자 : 나이 때문이 아니라 피로와 스트레스 때문일 수도 있어요. 심리적으로 너무 피곤해서 쉬고 싶다는 마음이 들면, 초록색이 좋아진다는 이야기를 들은 적이 있거든요.
2) 여자 : 잠시 안내 말씀 드리겠습니다. 해야공원에서는 매일 오후 세 시부터 약 40분 동안 재미있는 돌고래 쇼가 진행됩니다. 돌고래쇼에서는 돌고래뿐만 아니라 물개, 바다사자 등 바다 동물들이 펼치는 놀라운 공연을 관람하실 수 있습니다. 공연이 끝난 후에는 동물들과 함께 사진을 찍을 수도 있고 동물을 직접 만져 볼 수도 있습니다. 오늘도 우리 해양공원에서 좋은 추억 만드시기 바랍니다.

7. 다음을 잘 듣고 물음에 답하십시오.
남자 : 머리를 어떻게 해 드릴까요?
여자 : 이 사진에 나온 가수처럼 염색하고 싶은데요. 저한테 잘 어울릴까요?
남자 : 네, 손님은 피부가 맑아서 이런 색깔이 잘 어울릴 거예요. 그런데 이런 머리 모양은 파마를 하면 더 예쁜데 파마도 같이 하실래요?

여자 : 파마요? 며칠 전에 머리를 너무 짧게 잘라서 파마는 다음에 할게요. 오늘은 그냥 염색만 주세요.
남자 : 네, 이쪽으로 오세요.

제18과   운동

본문 들어가기 (课文视听)

1. 대화: 중계 방송
다나카: 왕동 씨 무슨 운동을 좋아하세요?
왕 동: 저는 축구광이에요.
다나카: 중국이 월드컵 본선에 진출했다고 들었어요.
왕 동: 중국은 지금 축구 붐이 일고 있어요. 다나카 씨는 어떤 운동을 좋아하세요?
다나카: 저는 야구를 좋아해요.
왕 동: 그래요? 지금 야구 시합을 중계 방송하고 있는데요.
다나카: 어느 팀과 어느 팀이 경기를 해요?
왕 동: 한국 팀 대 일본 팀이에요.
다나카: 현재 스코어는 몇 대 몇이에요?
왕 동: 1대 0이군요. 한국 팀이 1점 앞서고 있어요.

2. 글: 한국의 전통 무예
태권도는 2000년 전부터 시작된 한국 고유의 전통 무술이다. 태권도는 고구려에서 시작되었으며 삼국 시대와 통일신라, 고려, 조선 시대를 거쳐 발전해 왔다.
태권도는 1986년 제10회 서울 아시안게임에서 처음 정식 종목으로 채택되었다. 그리고 1988년 제24회 서울 올림픽에서는 시범 종목으로 선정되었고, 2000년 제27회 시드니 올림픽에서는 정식 종목으로 채택되었다.
태권도의 기술은 기본 동작, 품세, 겨루기, 격파, 호신술로 나눌 수 있다. 기본 동작은 손과 발을 이용한 기술로, 주먹과 손을 이용한 막기·지르기·찌르기·치기와 발을 이용한 차기가 있다.
태권도의 도복은 위아래 모두 흰색이며, 급수에 따라 허리에 매는 띠의 색깔을 구분하고 있다. 무급은 흰색, 10~9급은 노란색, 8~7급은 초록색, 6~5급은 파란색, 4~3급은 자주색, 2~1급은 빨간색, 유단자 이상은 검은색이다.

연습문제 (练习)

1. 다음 문장을 받아 쓰십시오.
가) 오랜만에 운동을 해서 그런지 어깨가 아파요.
나) 건강하게 살기 위한 가장 좋은 방법이 운동이라는 것이다.
다) 아침 일찍 일어나서 운동을 하니까 밥맛도 좋고, 공부도 더 잘 돼요.
라) 건강한 신체를 가지고 있어야만 건전한 정신을 가질 수 있다고 합니다.
마) 올림픽을 비롯해서 전문적인 운동 선수들의 경기를 보는 것도 즐거운 일입니다.

2. 다음을 잘 듣고 빈칸을 채우십시오.
1) 중국이 (월드컵 본선에) 진출했다고 들었어요.
2) 중국은 지금 (축구 붐이 일고 있어요).
3) 지금 (야구 시합을 중계 방송하고) 있는데요.
4) (한국 팀 대 일본 팀)이에요.

5) (현재 스코어)는 몇 대 몇이에요?
6) 태권도는 1986년 제10회 (서울 아시안게임)에서 처음 정식 종목으로 채택되었다.
7) 1988년 제24회 서울 올림픽에서는 (시범 종목으로 선정되었다).
8) 태권도의 도복은 위아래 모두 흰색이며, 급수에 따라 (허리에 매는 띠의 색깔)을 구분하고 있다.

3. 다음을 잘 듣고 본문과 맞으면 ○표, 맞지 않으면 ×표를 하십시오.
1) 지금 중계 방송하고 있는 경기는 중국팀과 한국팀의 축구 경기이다.
2) 다나카 씨는 축구를 아주 좋아해요.
3) 한국 팀 대 일본 팀의 경기에서 현재 스코어는 1대 0이에요.
4) 한국 팀 대 일본 팀의 경기에서 현재 일본 팀이 지고 있어요.
5) 태권도는 2000년 전부터 시작된 한국 고유의 전통 무술이다.
6) 태권도는 삼국 시대에서 시작되었다.
7) 태권도는 2000년 제27회 시드니 올림픽에서는 정식 종목으로 채택되었다.
8) 태권도의 도복은 급수에 따라 색깔이 다르다.

4. 본문 내용을 듣고 물음에 답하십시오.

5. 다음 대화를 잘 듣고 이어질 수 있는 말을 고르십시오.
1) 남자 : 월요일까지 연휴인데 같이 여행 갈까?
   여자 : 좋아. 가까운 곳으로 가면 좋겠다.
   남자 : _____
2) 남자 : 어제 텔레비전에서 봤는데 내장산에 단풍이 참 아름다웠어요.
   여자 : 네. 저도 주말에 가족들하고 내장산에 다녀왔는데 정말 좋았어요.
   남자 : _____
3) 남자 : 친구들하고 여행 가기로 했는데 너도 갈 수 있지?
   여자 : _____

6. 다음을 듣고 내용과 일치하는 것을 고르십시오.
1) 여자 : 저는 땀이 너무 많이 나서 이제 그만 해야겠어요. 정민 씨는 이렇게 운동을 하는데도 땀을 거의 안 흘리네요.
   남자 : 네. 우리 가족들이 다 땀이 잘 안 나는 편이거든요. 그냥 얼굴만 빨개지고요. 아무리 더워도, 아무리 힘들게 운동을 해도 땀이 거의 안 나요.
2) 남자 : 요즘 아침 6-7시면 출근해 일을 시작하는 사람들, 즉 아침형 인간이 늘어나고 있다고 하는데요. 하루아침에 아침형 인간이 되기는 쉽지 않을 것 같습니다. 아침형 인간이 되기 위한 방법에는 어떤 것들이 있습니까?
   여자 : 성공적인 아침형 인간이 되기 위해서는 잠자는 시간은 오후 11시부터 오전 5시로 정하는 것이 좋습니다. 그리고 저녁에 할 일과 아침에 할 일을 구분해서 하고 아침 운동과 식사는 꼭 해야 합니다. 또한 잦은 야근이나 저녁 술자리는 피하는 것이 좋습니다.

7. 다음을 잘 듣고 내용과 같은 것을 고르십시오.
남자 : 그 동안 저를 사랑해 주신 분들께 감사드립니다. 저는 행복한 농구 선수였습니다. 허리를 다쳐서 병원에 있을 때도, 외국에서 힘든 선수 생활을 할 때도 제 옆에는 여러분이 있었기 때문입니다. 이제 농구 선수 생활을 끝내고 내년부터는 농구를 가르치는 일을 하려고 합니다. 이제 농구장에서 뛰는 모습은 보여 드리지 못하지만 여러분에게 좋은 농구 선수로 기억되었으면 좋겠습니다.

제19과 건강

본문 들어가기 (课文视听)

1. 대화: 건강에 더 신경을 써야 돼요

강민호: 다나카 씨, 요즘 왜 그렇게 안색이 안 좋아요?
다나카: 저도 모르겠어요. 낮에는 계속 졸리고, 밤에는 잠이 오지 않아요.
강민호: 정말 무척 피곤해 보이네요. 집에서 쉬지 왜 도서관에 나와 있어요?
다나카: 이번 주까지 내야 될 보고서도 있고 해서 나왔어요.
강민호: 잠을 못 잔 데다가 보고서까지 쓰려면 힘들겠네요. 저도 전에 불면증에 걸려서 고생한 적이 있거든요.
다나카: 그래요? 어떻게 고쳤어요?
강민호: 잠깐만요, 제 수첩에 불면증을 이기는 방법을 적어 놓은 것이 있어요. 이걸 좀 읽어 봐요.
다나카: 아, 잠이 안 오는데 억지로 자려고 하는 게 내 문제인 것 같아요.
강민호: 자기 전에 운동을 좀 하면 잠이 잘 올 거예요.
다나카: 저도 그러고 싶지만 대학원 수업 때문에 운동할 시간이 별로 없어요.
강민호: 바쁠수록 건강에 더 신경을 써야 돼요. 건강만큼 소중한 게 어디 있겠어요?
다나카: 맞아요. 오늘부터 당장 운동을 시작해야겠네요.

2. 글: 오복 이야기

사람이 살면서 무엇이 복이고 무엇이 행복일까?
사람마다 생각하는 것이 다르고 대답이 다를 것이다. 유교 전통을 지켜오던 한국 사람들은 옛부터 오복(五福)이라 하여 다섯 가지를 꼽았다.
첫째는 '수(寿)'라고 하여 오래 사는 것을 제일로 쳤다. 병이나 사고로 일찍 죽지 않고 장수하는 것을 모든 복의 처음으로 여겼다.
둘째는 '부(富)'로 부유하고 풍족하게 살기를 바랐다.
셋째는 '강녕(康宁)'으로 일생동안 건강하게 사는 것을 중요하게 여겼다.
넷째가 '유호덕(攸好德)'으로 이웃이나 다른 사람을 위해 보람있는 일을 해야 한다고 했다.
마지막으로 '고종명(考终命)'은 다른 곳이 아닌 자신의 집에서 일생을 마치는 것이다.
이 다섯 가지를 살펴보면 역시 건강하게 오래 사는 것을 제일 중요하고 가치있는 것으로 생각했음을 알 수 있다.

연습문제 (练习)

1. 다음 문장을 받아 쓰십시오.

가) 소화가 잘 되지 않고 가슴이 답답해요. 열도 좀 나는 것 같고 힘이 없어요.
나) 따뜻한 물을 많이 마시고 가능하면 찬 바람을 쐬지 않도록 하세요.
다) 약을 먹고 좀 나아졌는데 가끔 기침이 나고 목도 아파요.
라) 처방전에 따라서 약을 지어 주세요.
마) 하얀 색 약은 저녁에 주무시기 전에 한 번 드세요.
바) 건강은 건강할 때 지켜야지 나중에 후회해도 소용이 없어요.

2. 다음을 잘 듣고 빈칸을 채우십시오.

1) 다나카 씨, 요즘 왜 그렇게 (안색이 안 좋아요)?
2) 저도 모르겠어요. 낮에는 (계속 졸리고), 밤에는 잠이 오지 않아요.
3) 저도 전에 (불면증에) 걸려서 고생한 적이 있거든요.

4) 잠이 안 오는데 (억지로 자려고 하는 게) 내 문제인 것 같아요.
5) (바쁠수록) 건강에 더 신경을 써야 돼요.
6) (건강만큼) 소중한 게 어디 있겠어요?
7) (유교 전통을 지켜오던) 한국 사람들은 옛부터 오복이라 하여 다섯 가지를 꼽았다.
8) 이 (다섯 가지를 살펴보면) 역시 건강하게 오래 사는 것을 제일 중요하고 가치있는 것으로 생각했음을 알 수 있다.

3. 다음을 잘 듣고 본문과 맞으면 ○표, 맞지 않으면 ×표를 하십시오.
    1) 다나카 씨가 이번 주까지 보고서를 내야 한다.
    2) 강민호 씨도 지금 아주 피곤하게 보여요.
    3) 강민호 씨도 전에는 불면증에 걸렸어요.
    4) 불면증에 걸린 사람은 자기 전에 운동을 좀 하면 별로 안 좋아요.
    5) 강민호 씨가 대학원 수업 때문에 운동할 시간이 별로 없어요.
    6) 한국 사람들이 꼽았던 다섯 가지의 복 중에서 첫째는 '수'라 한다.
    7) '고종명'은 한국 사람들이 꼽았던 오복 중의 하나이고 다른 곳이 아닌 자신의 집에서 일생을 마치는 것이다.

4. 본문 내용을 듣고 물음에 답하십시오.

5. 다음 대화를 잘 듣고 이어질 수 있는 말을 고르십시오.
    1) 여자 : 오래 기다렸지? 차가 좀 막혔어.
       남자 : 괜찮아. 그런데 전화 왜 안 받았어?
       여자 : _____
    2) 남자 : 늦게까지 공부하니까 배가 좀 고프네요. 학생회관에 있는 매점 아직도 문 열었을까요?
       여자 : 보통 열 시까지 하니까 열었겠죠?
       남자 : _____
    3) 남자 : 이 영화 어떨까? 재미있을까?
       여자 : 난 지난주에 봤는데 기대했던 것보다 별로였어.
       남자 : _____

6. 다음은 무엇에 대한 내용인지 알맞은 것을 고르십시오.
    1) 여자 : 행복이란 무엇일까? 사람들은 언제 자신들이 행복하다고 느낄까?
       남자 : 글쎄. 돈이 많아야 행복을 느끼는 사람도 있고, 돈이 많지 않아도 행복을 느끼는 사람도 있어. 또 친구가 많은 것을 행복으로 느끼는 사람도 있고, 자신의 외모가 훌륭한 것으로 행복을 느끼는 사람도 있어.
       여자 : 그런가? 행복은 각자의 생각에 따라 다르게 느껴지는 거구나.
    2) 남자 : 유실물센터입니다. 무엇을 도와드릴까요?
       여자 : 얼마 전 지하철에 양산을 놓고 내렸습니다. 찾고 싶은데 어떻게 하면 되지요?
       남자 : 우선 저희 유실물센터 웹사이트에 접속하셔서 잃어버린 물건과 날씨, 장소를 입력하신 후, 물건을 검색하시면 찾으실 수 있습니다.
       여자 : 네, 알겠습니다. 정말 감사합니다.
    3) 여자 : 아, 스트레스 쌓여서 안 되겠다. 뭐라도 좀 먹어야지.
       남자 : 그렇게 푸는 것보다는 산책이라도 하는 게 낫지 않겠어요?
       여자 : 전 이럴 땐 먹어야 돼요. 안 그러면 스트레스를 더 받거든요.

7. 다음을 잘 듣고 질문에 답하십시오.
   여자 : 언제나 건강해 보이시는데 뭐 특별한 비결이라도 있으세요?
   남자 : 전 음식은 가리지 않고 다 잘 먹어요. 그리고 아무리 맛있는 음식이라도 과식은 안 해요.
   여자 : 그게 어디 마음대로 되어야지요. 바쁘면 굶고 입에 맞는 음식이 있으면 막 먹게 되어서요.
   남자 : 음식조절을 하지 못한다면 건강은 기대할 수 없습니다.
   여자 : 그러니까 저처럼 불규칙한 생활을 하는 사람들이 건강하지 못한 것은 당연한 일이겠네요.
   남자 : 그래서 어른들 말씀이 밥 잘 먹고 잘 자는 게 보약보다 낫다고 하셨지요.

제20과 편지

본문 들어가기 (課文視听)

1. 대화: 사랑의 편지
   마이클: 민호 씨, 무슨 걱정이 있어요? 안색이 안 좋네요.
   강민호: 네, 실은 며칠 후 여자 친구의 생일인데, 어떤 선물을 보낼지 고민이에요.
   마이클: 사랑의 편지를 한 통 보내면 어때요? 사랑을 전하는 방법 중에서 편지만한 것이 있을까요? 편지는 그 어떤 선물보다도 받는 사람에게 깊은 감동을 줄 수 있어요.
   강민호: 그런데 편지를 쓰는 데는 시간도 많이 걸릴 뿐만 아니라 좀 번거롭지요. 편지지와 편지 봉투, 우표 등 준비해야 할 것이 많거든요.
   마이클: 하지만 편지를 쓰는 과정이 바로 사랑과 기쁨을 느끼는 공간이 되겠지요. 책상 앞에 앉아서 하얀 종이 위에 또박또박 마음을 그리는 게 얼마나 행복하겠어요?
   강민호: 정말 낭만스럽군요. 그럼 사랑의 편지를 선물로 여자 친구한테 보낼게요.

2. 글: 편지 쓰는 방법
   ① 편지를 받을 사람의 이름과 호칭을 쓴다. 받을 사람이 친구일 때는 '에게'를 붙이고, 부모님이나 선생님일 때는 '께'를 붙인다. 이름 앞에는 '보고 싶은, 그리운, 사랑하는, 존경하는' 등을 쓰기도 한다.
   ② 첫인사를 한다. 먼저 상대방이 그동안 잘 지냈는지 물어본 후 자신의 안부를 전한다. '그동안 잘 지냈니? 나는 잘 있어.', '선생님, 그동안 안녕하셨어요? 저는 선생님 덕분에 잘 지내고 있습니다.' 등으로 쓸 수 있다. 이 때 계절 인사를 함께 하는 것이 보통이다.
   ③ 상대방에 대한 감사 인사나 사과의 말을 쓴다. '지난번에 보내준 편지 잘 받았어.', '답장이 늦어서 죄송합니다.' 처럼 쓰면 된다.
   ④ 편지를 쓴 목적에 맞게 자신이 하고 싶은 말을 쓴다. 안부 편지라면 자신의 요즘 생활에 대해 자세히 쓰고, 부탁 편지라면 무엇을 어떻게 해 달라는 내용을 쓰면 된다.
   ⑤ 내용을 마무리하고 끝인사를 한다. '그럼, 오늘은 이만 줄일게. 잘 있어.', '그럼, 다음에 또 연락 드리겠습니다. 몸 건강히 안녕히 계십시오.' 와 같이 쓴다.
   ⑥ 편지 쓴 날짜를 연, 월, 일 순서로 쓴다.
   ⑦ 자신의 이름을 쓰고 그 뒤에 '씀' 이나 '드림', '올림' 을 쓴다.
   ⑧ 본문에 쓰지 못한 말이나 특별히 부탁하고 싶은 말이 있을 때는 '추신' 이라 하고 쓰면 된다.

연습문제 (练习)

1. 다음 문장을 받아 쓰십시오.
   가) 끝으로 당신에게 또 당신을 통해서 대표단 여러분에게 진심으로 인사 말씀을 올립니다.
   나) 원만한 가정을 꾸미고 언제까지나 행복하시기를 기원합니다.

다) 언제 한번 저희 집에 와 주신다면 대단히 기쁘겠습니다.
라) 갑자기 예정이 변경되었기 때문에 연락을 못했습니다.
마) 줄곧 매우 바빠서 답장이 늦어졌습니다.
바) 베이징 체류 중 베풀어 주신 은혜에 깊이 감사드립니다.

2. **다음을 잘 듣고 빈칸을 채우십시오.**
   1) 실은 며칠 후 여자 친구의 생일인데, (어떤 선물을 보낼지) 고민이에요.
   2) 사랑의 마음을 전하는 방법 중에서 (편지만한 것)이 있을까요?
   3) 편지는 그 어떤 선물보다도 받는 사람에게 (깊은 감동)을 줄 수 있어요.
   4) 그런데 (편지를 쓰는 데는) 시간도 많이 걸릴 뿐만 아니라 좀 번거롭지요.
   5) (편지지와 편지 봉투), 우표 등 준비해야 할 것이 많거든요.
   6) 책상 앞에 앉아서 (하얀 종이 위에 또박또박) 마음을 그리는 게 얼마나 행복하겠어요?
   7) 편지를 받을 사람의 이름과 (호칭)을 쓴다.
   8) 먼저 상대방이 그동안 잘 지냈는지 물어본 후 (자신의 안부)를 전한다.
   9) 내용을 마무리하고 (끝인사)를 한다.

3. **다음을 잘 듣고 본문과 맞으면 ○표, 맞지 않으면 ×표를 하십시오.**
   1) 민호 씨는 자기 반 친구의 생일때문에 고민을 하고 있어요.
   2) 민호 씨의 친구는 민호 씨에게 여자 친구의 선물로 사랑의 편지를 쓰라고 권했어요.
   3) 민호 씨는 사랑의 편지를 선물로 여자 친구한테 보내기로 했어요.
   4) 편지를 쓸 때 우선 편지를 받을 사람의 이름과 호칭을 써야 한다.
   5) 편지 내용을 마무리하고 상대방에 대한 감사 인사나 사과의 말을 쓴다.
   6) 안부 편지라면 무엇을 어떻게 해 달라는 내용을 쓰면 된다.
   7) 부탁 편지라면 자신의 요즘 생활에 대해 자세히 쓰면 된다.
   8) 본문에 쓰지 못한 말이나 특별히 부탁하고 싶은 말이 있을 때는 '추신' 이라 하고 쓰면 된다.

4. **본문 내용을 듣고 물음에 답하십시오.**

5. **다음 대화를 잘 듣고 이어질 수 있는 말을 고르십시오.**
   1) 여자 : 드디어 다음 주면 휴가네요. 휴가 때 무슨 계획 있어요?
      남자 : 그냥 고향에나 갔다 오려고요. 미란 씨는요?
      여자 : _____
   2) 남자 : 민정 씨, 얼굴이 안 좋아요. 무슨 일 있어요?
      여자 : 이따가 회의에서 발표할 때 실수할까 봐 긴장돼서요.
      남자 : _____
   3) 여자 : 다음 달부터 회사에서 중국어를 가르쳐 준다면서요?
      남자 : 네. 수업료도 무료이고 결석을 안 하면 선물까지 준대요.
      여자 : _____

6. **다음 대화를 잘 듣고 내용과 일치하는 것을 고르십시오.**
   존슨 : 한국 풍습에 관해서 좀 듣고 싶은데요. 무엇이든지 좀 말씀해 주시겠어요?
   민호 : 참 어려운 질문이군요. 무엇을 말씀 드리면 좋을까요?
   존슨 : 예를 들자면 돌이든지, 환갑에 대해서요.
   민호 : 한국에서는요, 돌 전에 백일이라는 것이 있어요. 이때에 손님들을 초대해서 한턱 내지요.
   존슨 : 그런데 환갑이란 도대체 뭐예요? 환갑이란 말은 들었지만…
   민호 : 예순한 살이 되면, 돌 때와 같이 큰 잔치를 해요. 그런데 환갑은 결혼 다음으로 중요하지요.
   존슨 : 그럼, 환갑 때도 사람들을 초대하겠군요.

민호 : 그야 물론이지요. 친척, 친한 친구, 이웃들을 모두 초대합니다.
존슨 : 그런데, 환갑 때 부모님께 절도 합니까?
민호 : 그럼요, 옛날식으로 큰절을 하지요. 설날 세배하는 것처럼요.

7. 다음을 잘 듣고 질문에 답하십시오.
   남자 : 한국에 오기 전에 한국 사람들은 술자리를 정말 좋아한다고 들었는데, 실제로 와서 보니까 그렇지도 않은 것 같아요.
   여자 : 몇 년 전만 해도 일 못지않게 술자리도 중요하다고 생각해서 술을 좋아하지 않는 사람들도 마지못해 술을 마시곤 했죠.
   남자 : 그런데 요즘은 많이 달라졌나 보죠?
   여자 : 네, 요즘 사람들은 자신의 건강에 신경을 많이 쓰고, 또 가족과의 시간을 중요하게 여기니까 술자리가 많이 줄었어요.
   남자 : 그렇군요. 이거 좀 실망인데요. 저는 술을 좋아해서 한국에 오면 술 마실 기회가 많으리라 생각했는데.

제21과 독서

본문 들어가기 (課文視聽)

1. 대화: 인기있는 지면
   선생님: 마이클 씨, 신문을 펴면 제일 먼저 무엇부터 봐요?
   마이클: 먼저 1면 머릿기사를 보고 내용을 대강 훑어 본 다음에 사회면을 봅니다. 그러고 나서 문화면을 보지요.
   선생님: 저는 만화를 제일 먼저 보는데요. 만화만큼 시사성이 풍부한 것도 없거든요. 그 다음에 1면을 봐요.
   마이클: 시사성이 많기로는 사설을 따를 게 있겠습니까? 이해하기가 좀 어려울 때도 있기는 하지만요.
   선생님: 젊은이에게 가장 인기가 있는 것은 뭐니뭐니 해도 스포츠면인 것 같습니다.
   마이클: 어떤 한국 신문은 외국사람들에게는 좀 문제예요. 아무리 한글을 잘 알아도 한자를 모르고서는 신문을 읽을 수 없으니까요.

2. 글: 독서와 인생
   사람은 무엇을 위하여 사는가? 이상을 위해 산다. 이상을 위해 산다는 것은 오직 인간만이 누릴 수 있는 특권이다. 여타의 동물은 이상이라는 것이 없다. 다만, 현실만을 위해 산다. 즉, 먹기 위해 살고, 살기 위해 먹는다. 그러나 인생은 그렇지가 않다. 먹기도 해야 하겠지만, 먹는 것만으로는 만족하지 못한다. 그리하여 사람은 빵만으로 사는 동물이 아니라고 했다.
   이상(理想)을 위해 산다는 것은 어떠한 꿈을 그리며 산다는 말이 된다. 이 꿈이란 것은 현실이 아니란 말이다. 현실 이상(以上)의 것, 초현실적인 것을 의미한다.

연습문제 (練習)

1. 다음 문장을 받아 쓰십시오.
   가) 한국 소설 '무정'은 한국 사람이라면 누구나 한 번쯤은 읽어 봤을 거야.
   나) 나도 중국의 위인들에 대한 책을 읽어 봐야겠어요.
   다) 좋은 책을 가려 읽는 가장 좋은 방법은 전문가의 추천을 참고하는 것이다.
   라) 친구의 생일 선물로 시집을 한 권 선물하면 좋을 것 같다.

마) 오랫동안 기억할 만한 좋은 내용이 담긴 책을 골라 읽는 것이 좋습니다.

2. **다음을 잘 듣고 빈칸을 채우십시오.**
   1) (신문을 펴면) 제일 먼저 무엇부터 봐요?
   2) 먼저 1면 머릿기사를 보고 내용을 (대강 훑어 본 다음에) 사회면을 봅니다.
   3) (만화만큼 시사성)이 풍부한 것도 없거든요.
   4) 젊은이에게 가장 인기 있는 것은 (뭐니뭐니 해도) 스포츠면인 것 같습니다.
   5) 이상을 위해 산다는 것은 (오직 인간만)이 누릴 수 있는 특권이다.
   6) (여타의 동물)은 이상이라는 것이 없다.
   7) 이 꿈이란 것은 현실이 아니란 말이다. 현실 이상의 것, (초현실적인 것)을 의미한다.

3. **다음을 잘 듣고 본문과 맞으면 ○표, 맞지 않으면 ×표를 하십시오.**
   1) 신문을 펴면 마이클 씨는 먼저 문화면을 본다.
   2) 선생님은 먼저 1면 머릿기사를 보고 내용을 대강 훑어 본다.
   3) 선생님은 만화만큼 시사성이 풍부한 것이 없다고 생각한다.
   4) 마이클 씨는 사설의 시사성이 가장 많다고 생각한다.
   5) 어떤 한국 신문이 외국사람들에게 좀 문제 되는 것은 아무리 한글을 잘 알아도 한자를 모르고서는 신문을 읽을 수 없다는 것이다.
   6) 사람은 이상을 위해서 산다. 여타의 동물은 현실만을 위해 산다.

4. **본문 내용을 듣고 물음에 답하십시오.**

5. **다음을 듣고 이어질 수 있는 말을 고르십시오.**
   1) 여자 : 전에 이야기했던 그 CEO는 오늘 강연하러 우리 대학에 온대.
      남자 : 그래? 몇 시 시작인데? 난 2시까지 수업이 있어서.
      여자 : _____
   2) 여자 : 교수님, 앞의 자리에 앉으시겠습니까?
      남자 : 출입구에 가까운 자리는 없어요? 이따가 좀 일찍 떠나야 하는데요.
      여자 : _____
   3) 여자 : 어? 내 휴대폰이 어디 갔지?
      남자 : 아까 휴게실에서 봤는데…….
      여자 : _____

6. **다음은 무엇에 대한 내용인지 맞는 것을 고르십시오.**
   1) 독서가 힘든 이유는 독서하는 시간을 만들고 습관화하는 데 어려움이 많이 따르기 때문입니다. '하루에 1시간을 책을 읽겠다.'라는 목표를 설정하고 시간을 어떻게 확보할지 계획을 세우는 것이 중요합니다. 그리고 출퇴근할 때 전철이나 버스에서 혹은 귀가 후 일정 시간을 할애해 하루에 확보할 수 있는 시간을 최대한 활용하도록 합니다.
   2) 관리 사무실에서 알려 드립니다. 오는 18일 오전 8시 30분부터 오후 6시까지 단지 내 지하 저수조 및 옥상 물탱크 청소를 실시하고자 합니다. 그로 인하여 단수될 예정이니 주민 여러분께서는 하루 전에 욕조나 다른 용기에 물을 받아 놓으시기 바랍니다.
   3) 감기에 걸리지 않으려면 과로나 정신적인 긴장을 피하도록 하고 땀에 젖거나 목욕한 이후에는 찬바람을 쐬지 않는 것이 좋습니다. 환기가 잘 안 되고 먼지가 많은 곳은 피하며, 옷을 얇게 입거나 더운 곳에서 갑자기 추운 곳으로 나가거나, 추운 곳에 오래 있지 않도록 합니다. 또한 비타민C의 섭취가 감기의 예방과 치료에 좋은 효과가 있으므로 경우에 따라 복용을 하도록 합니다.

7. 다음 대화를 잘 듣고 질문에 답하십시오.

매이클: 민찬 선배님, 안녕하십니까?
민 찬: 아, 매이클! 마침 잘 됐네. 그렇지 않아도 연락하려던 참이었어.
매이클: 저한테요? 무슨 일이신데요?
민 찬: 다음 주 토요일이 내 딸아이 돌이거든. 그래서 돌잔치를 하려고 하는데, 매이클 씨도 와 주었으면 해서.
매이클: 아이 돌이라고요? 정말 축하 드려요. 돌잔치는 어디서 하는데요?
민 찬: 저녁 6시부터 9시까지 아현역 근처에 있는 장미 뷔페에서 할 예정이야. 시간 괜찮으면 와서 식사라도 같이 해.
매이클: 네, 그럴게요. 대학원 수업이 있기는 하지만 끝나는 대로 가면 많이 늦지는 않을 거예요.
민 찬: 몇 시까지 올 수 있어?
매이클: 6시 30분쯤 해서 도착할 수 있을 것 같아요.
민 찬: 그럼 돌잡이를 볼 수 있겠네.
매이클: 돌잡이라고요? 전부터 꼭 한 번 보고 싶었는데, 잘 됐네요.
민 찬: 장소는 정연이가 잘 알 테니까 정연이하고 같이 가.

제22과 면접

본문 들어가기 (课文视听)

1. 대화: 광고회사에서 면접 받기

(수미 씨는 광고회사에 지원하여 면접관의 질문에 대답하고 있다.)

면접관: 대학교를 졸업한 지 얼마나 됐습니까?
박수미: 작년에 졸업했습니다.
면접관: 시험 성적도 좋으시고 재학 중에 공부도 잘 하셨군요. 저희 광고 회사를 지원하게 된 동기는 무엇입니까?
박수미: 저는 학교 때부터 광고에 대한 관심을 많이 갖고 강의도 열심히 들었습니다. 그리고 광고회사에서 일하는 것이 제 적성에 맞을 것 같다고 생각합니다.
면접관: 그럼 전에 광고회사에서 일한 경험이 있습니까?
박수미: 네. 대학교에 다닐 때 광고회사에서 아르바이트를 한 적이 있었습니다. 광고 문안을 만드는 일을 8개월 정도 도왔습니다.
면접관: 저희 회사에서 일을 하게 된다면 특히 하고 싶은 일은 있습니까?
박수미: 카피라이터로 일하고 싶습니다.
면접관: 결혼한 뒤에 가정과 직장 모두를 잘 이끌어 갈 자신이 있습니까?
박수미: 저는 가정도 중요하지만, 저 자신을 위한 삶이 더 중요하다고 생각합니다.
면접관: 알겠습니다. 수고하셨습니다. 나중에 연락드리겠습니다.
박수미: 감사합니다.

2. 글: 면접 때의 주의 사항

면접을 볼 때는 헤어스타일, 화장, 옷, 표정 등이 모두 중요합니다. 헤어스타일은 짧고 깨끗한 것이 좋습니다. 화장은 진하지 않은 것이 좋으며 화려한 액세서리는 피해야 합니다. 옷은 정장을 하는 것이 좋습니다. 대답할 때는 미소를 띤 얼굴로 상대방의 눈을 보는 것이 좋습니다. 이 외에도 신발은 걸을 때 소리가 크게 안 나는 것을 신어야 합니다. 이렇게 하면 면접관에게 좋은 인상을 주어 높은 점수를 받을 수 있습니다.

연습문제 (练习)

1. 다음 문장을 받아 쓰십시오.
   가) 어릴 때부터 기계에 관심이 많아서 대학도 기계공학과를 선택했습니다.
   나) 4년 동안 친구들과 함께 사회 봉사 동아리에서 활동한 경험도 있습니다.
   다) 대학을 졸업한 후에 한국에서 1년 6개월 동안 한국어 연수를 했습니다.
   라) 지금은 한국어로 말하거나 들을 때 불편한 점은 없습니다.
   마) 제가 만약 귀사에 입사하게 된다면 최선을 다해 열심히 일하겠습니다.

2. 다음을 잘 듣고 빈칸을 채우십시오.
   1) 저는 학교 때부터 (광고에 대한 관심)을 많이 갖고 강의도 열심히 들었습니다.
   2) 광고회사에서 일하는 것이 (제 적성에 맞을 것) 같다고 생각합니다.
   3) (광고 문안)을 만드는 일을 8개월 정도 도왔습니다.
   4) 귀사에서 일을 하게 된다면 (카피라이터)로 일하고 싶습니다.
   5) 결혼한 뒤에 가정과 직장 모두를 잘 (이끌어 갈 자신)이 있습니까?
   6) 저는 가정도 중요하지만, 제 (자신을 위한 삶)이 더 중요하다고 생각합니다.
   7) (헤어스타일)은 짧고 깨끗한 것이 좋습니다.
   8) 화장은 진하지 않은 것이 좋으며 화려한 (액세서리)는 피해야 합니다.
   9) 대답할 때는 (미소를 띤) 얼굴로 상대방의 눈을 보는 것이 좋습니다.

3. 다음을 잘 듣고 본문과 맞으면 ○표, 맞지 않으면 ×표를 하십시오.
   1) 박수미 씨는 대학교를 졸업한 지 일년이 되었다.
   2) 박수미 씨는 광고회사에 지원한 동기가 직장을 갖고 싶어하는 것이었다.
   3) 박수미 씨는 대학교에 다닐 때 광고회사에서 아르바이트를 한 적이 있었다.
   4) 박수미 씨는 대학교 때 광고회사에서 일년 동안 광고 문안을 만드는 일을 도와 주었다.
   5) 박수미 씨는 가정이 제일 중요하다고 생각하여 결혼한 다음에 직장을 그만둘 것이다.
   6) 면접을 볼 때는 헤어스타일은 짧고 깨끗한 것이 좋다.
   7) 면접을 볼 때는 화장을 좀 진하게 해야 한다.
   8) 면접을 볼 때는 신발은 걸을 때 소리가 크게 안 나는 것을 신어야 한다.

4. 본문 내용을 듣고 물음에 답하십시오.

5. 다음 대화를 잘 듣고 이어질 수 있는 말을 고르십시오.
   1) 여자 : 삼천리 식당이죠? 좀 전에 거기서 저녁 먹고, 가방을 두고 온 거 같은데요. 혹시 거기 빨간색 가방 없어요?
      남자 : 아, 네. 여기 있습니다.
      여자 : _____
   2) 여자 : 민호 씨, 입사 시험 잘 봤어요?
      남자 : 문제는 별로 어렵지 않았는데, 잘 모르겠어요.
      여자 : _____
   3) 여자 : 부장님이 그러는데 민호 씨가 어제 외국 지사 근무를 신청했대요.
      남자 : 정말요? 왜 갑자기 그런 결정을 했대요?
      여자 : _____

6. 다음 대화를 듣고 여자가 어떤 생각을 하고 있는지 맞는 것을 고르십시오.
   1) 남자 : 새로 오신 우리 지점장님은 회의를 짧게 해서 좋은 것 같아요. 중요한 얘기만 하니까 좋더라고요.

여자 : 회의가 짧은 건 좋은데 의견을 말할 수 있는 시간이 좀 부족한 거 같아요. 이런저런 생각을 얘기할 수 있는 시간이 충분히 있었으면 좋겠어요. 그때그때 말하지 않으면 그냥 넘어가기 쉽잖아요.

2) 남자 : 우리 회사에서 또 경력 사원을 뽑네요. 요즘 신입 사원을 뽑는다는 광고는 별로 없어요. 이래서 직장 경험 없는 사람들이 어떻게 회사에 취직할 수 있겠어요?

여자 : 회사에서는 아무래도 경력 사원을 선호하게 돼요. 신입 사원은 일에 적응하는 데 시간이 걸리니까요. 경력 사원을 뽑으면 교육이나 훈련에 필요한 시간과 비용을 아낄 수 있잖아요.

3) 남자 : 왜 이렇게 졸리지? 이거 오늘까지 끝내야 되는데. 커피 한 잔 마셔야겠다.

여자 : 또 마시1려고? 하루에 한두 잔은 괜찮겠지만 너무 많이 마시면 몸에 안 좋아. 그냥 밖에 좀 나갔다 와.

7. 다음 대화를 잘 듣고 질문에 답하십시오.

교수님 : 장소미 씨, 이쪽으로 앉으세요.
장소미 : 안녕하세요? 처음 뵙겠습니다. 중국에서 온 장소미라고 합니다.
교수님 : 전공이 중국에서 경제학인데, 혹시 한국 역사에 대해서 공부했습니까?
장소미 : 아니요, 전공 공부를 하느라고 한국사는 공부하지 못했습니다.
교수님 : 그렇군요. 한국에 온 지는 얼마나 됐어요?
장소미 : 1년 전에 왔습니다.
교수님 : 한국어로만 수업을 하는데 힘들지 않겠어요?
장소미 : 처음에는 좀 힘들겠지만, 열심히 해서 따라가겠습니다.
교수님 : 그럼 우리 학과에 지원한 동기부터 들어볼까요?
장소미 : 저는 한국에 오기 전부터 국제 관계에 관심이 많았습니다. 특히 동북아시아 지역에 대한 공부를 하고 싶었습니다. 그래서 지원하게 되었습니다.
교수님 : 그래요? 앞으로의 계획을 간단하게 이야기해 보세요.
장소미 : 대학원에 합격한다면 열심히 공부한 후에 중국으로 돌아가 외교부에서 일을 하고 싶습니다.

제23과 직장

본문 들어가기 (課文視听)

1. 대화: 직업

김진수: 박준호 씨, 요새도 무역회사에서 일하고 계시지요?
박준호: 아니요, 벌써 그만둔 지가 오래 되었습니다. 보험회사에 취직한 지가 일 년이나 되었는걸요.
김진수: 그러세요? 무역회사가 월급이 낫지 않습니까?
박준호: 월급쟁이 생활이야 마찬가지지요. 그래. 공무원 생활은 어떻습니까?
김진수: 아이구, 죽을 지경입니다. 갑자기 직업을 바꿀 수도 없고…
박준호: 공무원 생활은 괜찮다던데, 그렇지 않습니까?
김진수: 괜찮은 것이 뭡니까? 차라리 들어가지 않았던들 이 고생은 하지 않을 텐데…
박준호: 처음부터 공무원으로 취직하셨습니까?
김진수: 저야 학교 다닐 때부터 안 해 본 것 있습니까? 급사 노릇, 점원 노릇, 판매원 노릇, 목수 노릇…

박준호 : 사람이란 고생으로 말미암아, 강해지는가 봐요.

2. **글: 직업의 조건**

　　사람은 누구나 나이를 먹으면 직업을 갖게 된다. 직업을 고를 때 사람들은 어떤 조건을 고려할까? 직업을 선택하는 조건에는 월급, 사회적 가치, 적성 등이 있다. 가장 먼저 생각하게 되는 것은 월급이다. 일을 통해 번 돈으로 의식주를 해결하기 때문이다. 그러므로 적게 일하고 많은 돈을 벌 수 있으면 좋은 직업이라고 할 수 있다.

　　직업을 선택하는 또 다른 조건은 보람과 사회적 가치이다. 힘이 들어도 다른 사람에게 도움을 줄 수 있으면 그 일은 가치가 있는 일이다. 경찰관, 소방관, 환경 미화원, 집배원 등은 월급은 적지만 사회에서 없어서는 안 될 중요한 일이다. 우리는 직업을 선택할 때 자신의 일이 다른 사람에게 도움이 되는 일인지 생각해 봐야 한다.

　　하지만 무엇보다 중요한 조건은 개인의 적성이다. 다른 조건이 좋아도 적성에 맞지 않아 즐겁게 일할 수 없다면 오래 하기 힘들고, 스스로 만족하기도 어렵다. 이와 같이 조건에 맞는 일을 직업으로 갖게 된다면 우리는 좀 더 행복하게 생활할 수 있을 것이다.

연습문제 (练习)

1. **다음 문장을 받아 쓰십시오.**
   가) 나는 요즘 아르바이트를 구하고 있는데, 생각보다 일자리 얻기가 힘드네.
   나) 저는 이번에 새로 입사한 장동이라고 합니다.
   다) 저는 대학에서 경영학을 전공했고, 경희대학교에서 2년 동안 한국어를 공부했습니다.
   라) 철수 씨가 일을 열심히 하나 봐요. 매일 퇴근을 늦게 해요.
   마) 두 회사가 다 좋아서 어느 회사에 가야 할지 고민이거든요.

2. **다음을 잘 듣고 빈칸을 채우십시오.**
   1) 벌써 (그만둔 지)가 오래 되었습니다. 보험회사에 취직한 지가 일 년이나 되었는걸요.
   2) (월급쟁이) 생활이야 마찬가지지요. 뭐.
   3) 공무원 생활은 (죽을 지경)입니다.
   4) (차라리) 들어가지 않았던들 이 고생은 하지 않을 텐데…
   5) 사람이란 고생으로 (말미암아), 강해지는가 봐요.
   6) (일을 통해 번 돈)으로 의식주를 해결하기 때문이다.
   7) 직업을 선택하는 또 다른 조건은 (보람과 사회적 가치)이다.
   8) 하지만 무엇보다 중요한 조건은 (개인의 적성)이다.

3. **다음을 잘 듣고 본문과 맞으면 ○표, 맞지 않으면 ×표를 하십시오.**
   1) 박준호 씨는 아직도 무역회사에서 일하고 있다.
   2) 박준호 씨는 보험회사에 취직한 지가 일 년이나 되었다.
   3) 김진수 씨는 공무원으로 일하고 있다.
   4) 김진수 씨는 공무원 생활에 아주 만족해하고 있다.
   5) 박준호 씨는 학교에 다닐 때부터 고생을 많이 했다.
   6) 직업을 선택하는 조건에는 월급, 사회적 가치, 적성 등이 있다.
   7) 다른 사람에게 도움을 줄 수 있지만 힘이 들면 그 일은 가치 있는 일이라고 할 수 없다.
   8) 다른 조건이 좋아도 적성에 맞지 않아 즐겁게 일할 수 없다면 오래 하기 힘들고, 스스로 만족히기도 어렵다.

4. **본문 내용을 듣고 물음에 답하십시오.**

5. 다음 대화를 잘 듣고 이어질 수 있는 말을 고르십시오.
   1) 여자 : 우리 대학 도서관이 이렇게 높은지 몰랐어요.
      남자 : 이렇게 꼭대기에 올라오니까 기분이 정말 좋지 않아요?
      여자 : _____
   2) 남자 : 이번 광주 출장은 기차로 가는 게 어떨까요?
      여자 : 기차요? 어제는 차로 가자고 하셨잖아요.
      남자 : _____
   3) 남자 : 늦어서 미안해요. 아르바이트가 늦게 끝났어요.
      여자 : 괜찮아요. 새로 시작한 아르바이트는 어때요?
      남자 : _____

6. 다음을 듣고 내용과 일치하는 것을 고르십시오.
   1) 여자 : 이사는 잘 끝났죠?
      남자 : 네. 짐이 많지 않아서 빨리 끝났어요. 그런데 이사 후에도 신경 써야 할 게 많네요. 할 일들을 정리해 두었는데도 정신이 없어요. 전화랑 인터넷도 연결해야 하고요.
      여자 : 저도 정리가 다 될 때까지 한 달은 걸렸던 것 같아요.
   2) 여자 : 총무과에서 안내 말씀 드리겠습니다. 오늘 오후 세 시부터 소방 시설 점검을 실시할 예정입니다. 점검 중에 비상경보 벨이 작동될 수 있습니다. 그리고 엘리베이터를 사용할 수 없으니 계단을 이용해 주시기 바랍니다. 조금 불편하시더라도 양해해 주시면 감사하겠습니다.
   3) 남자 : 다음은 알뜰 경제 소식입니다. 자주 고장 나는 복사기 때문에 불편한 사무실이 많죠? 최근 복사기를 1년 이상 빌려 주는 서비스가 화제입니다. 복사기 관리비는 물론 수리비도 복사기 회사에서 부담하는데요. 빌려 쓰면 복사기를 사는 것에 비해서 연 100만 원 정도 절약된다고 합니다. 이런 장점 때문에 복사기를 빌려 쓰는 사무실이 늘어날 것으로 보입니다.

7. 회사에서 직원들에게 알리는 방송입니다. 잘 듣고 게시판의 빈 곳을 채우십시오.
   오늘 퇴근 후 7시부터 회사 앞 "장미가든"에서 맥주 파티가 있을 예정입니다. 이번 모임의 목적은 얼마 전 새로 들어온 신입 사원들을 환영하기 위한 것입니다. 모두 참석하셔서 즐거운 시간을 보내시기 바랍니다. 모두 모여서 주거니 받거니 하며 시간을 보내노라면 그동안 쌓인 피로를 말끔히 씻을 수 있을 겁니다. "장미가든" 전화번호는 780-4298이고 회비는 만원입니다.

제24과 비즈니스

본문 들어가기 (課文視听)

1. 대화: 비즈니스 상담

A: 가격을 더 올릴 수는 없습니까?
B: 아까도 말씀 드렸지만 이것이 저희 측이 수용할 수 있는 최고가격입니다.
A: 좋습니다. 이번이 귀사와의 첫 거래이니 서로 손해 안 보는 선에서 계약하도록 합시다.
B: 감사합니다. 그럼 물품은 언제까지 인도할 수 있습니까?
A: 내달 초까지 인도하도록 하겠습니다.
B: 물품이 연기될 경우 저희 측이 손해를 보게 됩니다. 이 점 주의해 주시기 바랍니다.
A: 그것은 걱정 마십시오. 꼭 기한 내에 보내도록 하겠습니다. 자, 계약서를 작성해 주십시오.
B: 계약서를 한번 훑어보시지요. 이의가 있으면 바로 말씀하십시오

A: 좋습니다. 여기에 서명하면 됩니까?
B: 네, 그렇습니다. 계약이 원만히 성사되어 기쁩니다.
A: 저희도 마찬가지입니다. 앞으로도 귀사와 계속 거래하길 바랍니다.
B: 계약 체결을 축하할 겸, 저희 측이 저녁을 대접할까 합니다.
A: 감사합니다. 기꺼이 참석하도록 하겠습니다.

2. 글: 협력의 중요성

　　오늘날 세계경제의 흐름은 크게 두 가지로 나타나고 있습니다. 하나는 세계화이며 또 다른 하나는 지역경제의 통합화입니다.
　　세계화는 경제활동이 국경을 넘어서 전 세계로 확대되는 것을 의미합니다. 물론 이러한 의미의 세계화가 아주 새로운 것은 아닙니다. 신대륙이 발견되고 동서양 간의 무역이 활발했던 16세기에도 국경을 초월한 경제활동이 있었으며 19세기와 20세기 초에는 상당한 수준에 이르기도 하였습니다.
　　그러나 20세기 말부터 나타나고 있는 세계화는 그 규모와 속도 면에서 이전과는 비교할 수 없을 만큼 크고 빠르게 이루어지고 있습니다. 그리고 과거의 세계화가 단순히 상품의 이동에 국한된 제한적 세계화였다면 오늘날의 세계화는 상품에 국한되지 않고 자본, 서비스, 경영기법, 기술, 더 나아가 문화도 함께 이전되는 전면적인 세계화라 할 수 있을 것입니다.

연습문제 (練習)

1. 다음 문장을 받아 쓰십시오.
  가) 우선 여기에 참석해 주신 여러분께 진심으로 환영의 뜻을 표합니다.
  나) 저희 대표단은 이번 방문을 성공적으로 마치고 내일 귀국을 떠나게 됩니다.
  다) 저희는 상호간의 무역과 우호 관계에 있어 보다 많은 발전을 이루게 될 것이라고 믿습니다.
  라) 우리 상호간의 교류가 진일보 확대되기를 바라면서 이 잔을 들 것을 제기합니다.
  마) 이번 귀국의 방문시간이 비록 짧았으나 뜻밖에 많은 효과를 얻었습니다.

2. 다음을 잘 듣고 빈칸을 채우십시오.
  1) 이번이 귀사와의 첫 거래이니 서로 (손해 안 보는 선)에서 계약하도록 합시다.
  2) (물품이 연기될 경우) 저희 측이 손해를 보게 됩니다.
  3) 계약서를 한번 (훑어보시지요). 이의가 있으면 바로 말씀하십시오.
  4) 계약이 (원만히) 성사되어 기쁩니다.
  5) 앞으로도 귀사와 계속 (거래하길 바랍니다).
  6) 세계화는 경제활동이 (국경을 넘어서) 전 세계로 확대되는 것을 의미합니다.
  7) 신대륙이 발견되고 (동서양 간)의 무역이 활발했던 16세기에도 국경을 초월한 경제활동이 있었습니다.
  8) 19세기와 20세기 초에는 상당한 (수준에 이르기도) 하였습니다.
  9) 과거의 세계화가 단순히 (상품의 이동에 국한된) 제한적 세계화였습니다.
  10) 오늘날의 세계화는 상품에 국한되지 않고 자본, 서비스, 경영기법, 기술, (더 나아가) 문화도 함께 이전되는 전면적인 세계화라 할 수 있을 것입니다.

3. 다음을 잘 듣고 본문과 맞으면 ○표, 맞지 않으면 ×표를 하십시오.
  1) 비즈니스 상담을 통해서 쌍방이 계약 체결을 하였다.
  2) 두 회사는 오래 전에 거래하기 시작하였다.
  3) 한 회사가 다른 회사에 다음 달 말까지 물품을 인도하도록 하겠다고 했다.
  4) 오늘날 세계경제의 흐름은 크게 두 가지로 나타나고 있다.

5) 세계화가 19세기와 20세기 초에는 상당한 수준에 이르기도 하였다.
6) 20세기 말부터 나타나고 있는 세계화는 그 규모와 속도 면에서 이전과는 비교할 수 없을 만큼 크고 빠르게 이루어지고 있다.
7) 과거의 세계화는 단순히 상품의 이동에 국한된 제한적 세계화였다.

4. 본문 내용을 듣고 물음에 답하십시오.

5. 다음 대화를 듣고 여자가 이어서 할 행동으로 알맞은 것을 고르십시오.
1) 남자: 전시회 준비는 잘돼 가요?
   여자: 네, 지금은 전시장에 놓을 책자를 만들고 있어요. 잠깐 봐 주실래요?
   남자: 음, 좋네요. 아, 그런데 여기 작품 사진들이 너무 작게 들어간 것 같아요. 사진 크기나 위치를 좀 바꾸는 게 어떨까요?
   여자: 안 그래도 지금 위치들을 좀 바꿔 보려고 했어요.
   남자: 그래요? 그러면 다시 만든 후에 좀 보여 주세요.
2) 여자: 부장님, 신입 사원 교육 장소가 결정됐습니다. 근처 대학에 있는 강당인데요, 공간도 넓고 필요한 장비들도 이미 설치되어 있어서 좋을 것 같습니다.
   남자: 네, 알겠어요. 강사들한테서 교육 자료는 다 받았나요?
   여자: 아니요, 몇 분이 자료를 안 주셔서 이메일로 보내 달라고 말씀 드렸어요.
   남자: 그럼 지금 바로 확인해 보고 아직 안 왔으면 통화를 한번 해 보세요.
3) 남자: 아주머니, 복사기가 움직이지 않는데 고장 난 거 아니에요?
   여자: 고장은 아닌 것 같은데. 아마 종이가 떨어져서 그럴 거예요.
   남자: 그래요? 그럼 종이 좀 넣어 주실래요?
   여자: 네, 갖다줄게요. 잠깐만 기다리세요.

6. 다음 대화를 듣고 남자가 어떤 생각을 하고 있는지 맞는 것을 고르십시오.
1) 여자: 과제 마감일이 3일밖에 안 남았는데, 진짜 하기 싫다.
   남자: 과제는 그때그때 해 버리는 게 나아. 안 그러면 부담 때문에 걱정만 하다가 시간을 보내게 돼. 마감일까지 과제를 미룬다고 해서 마음 편히 놀 수 있는 것도 아니잖아.
2) 여자: 홍보팀에서는 회의를 서서 한다면서요?
   남자: 네. 얼마 전부터 시작했는데 좋던데요. 서서 하니까 오랫동안 하기 어렵잖아요. 그러니까 딴생각도 안 하고 집중해서 의견도 더 적극적으로 말하게 돼요. 회의의 질도 높아지는 것 같고요.
3) 여자: 부장님, 다음 달 출장에 신입 사원을 데리고 가도 될까요? 현지 사정도 익히고 거래처 직원들도 알아 두면 좋을 것 같은데요.
   남자: 신입 사원한테 해외 출장은 아직 무리 아닐까요? 더구나 이번 출장에는 중요한 계약이 달려 있잖아요. 그냥 현지 사정도 잘 알고 거래처 사람들도 잘 아는 김 대리하고 같이 가는 게 좋겠어요.

7. 다음을 잘 듣고 무엇에 대한 이야기인지 찾아내십시오.
저희 사이트에 무료 회원으로 가입만 하셔도 쇼핑몰에서 10% 할인받으실 수 있고, 중국어 공부와 관련된 여러 가지 활동을 하실 수도 있습니다. 그러나 좀 더 체계적인 중국어 공부를 하기 원하신다면 무료 회원으로 가입하신 뒤 멤버십에 추가로 가입하시면 월 30,000원으로 다양한 중국어 강좌를 제한 없이 이용하실 수 있습니다.

제25과 쇼핑

본문 들어가기 (课文视听)

1. 대화: 물건 교환

안나: 이건 제가 지난 금요일에 여기서 산 바지예요. 한 번 빨았더니 이렇게 줄어 들었어요.
점원: 영수증 가지고 오셨어요?
안나: 여기 있어요. 다른 것으로 교환이 됩니까?
점원: 음… 죄송하지만, 이 바지는 손님께서 세일기간에 사신 거라 교환이 안 됩니다. 지금 품절 상태입니다.
안나: 그래요? 그럼 어떡해요? 환불이 안 되나요?
점원: 환불도 안 됩니다. 저희 백화점에서 판매한 제품은 원래 상태를 보존할 경우 환불이 됩니다.
안나: 그런데 이곳에 "품질에 문제가 있을 경우 1개월 내에 교환을 보증합니다." 라고 써 있잖아요?
점원: 저희 백화점의 규정상 할인된 상품은 환불이나 교환이 되지 않습니다. 죄송합니다, 손님.
안나: 이런 경우가 어디 있어요? 참!

2. 글: 변화하는 쇼핑 문화

최근 쇼핑 문화가 빠르게 변하고 있다. 먼저 이삼십 대를 중심으로 쇼핑 시간이 달라지고 있다. 젊은이들은 동대문시장을 중심으로, 맞벌이 부부들은 대형 할인점을 중심으로 밤 쇼핑을 즐기고 있다. 쇼핑 장소도 백화점이나 재래시장에서 대형할인점이나 전문 상가 등으로 다양화되고 있다. 대형 할인점은 백화점에 비해서는 값도 싸고, 재래시장에 비해서는 편리하게 물건을 구입할 수 있다. 용산 전자상가나 테크노마트와 같은 전문 상가는 한 장소에서 다양한 물건을 살펴보고 쇼핑을 즐길 수 있기 때문에 인기가 있다. 이 밖에도 쇼핑할 시간이 없는 사람들을 위한 인터넷 쇼핑, TV홈쇼핑 등의 쇼핑 방법도 큰 인기를 얻고 있다.

재래시장을 이용하는 사람들은 점점 줄고 있지만, 특별한 상품을 취급하는 곳은 아직도 인기가 많다. 농산물은 가락시장, 수산물은 노량진시장, 각종 약재는 경동시장, 꽃은 양재꽃시장이 특히 유명하다.

연습문제 (练习)

1. 다음 문장을 받아 쓰십시오.

가) 구입하신 상품이 마음에 안 드시면 언제든지 교환과 환불을 해 드려요.
나) 홈쇼핑으로 물건을 구입하면 여러 가지 편리한 점이 있어요.
다) 현금으로 지불하시겠어요, 아니면 카드로 지불하시겠어요?
라) 옷과 어울리는 구두를 한 켤레 찾는데요.
마) 그런 스타일이 있지만 분홍색이 없어요.

2. 다음을 잘 듣고 빈칸을 채우십시오.

1) 한 번 (빨았더니) 이렇게 줄어 들었어요.
2) 이 바지는 손님께서 (세일기간에) 사신 거라 교환이 안 됩니다.
3) 저희 백화점에서 판매한 제품은 (원래 상태를 보존할 경우) 환불이 됩니다.
4) 저희 백화점의 규정상 할인된 상품은 (환불이나 교환)이 되지 않습니다.
5) 먼저 (이삼십 대)를 중심으로 쇼핑 시간이 달라지고 있다.
6) (맞벌이 부부)들은 대형 할인점을 중심으로 밤 쇼핑을 즐기고 있다.
7) (재래 시장에 비해서는) 편리하게 물건을 구입할 수 있다.
8) 재래 시장을 이용하는 사람들은 점점 줄고 있지만, (특별한 상품을 취급하는) 곳은 아직도 인기

가 많다.

3. 다음을 잘 듣고 본문과 맞으면 ○표, 맞지 않으면 ×표를 하십시오.
   1) 손님은 지난 금요일에 산 치마를 교환이나 환불을 하고 싶어한다.
   2) 점원은 손님께서 바지가 세일기간에 사신 거라 교환이 안 된다고 하였다.
   3) 그 백화점의 규정상 할인된 상품은 환불이나 교환이 되지 않는다.
   4) 손님은 그 백화점의 규정과 처리 방식에 대해서 만족스럽게 생각했다.
   5) 최근 쇼핑 문화가 빠르게 변하고 있고 먼저 이삼십 대를 중심으로 쇼핑 시간이 달라지고 있다.
   6) 대형 할인점은 백화점에 비해서는 편리하게 물건을 구입할 수 있다.
   7) 대형 할인점은 재래 시장에 비해서는 값싸게 물건을 구입할 수 있다.
   8) 농산물은 경동시장이 특히 유명하다.

4. 본문 내용을 듣고 물음에 답하십시오.

5. 다음을 듣고 내용과 일치하는 것을 고르십시오.
   1) 여자 : 지금 방송에서 판매하고 있는 스카프를 주문하려고 하는데요. 오늘 주문하면 언제 받을 수 있어요?
      남자 : 주문하시면 내일 보내 드리니까 아마 모레쯤 도착할 겁니다. 결제는 카드로 하시겠어요?
   2) 여자 : 백화점 세일인데 물건이 별로 많지 않네. 오늘이 첫날인데…
      남자 : 그러게. 지난번 세일 때는 안 그랬는데, 저녁 시간에 와서 그런가?
      여자 : 더 일찍 올 걸 그랬다. 마음에 드는 신발들은 다 큰 사이즈만 남았어.
   3) 여자 : 오빠, 오늘 백화점에 가서 아빠 선물 살까? 지갑은 어때?
      남자 : 재 작년에 사 드린 지갑을 아끼게 쓰고 계시는데 바꾸고 싶어하시지 않을 것 같아. 지갑보다 상품권을 드리는 건 어때?
      여자 : 그것보다는 아빠가 보고 직접 고르시는 게 제일 좋은데…
      남자 : 그럼 다음 주말에 모시고 가자.

6. 다음을 잘 듣고 들은 내용과 다른 것을 고르십시오.
   가 : 너도 이 가방을 들고 있네?
   나 : 왜? 이 가방을 들면 안 되니?
   가 : 그게 아니고 최근 유럽 여성들 사이에서 이 가방이 인기가 있다고 하더라.
   나 : 그래. 요즘 여성의 사회생활이 활발해짐에 따라 여성스러움을 강조하는 작고 둥근 모양 대신 실용적이고 활동성을 중요하게 여기는 가방이 유행이래.
   가 : 그래서 크기도 크고 네모 모양이구나. 서류도 들어가고 노트북도 넣을 수 있고.
   나 : 그것만이 아니지. 일하는 엄마들을 위해 아기 기저귀나 아기용품도 넣을 수 있게 만들었대.

7. 다음 내용을 듣고 물음에 답하십시오.
   여자 : 여기는 부산의 한 의류 상가입니다. 늦은 밤이라고는 믿기지 않을 만큼 활기가 넘치는데요. 여기 계신 한 분과 잠시 인터뷰를 해 보겠습니다. 무척 분주해 보이시는데 지금 뭘 하시는 건가요?
   남자 : 장사 준비하고 있습니다. 낮엔 보통 쇼핑객들이 많이 오시는데 밤이 되면 옷 가게 사장님들이 물건을 사러 오시거든요. 대부분 옷을 수십 벌씩 구입하시니까 물건들을 많이 꺼내 놔야 돼요. 그리고 일반인들에게는 아직 판매가 안 된 새로운 디자인의 옷들도 원하시니까 그런 건 따로 진열해서 보여 드려야 하고요. 하루 중 지금이 제일 바쁜 시간이죠.

제26과 외래어

본문 들어가기 (课文视听)

1. **대화: 화이트칼라**
   A: 우리 프로그램은 '블루칼라'야 아니면 '화이트칼라'야?
   B: 우리 업무의 특성상 화이트칼라에 속한다고 할 수 있지.
   A: 많은 여대생들이 졸업 후에 화이트칼라 커리어우먼이 되길 바란대.
   B: 그래? 그들은 그것이 얼마나 스트레스를 받는지 몰라서 그렇지.
   A: 어렵겠지만 열심히 노력하면 골드칼라가 될 수도 있겠지.
   B: 타이피스트에서 골드칼라가 됐어? 그게 가능해?
   A: 왜 안 되는데? 우리 장 사장님은 바로 타이피스트에서 사장이 되었다구.
   B: 그럼 우리도 골드칼라 반열에 오르도록 노력하자.

2. **글: 사회의 변화에 따라 언어도 바뀌게 된다**
   　언어를 배우면 배울수록 더 어렵다는 생각이 들 때가 있다. 뜻을 전혀 모르거나 짐작하기 힘든 단어를 들었을 때 특히 그렇다. 이런 어휘들 중에는 학교에서 배운 적도 없고 심지어는 사전에 나오지 않는 것도 있다.
   　의사 소통을 할 때 제일 중요한 것은 상대방이 말하려고 하는 의도를 이해하는 것이다. 이 때 문법이 약간 틀린다고 해도, 그것 때문에 뜻을 이해할 수 없는 것은 아니다. 그러므로 상대방이 말하려고 하는 내용을 이해하려면 먼저 상대방과 나의 주변 상황을 이해하는 것이 중요하다.
   　문법이나 단어가 중요하지 않다고 하더라도 단어를 전혀 다른 의미로 사용하거나, 새로운 단어를 만들어 쓸 수는 없다. 이런 경우에는 의사 소통 자체가 불가능해지고 말 것이다. 언어는 사회적 약속이기 때문에 개인이 마음대로 바꾸어 쓸 수 없는 것이다. 사회가 바뀌면 언어도 바뀌게 된다. 유행어나 외래어, 전문 용어 등을 생각해 보면 언어가 얼마나 사회 변화에 민감한지 알 수 있다.

연습문제 (练习)

1. **다음 문장을 받아 쓰십시오.**
   가) 공연 시작 후에는 도우미의 안내를 따라 입장하여 주십시오.
   나) 내 동생은 여자 친구와 멋진 데이트를 하고 싶은데 돈이 없대요.
   다) 제품의 판매를 늘리는 데 날씨를 활용하는 것을 날씨 마케팅이라고 한다.
   라) 어제 9시 뉴스를 봤는데 요즘 인터넷 사이트에서 주민등록번호가 도용되는 사건이 자주 일어난대요.
   마) 사람들은 날마다 이메일을 확인하고 정보를 검색하며 물건을 구입하는 등 인터넷을 다방면에 걸쳐 이용합니다.

2. **다음을 잘 듣고 빈칸을 채우십시오.**
   1) 우리 프로그램은 '(블루칼라)'야 아니면 '화이트칼라'야?
   2) 많은 여대생들이 졸업 후에 (화이트칼라 커리어우먼)이 되길 바란대.
   3) 어렵겠지만 열심히 노력하면 (골드칼라)가 될 수도 있겠지.
   4) 우리 장 사장님은 바로 (타이피스트)에서 사장이 되었다구.
   5) 뜻을 전혀 모르거나 (짐작하기 힘든 단어)를 들었을 때 특히 그렇다.
   6) 어휘들 중에는 학교에서 배운 적도 없고 (심지어는) 사전에 나오지 않는 것도 있다.
   7) 단어를 전혀 다른 의미로 사용하거나, 새로운 단어를 만들어 쓸 경우에는 (의사소통) 자체가 불가능해지고 말 것이다.

8) (유행어나 외래어), 전문 용어 등을 생각해 보면 언어가 얼마나 사회 변화에 민감한지 알 수 있다.

3. 다음을 잘 듣고 본문과 맞으면 ○표, 맞지 않으면 ×표를 하십시오.
1) 두 사람은 자기들 업무의 특성상 화이트칼라에 속한다고 생각했다.
2) 많은 여대생들이 졸업 후에 블루칼라가 되길 바란대.
3) 언어를 배우면 배울수록 더 어렵다는 생각이 들 때가 있다.
4) 의사 소통을 할 때 제일 중요한 것은 상대방이 말하려고 하는 의도를 이해하는 것이다.
5) 의사 소통을 할 때 문법이 약간 틀린다고 해도 그 뜻을 이해할 수 없는 것은 아니다.
6) 언어는 사회적 약속이지만 필요하면 개인이 바꾸어 쓸 수도 있는 것이다.
7) 사회가 바뀌어도 언어는 바뀌면 안된다.
8) 언어는 사회적 약속이기 때문에 사회 변화에 민감하지 않다.

4. 본문 내용을 듣고 물음에 답하십시오.

5. 다음 대화를 잘 듣고 이어질 수 있는 말을 고르십시오.
1) 남자 : 어, 이게 뭐예요?
   여자 : 제가 해외 출장 동안에 결혼했다면서요? 신혼 선물이에요.
   남자 : _____
2) 여자 : 여보세요. 아파트 관리비 때문에 전화 드렸는데요.
   남자 : 죄송합니다만 지금 매니저가 잠깐 자리를 비웠습니다.
   여자 : _____
3) 여자 : 인턴사원 교육 장소 말이에요. 내일까지 확인하면 되는 거죠?
   남자 : 아니요, 팀장님이 오늘까지 하라고 하셨어요.
   여자 : _____

6. 다음을 듣고 내용과 일치하는 것을 고르십시오.
1) 여자 : 오빠, 뭔가 계속 생각할 때 손가락 움직이는 습관이 있지?
   남자 : 음, 그렇게 해야 집중될 수 있는 것 같아.
   여자 : 나도 책 읽을 때 계속 돌아다니면서 읽어야 내용도 정리가 잘되고 기억에 오래 남는 것 같아.
2) 여자 : 학교 관리실에서 알려 드립니다. 내일 오후 2시부터 5시까지 8호 강의동의 교실이 시험장으로 이용될 예정입니다. 교실에 두는 책 등 물건은 본인이 따로 보관하시기 바랍니다. 시험이 실시되는 동안에는 강의동 출입이 불가능하며 오후 한 시 반까지는 8호 강의동에서 나가셔야 합니다. 학생 여러분의 적극적인 협조 부탁 드립니다.
3) 남자 : 대련외국어대학교에서는 6월 15일과 22일 두 차례에 걸쳐 금년의 수험생을 대상으로 전공 체험 행사를 진행합니다. 이 행사는 학생들이 관심을 가지고 있는 전공을 미리 체험하여, 대학 진학 시 전공을 결정하는 데에 도움을 주기 위해 마련된 것입니다. 참가자들은 자신이 선택한 전공 수업을 실제로 들어볼 수 있으며 진학 정보도 받을 수 있습니다.

7. 다음 대화를 잘 듣고 질문에 답하십시오.
정연 : 민호 씨, 인류의 미래에 대해 생각해 본 적이 있어요?
민호 : 갑자기 왜 그런 질문을 해요?
정연 : 어떤 학자가 인류의 '미래 시간표'라는 것을 발표했대요. 민호 씨는 사람들이 제일 무서워하는 게 뭐 같아요?
민호 : 글쎄요. 죽음이나 질병 같은 것 아닐까요?
정연 : 맞아요. 그런데 2020년에는 암이 정복되고 인간의 평균 수명이 백 살이 넘을 거래요.

민호: 그래요? 그 정도로 과학이 발전한다면 우주여행도 갈 수 있겠네요.
정연: 그럼요. 돈만 있다면 우주여행도 못 갈 리가 없지요. 그 학자의 시간표에 의하면 달나라 여행은 2015년에, 화성 여행은 2030년에 가능할지도 모른대요.

제27과 날씨

본문 들어가기 (课文视听)

1. 대화: 항공기는 짙은 안개로 인해 도착이 지연된다

안내 말씀 드리겠습니다. 금일 오전 8시 40분 도착 예정이었던 뉴욕발 인천행 아시아나 항공기는 짙은 안개로 인해 도착이 지연되고 있습니다. 예정보다 50분 늦은 9시 30분 경에 도착할 예정입니다. 손님 여러분의 양해를 바랍니다.

스미스: 안나, 비행기가 늦어진대.
안 나: 나는 정확히 못 들었는데, 스미스, 몇 시쯤 도착한다고 했지?
스미스: 9시 30분쯤이라고 했어.
안 나: 그렇게 늦어지는 걸 보니까 안개가 꽤 심한가 봐.
스미스: 아까 우리가 올 때도 앞이 보이지 않을 정도였잖아.
안 나: 참, 그랬지. 그런데 요즘 왜 이렇게 안개가 자주 끼지?
스미스: 일교차가 심해서 그렇대.
안 나: 응, 그렇구나. 그럼 도착 시간까지 뭘 할까?
스미스: 식사부터 하는 게 어때? 서둘러 나오느라고 아무 것도 못 먹었거든.

2. 글: 일기 예보

올 여름 장마는 예년보다 조금 늦은 다음 달 24일이나 25일쯤 시작될 것으로 예상됩니다.

기상청이 오늘 발표한 다음달 기상전망을 보면 올 장마는 남부지방의 경우 예년보다 2, 3일 정도 늦은 다음 달 24일이나 25일쯤 시작되겠고, 서울 등 중부지방은 27일부터 장마권에 들 것으로 보입니다.

또 장마가 시작되면서 한두 차례 집중호우가 있을 것이고, 올 장마는 7월 중순에 끝나 예년보다 닷새 가량 짧을 것입니다.

기상청은 장마가 시작되기 전인 다음 달 중순까지는 더운 날씨가 많은 가운데 강우량이 예년보다 적어서 일부 지역에 여름 가뭄현상이 나타날 것이라고 내다봤습니다.

연습문제 (练习)

1. 다음 문장을 받아 쓰십시오.

가) 요즘 더위를 피해서 한강이나 공원을 찾는 사람들이 많다고 해요.
나) 일기예보를 보니까 앞으로도 며칠 동안 열대야 현상이 계속될 거라는데요.
다) 아침 최저 기온은 21도, 낮 최고 기온은 29도로 높을 것입니다.
라) 올 여름의 장마는 예년에 비해 훨씬 길어져 한 달 이상 갈 것으로 예상된다.
마) 올 겨울은 영하 10도 이하의 날씨가 계속될 것이며 눈도 많이 내릴 것으로 예상된다.

2. 다음을 잘 듣고 빈칸을 채우십시오.

1) 금일 오전 8시 40분 도착 예정이었던 (뉴욕발 인천행) 아시아나 항공기는 짙은 안개로 인해 도착이 지연되고 있습니다.
2) 예정보다 50분 늦은 (9시 30분 경에) 도착할 예정입니다.
3) 그렇게 늦어지는 걸 보니까 안개가 (꽤 심한가 봐).

4) 아까 우리가 올 때도 앞이 (보이지 않을 정도였잖아).
5) (서둘러 나오느라고) 아무 것도 못 먹었거든.
6) (올 여름 장마)는 예년보다 조금 늦은 다음 달 24일이나 25일쯤 시작될 것으로 예상됩니다.
7) 서울 등 중부지방은 27일부터 (장마권에 들 것)으로 보입니다.
8) 또 장마가 시작되면서 (한 두 차례 집중호우)가 있을 것입니다.

3. **다음을 잘 듣고 본문과 맞으면 ○표, 맞지 않으면 ×표를 하십시오.**
    1) 뉴욕발 인천행 아시아나 항공기는 짙은 안개로 인해 예정보다 55분 늦어질 것이다.
    2) 비행기 도착 시간까지 두 사람은 밥을 먹기로 했다.
    3) 올 여름 장마는 다음 달 23일이나 24일쯤 시작될 것으로 예상됩니다.
    4) 기상청이 발표한 다음달 기상전망을 보면 서울 등 중부지방은 27일부터 장마권에 들 것으로 보입니다.
    5) 기상청이 발표한 다음달 기상전망을 보면 올 장마는 남부지방의 경우 예년보다 2, 3일 정도 늦을 것이다.
    6) 올 장마는 7월 중순에 끝나 예년보다 닷새 가량 짧을 것입니다.
    7) 기상청은 장마가 시작되기 전인 다음 달 말까지는 더운 날이 많을 것입니다.
    8) 기상청은 장마가 시작되기 전인 다음 달 중순까지는 강우량이 예년보다 많을 것입니다.

4. **본문 내용을 듣고 물음에 답하십시오.**

5. **다음을 듣고 내용과 일치하는 것을 고르십시오.**
    1) 여자 : 승객 여러분께 잠시 안내 말씀 드립니다. 오후 4시에 대련에서 서울로 가는 CZ695편이 서울 공항의 날씨 때문에 출발이 늦어질 예정입니다 서울 공항의 날씨가 좋아지면 바로 출발할 예정이오니 승객 여러분들께서는 탑승구 근처에서 기다려 주시기 바랍니다. 탑승 시간은 다시 방송으로 안내해 드리겠습니다. 감사합니다.
    2) 여자 : 오늘 아침 괜찮은 라디오 프로그램을 하나 발견했어요.
       남자 : 어떤 프로그램인데요?
       여자 : 아나운서들이 정치, 영화, 날씨 등 모든 분야를 다루는데요. 내용도 다른 라디오 프로그램에 비해 가장 신뢰할 만하고 일기예보도 거의 항상 정확해요. 정말 재미있어서 출근길이 아주 즐거워졌어요.

6. **다음은 무엇에 대한 내용인지 맞는 것을 고르십시오.**
    1) 남자 : 여름철에 며칠 동안 계속해서 내리는 비를 장맛비라고 하는데요. 보통 6월 말이 되면 남쪽에서 올라온 따뜻한 공기와 북쪽에서 내려온 차가운 공기가 한반도 상공에서 만나게 됩니다. 이 두 공기는 힘이 비슷해서 한동안 그 자리에 있습니다. 이때 많은 비를 만들어 뿌리는데 그게 바로 장맛비죠.
    2) 남자 : 치킨은 뜨겁게, 맥주는 시원하게 먹는 건, 온도가 음식의 맛을 좌우하기 때문인데요. 치킨이 가장 맛있는 온도는 75도, 맥주가 가장 맛있는 온도는 4도입니다. 식어 버린 치킨과 미지근한 맥주는 맛이 떨어지죠. 알맞은 온도가 음식을 한층 더 맛있게 한다는 거 잊지 마세요.

7. **다음 내용을 듣고 물음에 답하십시오.**
    여자 : 웬 바람이 이렇게 불지요? 아직 꽃샘 바람 불 때는 안 됐을 텐데…
    남자 : 이맘때가 되면 중국대륙에서 발달한 고기압이 산동반도를 지나면서 한 차례씩 불어 오곤 하지 않습니까?
    여자 : 내일 야유회 가기로 했었는데 알아 봐야겠는데요. 이렇게 바람 불고 추워서야 어디 가겠어요?

남자 : 기온이 별로 낮지 않은데 바람이 부니까 체감온도가 훨씬 낮게 느껴지지요.
여자 : 일기예보 문의 전화는 국번 없이 131번이지요?
남자 : 예, 맞아요. 그런데 가긴 틀린 것 같아요. 아침에 들으니까 파도의 높이가 2미터나 되니 운항하는 선박들은 각별한 주의를 바란다고 하던데요.

제28과 계절

본문 들어가기 (课文视听)

1. 대화: 여름 날씨

(왕동 씨는 민호 씨한테 한국의 여름날씨에 대해 물어보고 있다.)
왕동: 한국의 여름 날씨는 어때?
민호: 무척 더워. 특히 장마철이 되면 습기가 많고 무더워.
왕동: 장마는 언제 시작돼?
민호: 보통 6월 말부터 장마가 시작되거든.
왕동: 장마가 끝난 후면 날씨가 무척 더워지겠네.
민호: 그래, 굉장히 더워. 그래서 오후에 밖에 너무 오래 있으면 더위를 먹어. 더위를 먹으면 어지럽고 머리가 아프지.
왕동: 그래? 벌써부터 걱정이 되네. 나는 여름이 제일 싫어.
민호: 걱정 마. 내가 좋은 피서법 가르쳐 줄게.
왕동: 그게 뭔데?
민호: 계속 물속에서 사는 거지 뭐. 하하하…

2. 글: 한국의 계절

　　한국에는 사계절이 있다. 봄은 3월부터 5월까지인데 따뜻하며, 개나리와 진달래 등 많은 꽃들이 핀다. 3월은 새 학기가 시작되는 달이기도 하다. 건조해서 산불이 잘 나고, 대륙으로부터 황사가 날아오는 날도 많다.
　　6월부터 8월까지는 여름이다. 장마철이 있어서 비가 많이 오고, 장마가 끝나면 본격적으로 무더위가 찾아온다. 무더위를 피하기 위해 사람들은 산과 바다로 피서를 떠난다. 늦여름부터 초가을까지는 태풍이 와서 많은 피해를 입히는 경우도 있다.
　　더위가 지나면 시원한 가을이 찾아오는데, 1년 중 가장 쾌적한 날씨가 된다. 그래서 가을을 독서의 계절이라고도 한다.
　　한국의 겨울은 12월부터 이듬해 2월까지이다. 심한 추위와 건조한 날씨가 이어지기 때문에 독감에 걸리지 않도록 조심해야 한다. 서울 지방은 눈이 많이 오지 않지만, 강원도 지역에는 눈이 많이 내린다. 이 지역에는 스키장이 많이 있어서 사람들이 이곳으로 스키 여행을 떠나기도 한다.

연습문제 (练习)

1. 다음 문장을 받아 쓰십시오.

가) 따뜻한 봄은 나무를 심기에 적당한 계절입니다.
나) 장마는 6월 하순경에 제주도에, 6월 말경에는 전국에 영향을 주어 큰 피해가 생기기도 합니다.
다) 가을은 맑은 날씨 덕분에 사람들이 활동하기에 가장 좋은 계절입니다.
라) 가을은 날씨가 정말 좋아서 높고 파란 하늘을 볼 수 있고 책을 읽을 때도 집중이 잘 됩니다.
마) 겨울에는 날씨가 춥고 강한 바람이 불어서 온돌방에서 지내는 것이 더 편해요.

2. 다음을 잘 듣고 빈칸을 채우십시오.
   1) 무척 더워. 특히 (장마철)이 되면 습기가 많고 무더워.
   2) 그래서 오후에 밖에 너무 오래 있으면 (더위를 먹어).
   3) 더위를 먹으면 (어지럽고) 머리가 아프지.
   4) 3월은 건조해서 산불이 잘 나고, 대륙으로부터 (황사가 날아오는) 날도 많다.
   5) 장마가 끝나면 (본격적으로) 무더위가 찾아온다.
   6) 늦여름부터 초가을까지는 태풍이 와서 많은 (피해를 입히는 경우)도 있다.
   7) 심한 추위와 건조한 날씨가 이어지기 때문에 (독감에 걸리지 않도록) 조심해야 한다.
   8) 강원도 지역에는 (스키장이) 많이 있어서 사람들이 이곳으로 스키 여행을 떠나기도 한다.

3. 다음을 잘 듣고 본문과 맞으면 ○표, 맞지 않으면 ×표를 하십시오.
   1) 한국의 여름은 무척 더우면서 습기가 많다.
   2) 한국에서는 보통 6월 말부터 장마가 시작된다.
   3) 한국에서는 장마 때 쉽게 더위를 먹을 수 있다.
   4) 한국의 봄은 건조해서 산불이 잘 나고, 대륙으로부터 황사가 날아오는 날도 많다.
   5) 한국의 봄 날씨는 1년 중 가장 쾌적하다.
   6) 한국 사람들은 가을을 독서의 계절이라고도 한다.
   7) 겨울에 서울 지방은 눈이 많이 온다.
   8) 강원도 지역에는 눈이 많이 내려서 스키장이 많이 있다.

4. 본문 내용을 듣고 물음에 답하십시오.

5. 다음 대화를 잘 듣고 이어질 수 있는 말을 고르십시오.
   1) 여자 : 이거 교환 기간이 지났는데 바꿀 수 있을까?
      남자 : 한 번도 안 입었으니까 한번 물어봐.
      여자 : _____
   2) 남자 : 사무실 공기가 좀 답답한 것 같아요.
      여자 : 그래요? 그럼 창문 좀 열어 놓을까요?
      남자 : _____
   3) 여자 : 말씀대로 통계자료의 분석을 완성했습니다. 이걸로 발표 자료 만들면 될까요?
      남자 : 음… 그러세요. 그런데 시간이 얼마나 걸릴까요?
      여자 : _____

6. 다음 대화를 듣고 남자가 어떤 생각을 하고 있는지 맞는 것을 고르십시오.
   1) 여자 : 낙엽이 떨어져서 길이 좀 지저분한 것 같아요.
      남자 : 그렇죠? 게다가 낙엽이 젖어서 미끄러우니까 다니다가 넘어질 수도 있겠어요. 왜 그대로 두고 있는지 모르겠어요. 더 쌓이면 먼지도 심해질 텐데요.
   2) 여자 : 여보, 우리도 이번에 에어컨 한 대 사요. 요즘 할인도 많이 하니까 싸게 살 수 있을 것 같은데요.
      남자 : 요샌 날씨도 별로 안 더운데요? 그리고 우리 곧 이사도 가야 하고요. 지금 사면 설치하고 옮기는 데 또 돈이 들잖아요. 이사하고 내년 여름쯤 새 집에 어울리는 걸로 삽시다.

7. 다음 내용을 듣고 물음에 답하십시오.
   여자 : 날씨가 따뜻해지면서 야외로 나가는 사람들이 많아지고 있습니다. 봄철 나들이객이 많아지면서 식중독 환자도 크게 늘어나고 있어 주의가 필요합니다.
   남자 : 지난해 전체 식중독 환자의 절반이 4월에서 6월에 일어났습니다. 봄철에 식중독이 특별히 많이 발생하는 것은 야외 활동이 늘어나고 일교차가 커서 식중독 균이 쉽게 생기고 퍼지기

때문입니다. 따라서 외출 후에는 반드시 손과 발을 씻고 음식은 조리한 후 오래 두지 말고 빠른 시간 안에 먹어야 합니다. 또 물은 꼭 끓여서 마셔야 합니다.

제29과 방학

본문 들어가기 (课文视听)

1. 대화: 여름방학을 아주 보람있게 보냈네요.

세민: 문수 씨, 얼굴이 많이 탔네요. 해수욕장에 갔다왔어요?
문수: 아니에요. 한국 친구들이 농촌 봉사활동을 하러 갈 때 같이 갔다왔어요.
세민: 그래요? 가서 일 좀 하셨어요?
문수: 그럼요, 일을 시작한 지 이틀만에 쓰러진 친구도 있었지만 저는 돌아올 때까지 아무 문제도 없었습니다.
세민: 가서 무슨 일을 했어요?
문수: 장마 때 쓰러진 벼도 세우고 농약도 뿌렸어요. 일을 잘한다고 동네 어른들한테서 칭찬도 많이 받았습니다.
세민: 문수 씨는 여름방학을 아주 보람있게 보냈네요.
문수: 세민 씨는 아무 데도 안 갔다온 것 같아요. 얼굴이 아주 하얘요.
세민: 네, 저는 중국어 회화와 컴퓨터를 배우러 학원에 다녔어요.

2. 글: 한국의 겨울

겨울하면 가장 먼저 떠오르는 것으로 살을 에는 추위와 세상을 감싸는 탐스러운 눈입니다. 영하 20도 이하로 내려가는 강추위 속에서 우리는 어쩌면 생존의 방법을 배우게 되는지 모릅니다. 계절이 추워지면 추워질수록 우리의 마음은 오히려 따뜻해집니다. 시골의 할아버지가 조그만 화로에서 군밤을 꺼내주며 들려주시던 옛날 이야기 등 어린 시절의 기억들은 우리 나라의 아름다움과 훈훈한 정이 머무는 겨울을 사랑의 계절이 되게 합니다.

특히 소담스러운 눈과 더불어 가족이나 친구들과 눈사람을 만들고 눈싸움을 즐기는 동심의 계절이며, 축복과 꿈이 머무는 크리스마스가 기다려지는 계절입니다.

연습문제 (练习)

1. 다음 문장을 받아 쓰십시오.

가) 방학 동안에 할 아르바이트 자리를 알아보기엔 지금은 늦었지?
나) 여름 방학이 시작된 지 좀 돼서 지금은 어려울 거야.
다) 미국으로 유학을 가려고 학생 비자를 신청해 놓았어요.
라) 집안형편이 어려운 편은 아니지만 방학이라서 아르바이트를 하려고 한다.
마) 아르바이트를 해 본 경험이 없지만 기회를 주시면 열심히 해 보겠습니다.

2. 다음을 잘 듣고 빈칸을 채우십시오.

1) 얼굴이 많이 탔네요. (해수욕장)에 갔다왔어요?
2) 한국 친구들이 (농촌 봉사활동)을 하러 갈 때 같이 갔다왔어요.
3) 일을 시작한 지 (이틀만에) 쓰러진 친구도 있었다.
4) 장마 때 (쓰러진 벼)도 세우고 농약도 뿌렸어요.
5) 문수 씨는 여름방학을 아주 (보람있게 보냈네요).
6) 겨울하면 가장 먼저 떠오르는 것으로 (살을 에는) 추위와 세상을 감싸는 탐스러운 눈입니다.
7) 우리 나라의 겨울은 아름다움과 (훈훈한 정)이 함께 머무는 사랑의 계절이기도 합니다.

8) 겨울은 (소담스러운 눈)과 더불어 가족이나 친구들과 눈사람을 만들고 눈싸움을 즐기는 동심의 계절입니다.

3. **다음을 잘 듣고 본문과 맞으면 ○표, 맞지 않으면 ×표를 하십시오.**
    1) 문수 씨는 해수욕장에 갔다왔어요.
    2) 세민 씨는 농촌 봉사활동을 할 때 쓰러진 벼도 세우고 농약도 뿌렸어요.
    3) 문수 씨는 농촌 봉사활동을 갔다왔을 때까지 아무 문제도 없었습니다.
    4) 문수 씨는 여름방학을 아주 보람있게 보냈어요.
    5) 세민 씨는 방학 때 불어 회화와 컴퓨터를 배우러 학원에 다녔어요.
    6) 겨울하면 가장 먼저 떠오르는 것으로 살을 에는 추위와 세상을 감싸는 탐스러운 눈입니다.
    7) 겨울은 아름다움과 훈훈한 정이 함께 머무는 사랑의 계절이기도 합니다.
    8) 겨울은 축복과 꿈이 머무는 크리스마스가 기다려지는 계절입니다.

4. **본문 내용을 듣고 물음에 답하십시오.**

5. **다음 대화를 잘 듣고 이어질 수 있는 말을 고르십시오.**
    1) 남자 : 미란 씨, 요즘도 점심 식사를 배달해 먹어요?
       여자 : 네, 한 달쯤 됐는데요. 점심에 여유가 있어서 좋은 것 같아요.
       남자 : _____
    2) 남자 : 나 이번 시험마저 잘 못 보면 고향으로 돌아가야 할지도 몰라요.
       여자 : _____
    3) 여자 : 주말에 상하이 가는 비행기 표 예매해 놓았지요?
       남자 : _____

6. **다음을 잘 듣고 내용과 일치하는 것을 고르십시오.**
    1) 남자 : 지연아, 지난 여름 방학 때 해외 영어 캠프에 갔었지? 영어 캠프 어땠어? 우물 안의 개구리가 안 되려면 나도 가야겠다고 생각했는데.
       지연 : 같이 간 다른 친구는 좋다고 했지만 나는 별로 좋지 않았어. 자유 활동이 너무 많아서 공부에 방해가 되었고, 한국 학생들이 많아서 영어 공부에도 그렇게 도움이 안 되었어.
       남자 : 그러면 한국 학생이 별로 없고 자유 활동이 적어야 좋겠네.
       지연 : 그렇지만 자유 활동이 너무 적으면 해외 캠프에 참가한 의미가 없어질 확률이 높을 거야.
    2) 남자 : 김치를 여름에 담글 때와 겨울에 담글 때 방법이 다르다면서요?
       여자 : 그럼요. 김장 김치와 다르게 여름 김치는 맵거나 짜지 않아야 맛있어요. 또 배추를 이용해서 담그기보다는 여름에 나는 야채를 이용하면 건강에도 좋아요.
       남자 : 그래도 나는 배추김치가 제일 좋던데요.
       여자 : 여름에는 배추가 별로 맛이 없기 때문이에요. 그래서 여름에 배추를 이용하는 경우에는 물김치로 만들어 먹지요.

7. **다음을 듣고 물음에 답하십시오.**
    남자 : 구청이죠? 공원 앞에 있는 야외무대를 사용하고 싶은데 어떻게 신청하나요?
    여자 : 어떤 행사인가요? 야외무대에서 물건을 팔거나 상품을 홍보하는 경우에는 사용할 수 없습니다.
    남자 : 네, 알고 있습니다. 자선 단체에서 하는 나눔 행사입니다. 무대 행사는 잠깐 하고 주로 사람들에게 홍보물을 나눠 줄 건데요.
    여자 : 그래요? 그런 목적이라면 신청 가능해요. 신청 양식은 구청 홈페이지에서 내려 받으시면 됩니다. 행사 후에는 주변을 깨끗이 정리해 주셔야 합니다.

제30과 휴가

본문 들어가기 (课文视听)

1. **대화: 연휴에 특별한 계획 있어요?**

    최희선: 다나카 씨, 이번 연휴에 특별한 계획 있어요? 아직 없으면 나랑 같이 여행가는 거 어때요?
    다나카: 갑자기 여행이라니요? 어디로요?
    최희선: 혹시 다나카 씨 제주도 가 본 적 있어요?
    다나카: 아니요, 아직 기회가 없었어요.
    최희선: 그러면 이번에 같이 가요. 다나카 씨도 알겠지만 제주도는 꼭 한 번 가볼 만한 곳이에요. 특히 성산 일출봉의 해돋이가 아주 유명해요.
    다나카: 나도 가 보고 싶어 여행사에 알아봤었는데 너무 비싸더라고요.
    최희선: 걱정하지 말아요. 제주도에 우리 친척이 있는 데다가 비행기 표도 두 장이나 공짜로 생겼거든요.
    다나카: 정말요? 어떻게요?
    최희선: 백화점 경품 행사에 당첨돼 가지고 제주도 왕복 항공권을 받게 됐어요.
    다나카: 잘 됐네요. 하지만 내가 그냥 따라가도 되는 건지 좀 부담스럽네요.
    최희선: 부담 가질 필요 없어요. 그럼, 다나카 씨가 같이 가는 걸로 알고 비행기 좌석을 예약할게요.

2. **글: 한국의 여름**

    여름은 장마와 폭염 그리고 유난히 바다가 그리워지는 계절입니다. 30도를 오르내리는 더위 속에 여름은 또한 정열의 계절이기도 합니다. 산과 들엔 이름 모를 꽃들이 피고 계곡과 바다는 사랑스러운 소리로 우리의 마음을 유혹합니다. 더위를 잠시나마 식혀주는 소나기가 생각나는 계절이기도 합니다. 덥다는 건 그만큼 우리에게 바람과 물의 고마움을 느끼게 합니다. 바다와 계곡에서 피서를 즐기는 사람들을 바라보노라면 우리의 마음도 한결 가벼워집니다. 검게 탄 구릿빛 피부에서 우리는 여름의 건강미를 느낄 수 있고, 여름은 바다와 계곡이 있기에 자연의 소중함을 깨닫게 해주는 계절입니다.

연습문제 (练习)

1. **다음 문장을 받아 쓰십시오.**

    가) 여러분은 얼마 만에 한국에 오셨습니까?
    나) 지난주에는 학교에서 만난 친구들과 제주도를 여행했습니다.
    다) 산과 바다를 다 볼 수 있고 근처에 가볼 만한 곳도 많아요.
    라) 경주에는 불국사와 석굴암 등 신라 역사와 관계가 있는 볼거리가 많다.
    마) 한국을 방문하는 사람이라면 누구나 한국의 고궁을 한번쯤 구경하고 싶을 것입니다.

2. **다음을 잘 듣고 빈칸을 채우십시오.**

    1) 다나카 씨도 알겠지만 제주도는 꼭 (한 번 가볼 만한) 곳이에요.
    2) 특히 성산 일출봉의 (해돋이)가 아주 유명해요.
    3) 걱정하지 말아요. 제주도에 우리 친척이 있는 데다가 비행기 표도 두 장이나 (공짜로 생겼거든요).
    4) 백화점 (경품 행사에 당첨돼 가지고) 제주도 왕복 항공권을 받게 됐어요.
    5) 하지만 내가 그냥 따라가도 되는 건지 좀 (부담스럽네요).
    6) 여름은 (장마와 폭염) 그리고 유난히 바다가 그리워지는 계절입니다.

7) 산과 들엔 이름 모를 꽃들이 피고 계곡과 바다는 사랑스러운 소리로 우리의 (마음을 유혹합니다).
8) 계곡에서 (피서를 즐기는) 사람들을 바라보노라면 우리의 마음도 한결 가벼워집니다.

3. 다음을 잘 듣고 본문과 맞으면 ○표, 맞지 않으면 ×표를 하십시오.
   1) 다나카 씨는 제주도에 가 본 적 있어요.
   2) 제주도 성산 일출봉의 해돋이가 아주 유명해요.
   3) 다나카 씨는 제주도를 가 보고 싶어했지만 너무 비싸서 못 갔어요.
   4) 최희선 씨는 비행기 표를 두 장이나 공짜로 얻었어요.
   5) 다나카 씨가 최희선씨를 따라 제주도에 가지 않기로 했다.
   6) 여름은 우리에게 바람과 물의 고마움을 느끼게 합니다.
   7) 산과 들에 이름 모를 꽃들이 피는 건 우리가 여름의 건강미를 느낄 수 있게 한다.
   8) 장마와 폭염이 있기에 우리는 자연의 소중함을 느끼게 된다.

4. 본문 내용을 듣고 물음에 답하십시오.

5. 다음 대화를 듣고 여자가 어떤 생각을 하고 있는지 알맞은 것을 고르십시오.
   1) 남자 : 요즘 계속 살이 찌는 것 같아서 다이어트를 할까 생각 중이야. 아무것도 먹지 않으면 체중을 쉽게 뺄 수 있대.
      여자 : 그런 방법은 현실적이지 않아. 아무것도 먹지 않으면 체중을 조금 줄일 수는 있지만 건강을 해치게 되고, 다시 예전 식습관으로 돌아가서 전보다 더 살이 찌게 될 거야.
      남자 : 정말? 그렇다면 정말 끔찍한 일인데?
      여자 : 그러니까 아무것도 안 먹고 살을 빼기보다는 규칙적인 운동을 하고, 식습관을 개선하는 것이 더 중요한 일이야.
   2) 여자 : 이번 연휴 때에 아이들과 함께 에버랜드에 놀러 가기로 한 거 기억하지요?
      남자 : 그랬어요? 그런데 어쩌지? 이번 연휴 때에는 거래처 사장님과 함께 골프를 치러 가기로 했는데.
      여자 : 아이들이 또 실망하겠군요. 매번 이렇게 약속을 지키지 않으면 아이들은 더 이상 당신을 신뢰하지 않을 거라고요.
   3) 남자 : 전 미란 씨가 집에서 쉬실 줄 알았는데요. 등산을 하시다니… 지난 주에 계속 피곤하다고 했잖아요.
      여자 : 네, 피곤하다고 집에만 있으면 더 힘들 것 같아서요. 등산을 하면서 땀도 흘리고 맑은 공기도 마시면 피곤이 풀리거든요.
      남자 : 난 집에서 쉬는 것이 피곤을 푸는 데 제일 좋던데 미란 씨는 아닌가 봐요.
      여자 : 사람마다 체질이 다르니까요.

6. 다음 내용을 잘 듣고 질문에 답하십시오.
   남자 : 배낭여행 간다면서 그렇게 자랑하더니 여행 잘 다녀왔어?
   여자 : 응. 여행은 아주 즐거웠는데 여행하다가 여권과 비행기표, 여행자 수표와 돈이 들어 있는 가방을 잃어버려서 큰일 날 뻔했어.
   남자 : 정말 당황했겠구나. 그래서 어떻게 했어?
   여자 : 처음에는 좀 당황했는데, 여권은 쉽게 다시 만들었고 비행기 표도 그곳에 있는 항공사 지점에서 다시 받을 수 있었어. 그리고 수표는 번호를 미리 적어 두어서 문제가 없었고. 뭐, 현금은 어쩔 수 없었지만.
   남자 : 그랬구나. 해외여행 가서 수표나 현금을 잃어버리는 경우가 많다던데, 너도 고생 많이 했구나.

여자 : 아냐. 같이 간 내 친구는 감기에 걸려서 여행 내내 굉장히 힘들어했는데, 거기에 비하면 난 고생을 하나도 안 한 셈이지, 뭐.

7. **다음을 잘 듣고 질문에 답하십시오.**

한국에서는 옛날부터 주로 농사를 지어 왔기 때문에 가을에 추수를 하고 나면 길고 추운 겨울을 방에서 특별히 할 일도 없이 지내야 했습니다. 그래서 이때 즐길 수 있는 여러 가지 민속놀이가 만들어지게 됐다고 합니다. 특히 정월 초하루부터 정월 대보름에 걸쳐서 정월 놀이를 많이 즐겨 왔습니다.

정월 대보름 새벽에는 밤, 잣, 호두, 땅콩같이 껍데기가 딱딱한 것을 이로 깨물어 먹는 풍속이 있는데, 대보름에 까먹는 밤, 잣 같은 것을 가리켜서 '부럼'이라고 합니다. 대보름에 '부럼'을 까서 먹으면 일년 내내 피부에 문제가 없다고 믿은 데서 나온 풍속입니다.

정월 대보름은 새해 처음으로 보름달을 보는 날이며, 모두들 보름달을 구경하러 가서 달님에게 소원을 빕니다. 또 '답교놀이'라는 것도 있습니다. 달이 뜨면 사람들은 다리를 열두 번 지나다니는데, 이렇게 다리를 밟고 다니면 그 해에는 다리가 아프지 않고 지낼 수 있다고 믿습니다.

단어색인 单词索引

【ㄱ】

가게[名]店(铺),铺子,门面	10课
가까이 [副] 近,靠近,亲近	4课
가꾸다[他]栽种,拾掇,侍弄;打扮	16课
가능하다 [形] 可能	6课
가락시장 [名] 可乐洞市场	25课
가뭄현상 [名] 干旱现象	27课
가볍다[形]轻,轻盈	12课
가입[名]加入,入,上	15课
가치관 [名] 价值观	7课
각별하다[形]特别,格外	27课
각색하다[他]改编,改写,加工,移植	15课
간 [名] 咸淡	14课
간단하다[形]简单,简便	12课
간장 [名] 酱油	14课
갈아타다[他]换乘,改乘,换车,倒车	1课
감동 [名] 感动	20课
감상하다 [他] 欣赏	16课
감싸다 [他] 裹,包庇,袒护	29课
감자[名]土豆	30课
강녕 [名] 康宁	19课
강원도 [名] 江原道	28课
강조하다[他]强调,着重	25课
강좌[名]讲座	24课
강추위 [名] 干冷,严寒,酷寒	29课
강해지다 [自] 变强壮,变强	23课
갖다[他]带,拿,取,具有,具备	10课
갖추다[他]备齐,具备,完备	11课
개강 [名] 开课,开学	8课
개구리[名]青蛙	18课
개나리 [名] 连翘,朝鲜金钟花	28课
개선하다[他]改进,改善,提高	30课
개인[名]个人	9课
거래처[名]往来客户,交易对象,交易处	22课
거래하다 [自] 交易,成交,买卖	24课
거스름돈 [名] 找回的零钱	10课
건강미 [名] 健康美	30课
건더기 [名] 汤中的菜或肉	14课
건전하다[形]强健,健全,健康。	23课
건조하다 [形] 干燥	28课
걸치다[自]搭,架,跨;接,连接	26课
검색하다 [他] 查询,检索	26课
검정색 [名] 黑色	17课
겁이 많다[词组]怯懦,胆小	4课
게다가[副]加上,外加,外带,再说	22课
겨루기 [名] 较量,竞争,交锋	18课
격파 [名] 击破	18课
결정되다[自]决定,定,裁定	24课
결제[名]清账,付清,结清	25课
결혼하다 [自] 结婚	22课
겹쳐지다[自]重叠,覆盖	21课
경극 [名] 京剧	16课
경동시장 [名] 京东市场	25课
경쟁력 [名] 竞争力	6课
경찰관 [名] 警察	23课
경품 행사 [名] 赠品活动	30课
곁들이다[他]拼放,拼配;兼做,伴	21课
계곡 [名] 山谷,峡谷,沟壑	30课
계단 [名]阶梯,阶段	12课
계약서 [名] 合同书,契约	24课
고객[名]顾客,主顾	22课
고구려 [名] 高句丽	18课
고구마[名]地瓜	30课
고기압[名]高压,高气压	27课
고령화[名]老龄化	9课
고무 [名] 橡胶	17课
고생하다 [自] 吃苦,辛苦,辛劳	19课
고유 [名] 固有	18课
고장 나다[词组]出故障,失灵,坏	24课
고종명 [名] 寿终正寝	19课
고지서[名]告知书,通知书	9课
고추장 [名] 辣椒酱	14课
곡선 [名] 曲线	17课
곡식 [名] 谷物,粮食	2课
곧바로 [副] 一直,直接,马上	15课
골드칼라 [名] 金领	26课
골프를 치다 [词组]打高尔夫球	30课

골프장 [名] 高尔夫球场　　　　　　　　　12课
공무원 [名] 公务员　　　　　　　　　　　23课
공손하다 [形] 恭敬,毕恭毕敬,谦恭,恭顺　15课
공연 [名] 演出,公演　　　　　　　　　　16课
공짜 [名] 免费,白得,不花钱　　　　　　30课
공통점 [名] 共同点　　　　　　　　　　　13课
과거 [名] 过去,昔日,往日　　　　　　　 20课
과로 [名] 过劳,疲劳过度,过于劳累　　　 21课
과목 [名] 科目　　　　　　　　　　　　 8课
과장 [名] 科长　　　　　　　　　　　　 6课
과정 [名] 过程　　　　　　　　　　　　 20课
과제 [名] 课题,任务　　　　　　　　　　24课
관계자 [名] 有关人员,相关人士　　　　　 7课
관광 단지 [名] 旅游景区　　　　　　　　12课
관광객 [名] 游客　　　　　　　　　　　 13课
관련사업 [名] 相关事业　　　　　　　　 11课
관심 [名] 关心,关注　　　　　　　　　　22课
관심사 [名] 关心的事情,关注的事情　　　23课
광주행 [名] 开往光州　　　　　　　　　 17课
굉장히 [副] 宏伟,巨大,壮观　　　　　　 28课
교문 [名] 校门　　　　　　　　　　　　 3课
구간 [名] 区间　　　　　　　　　　　　 10课
구릿빛 [名] 古铜色　　　　　　　　　　 30课
구멍 [名] 孔,眼儿,洞,窟窿　　　　　　　16课
구별 [名] 区别,区分,分辨　　　　　　　 28课
구분하다 [他] 区分　　　　　　　　　　 18课
구성원 [名] 成员,组员　　　　　　　　　13课
구입하다 [他] 购入,买入　　　　　　　　10课
구입하다 [他] 购进,购入,买进　　　　　 25课
구조 [名] 构造,结构　　　　　　　　　　13课
국내선 [名] 国内线　　　　　　　　　　 11课
국제선 [名] 国际线　　　　　　　　　　 11课
국화 [名] 菊花;国花;国画　　　　　　　 1课
군밤 [名] 烤栗子　　　　　　　　　　　 29课
굶다 [自/他] 饿,饥饿;空着(肚子)　　　　19课
권하다 [他] 劝说,劝,规劝,劝解　　　　　22课
귀사 [名] 贵公司　　　　　　　　　　　 24课
귀사 [名] 贵公司,贵社　　　　　　　　　22课
귀성객 [名] 返乡的人,回家探亲的人　　　 2课
규모 [名] 规模　　　　　　　　　　　　 12课
규정 [名] 规定　　　　　　　　　　　　 25课
균 [名] 菌,菌类　　　　　　　　　　　　28课
균일제 [名] 统一收费制,统一价格制　　　 9课
그리워지다 [自] 想念,思念　　　　　　　30课
그립다 [形] 怀念,想念,思念　　　　　　 20课
그만두다 [词组] 停止　　　　　　　　　 23课

근데 [副] "그런데"的略语　　　　　　　 11课
근무 [名] 执勤,值班,工作　　　　　　　 22课
글쎄 말이다 [常用语] 说的是呀,谁说不是呢 12课
금연 [名] 禁烟　　　　　　　　　　　　 11课
급사 [名] 勤杂人员,听差的　　　　　　　23课
급수 [名] 等级,段位　　　　　　　　　　18课
기꺼이 [副] 欣然,高兴地,情愿地　　　　 24课
기껏 [副] 尽力,就,才　　　　　　　　　 6课
기내식 [名] 机内便餐　　　　　　　　　 11课
기념우표 [名] 纪念邮票　　　　　　　　 15课
기리다 [他] 称赞　　　　　　　　　　　 2课
기본 동작 [名] 基本动作　　　　　　　　18课
기본표 [名] 起步价　　　　　　　　　　 9课
기본요금 [名] 基本收费,起步价　　　　　 9课
기본운임 [名] 基本运价,起运费,基价　　10课
기상전망 [名] 气象预测　　　　　　　　 27课
기상청 [名] 气象厅　　　　　　　　　　 27课
기술 [名] 技术　　　　　　　　　　　　 18课
기억하다 [他] 记忆,记,记住　　　　　　 30课
기울이다 [他/使动] 倾注,集中,使倾,使歪斜 22课
기저귀 [名] 尿布,尿片　　　　　　　　　25课
기준 [名] 基准,标准,准则　　　　　　　 6课
긴팔 [名] 长袖　　　　　　　　　　　　 5课
길가 [名] 路边,沿途,沿路　　　　　　　 2课
길쭉하다 [形] 稍长,细长　　　　　　　　 3课
깎다 [他] 削,减价,杀价　　　　　　　　 12课
깜짝 [副] (吓)一跳,一眨眼儿　　　　　　 2课
깨 [名] 芝麻　　　　　　　　　　　　　 2课
깨물다 [他] 咬破　　　　　　　　　　　 30课
꺼내다 [他] 掏(出),拿(出);提起　　　　 25课
꼬리 [名] 尾巴　　　　　　　　　　　　 16课
꽃샘 [名] (春天开花时)春寒　　　　　　 27课
꽉 [副] 用劲,紧紧地,死死地,满满地　　 21课
끌리다 [被动] 被拖,被拉,被拽;被吸引　 22课
끓이다 [动] 煮,熬,炖　　　　　　　　　 1课
끔찍하다 [形] 骇人听闻,怕人,可怕　　　 30课
끝인사 [名] 结尾问候语　　　　　　　　 20课

【ㄴ】

나름대로 [副] 自有(的),独自(的)　　　 22课
나막신 [名] 木鞋,木屐　　　　　　　　　17课
낙엽 [名] 落叶　　　　　　　　　　　　 28课
남부지방 [名] 南部地区　　　　　　　　 27课
납부 [名] 缴纳,交纳　　　　　　　　　　 9课
낫다 [形] 胜过,强　　　　　　　　　　　23课

낫다[形/自]好,强;痊愈	19课	다양화되다 [自] 多样化	25课
낭만스럽다 [形] 浪漫	20课	다치다[自/他]碰,碰伤,触摸,弄坏	7课
낮[名]白天,白日,白昼	25课	다행히[副]幸好,幸亏,得亏	30课
낯설다 [形] 陌生,不熟悉	8课	닦다[他]刷,擦;修炼	16课
내다 [他] 提交,拨付	10课	단백질 [名] 蛋白质	14课
내다보다 [他] 向外看,向前看,展望	27课	단수되다[自]断水,停水	21课
내달 [名] 下个月	24课	단오 [名] 端午	2课
냇가 [名]溪畔,小河边	2课	단절 [名] 中断,断绝	6课
넘어지다 [自]倒下,摔倒,跌倒;败北	28课	단지 [名]小区,社区	21课
넘치다 [自]溢出,超过,充满,洋溢	25课	닫히다[被动]被关上	15课
네모 [名]四角,四方,格子	16课	달나라[名]月球,月宫	26课
네모가 나다 [词组] 呈四角形	3课	달하다[自/他]到达,达到	9课
네트워크 [名] 网络	6课	담그다[他]漫,泡,腌,酿	29课
노란 줄 [名] 黄线	4课	담다 [他] 盛,装;包含;反应	14课
노란색 [名] 黄色	9课	답장 [名] 回信	20课
노란색 [名]黄色	11课	당기다 [他] 拉,拽,提前	14课
노량진시장 [名] 鹭梁津市场	25课	당장 [副] 立即,当场	19课
노릇 [名] 份内的事,做某件事	23课	당첨되다 [自] 中奖,中签	30课
노선 [名] 航线,路线	11课	당황하다[自]惊慌,慌乱,慌张	30课
놀이 [名] 游戏	1课	대 [依存词] 比,对	18课
농구[名]篮球	2课	대개 [副] 大概,大约	9课
농담 [名] 玩笑,笑话	7课	대륙 [名] 大陆	28课
농사 [名] 农活儿,种地	1课	대비하다[他]对比,对照,防备	14课
농산물 [名] 农产品	25课	대상[名]对象,大奖	14课
농약 [名] 农药	29课	대인관계[名]人际关系,人缘	23课
농촌 봉사활동 [名] 支援农村活动	29课	대접하다 [他] 接待,招待	24课
놓치다 [他] 放过,错过,失去,漏掉	9课	대체 [名] 梗概,大致情况	6课
누르다 [他] 按,压,摁,抑制	10课	대충[副]大体,大致,大略	26课
뉴욕발 [名] 从纽约出发	27课	대학로 [名] 大学路	8课
느끼다 [他] 感觉,感到	11课	대학원 [名] 研究生院	19课
느끼하다 [形] 油腻	14课	대한항공 [名] 大韩航空	11课
늘리기 [名]增加,扩展,扩充	21课	대합실[名]候车室,等候室	12课
늘어나다[自]变长,拉长,增多,提高	23课	대형 할인점 [名] 大型折扣店	25课
늦여름 [名] 晚夏,夏末	28课	더불어 [副] 一起,一块儿,一同	29课
		더하다 [他] 加 [形] 更重,更深	17课
【ㄷ】		덕분 [名] 托福,幸亏,多亏	20课
		덜 [副] 少,不够	9课
다가오다 [动] 临近,凑近	7课	데리다[他]带领,带,领	11课
다다르다 [自]到达,抵达	2课	데이트 [名] 约会,交际	26课
다람쥐 쳇바퀴 돌듯 松鼠走筛筐,原地打转 (比喻 不见进展,踏步不前)	13课	도끼[名]斧子,斧头	8课
		도대체[副]到底,究竟,怎么也	16课
다람쥐 [名]松鼠	13课	도드라지다 [形] 鼓起,隆起,突出	17课
다루다[他]对待,使用;处理(事情);经管	27课	도망가다 [自] 逃走,逃跑	7课
다만 [副] 只,仅	21课	도복 [名] (跆拳道)道服	18课
다양하다[形]各种各样,多种多样,多样	24课	도용되다 [自] 被盗用	26课
		도움[名]帮忙,帮助	15课

도입되다 [自] 导入,引进,引入 9课
도자기 [名] 瓷器 13课
도착 시간 [名] 抵达时间 10课
독감에 걸리다 [词组] 患重感冒,得流行性感冒 28课
독특하다 [形] 独特 1课
돈을 벌다 [词组] 挣钱,赚钱 23课
돋보기 [名] 老花镜;放大镜 8课
돌 [名] 周年,周岁;石头 21课
돌아다니다 [自] 奔波,转来转去 17课
돌잔치 [名] 周岁筵席 21课
돌하루방 [名] 石头老人 12课
동기 [名] 动机 22课
동심 [名] 童心 29课
동전 [名] 铜钱,小钱儿 10课
동호회 [名] 学社,社团,俱乐部 15课
된장 [名] 大酱 14课
됨됨이 [名] 为人,作人 23课
두부 [名] 豆腐 14课
둥글다 [形] 圆 3课
둥글다 [形] 浑圆,圆圆的 25课
뒤쪽 [名] 后边 11课
뒷줄 [名] 后排,后行 6课
드러나다 [自] 露出,暴露;显著,闻名 21课
드물다 [形] 少,稀有 12课
등받이 [名] 靠背 11课
따라가다 [他] 跟随,伴随,追随;遵从,服从 18课
따로 [副] 另外,不一块儿 6课
따르다 [他] 跟随,按照,随着 21课
딴생각 [名] 胡思乱想,别的想法 24课
땀을 흘리다 [词组] 流汗,淌汗 30课
땅콩 [名] 花生 30课
때때옷 [名] 花衣裳 2课
떡 [名] 糕饼,糕点,粘糕 14课
떡국 [名] 年糕汤 1课
떨어지다 [自] 掉,落,掉下;分离。 24课
또박또박 [副] 一笔一划地,端端正正地 20课
똑바로 [副] 笔直地,正正地,毫无差错地 3课
뚜렷하다 [形] 清楚,明显 1课
뛰어놀다 [自] 蹦着玩,跳着玩 2课
띠 [名] 带子 18课

【ㄹ】

리듬 [名] 节奏,节拍,韵律 30课

리무진 버스 [名] 大轿车 9课
리포트 [名] 报告书 6课

【ㅁ】

마감일 [名] 截止日期 24课
마르다 [形/自] 干,瘦,渴 4课
마름모 [名] 菱形 16课
마무리하다 [他] 结尾,收尾 20课
마이크로 소프트 [名] 微软公司(软件公司名) 6课
마찬가지 [名] 一样,同样,相似,差不多 1课
막 [副] 正,正要,刚 4课
막기 [名] 挡,抵挡,防守 18课
만족시키다 [使动] 使满足,使满意 6课
만족하다 [形] 满足,满意 21课
말끔히 [副] 干干净净,利落 23课
말미암다 [自] 由于,因为 23课
맑다 [形] 清,清新,晴朗 11课
맘=마음 [名] 心 17课
맞벌이 [名] 双职工,夫妇都工作 25课
맞이하다 [他] 迎,迎接,娶 1课
매다 [他] 系,拴 11课
매매 [名] 买卖,销售 6课
매체 [名] 媒体 5课
맨 [词缀] 最,只有,都 11课
맨 [贯形词] 最,第一 6课
머릿기사 [名] 头条新闻 21课
머물다 [自] 停留 29课
먹이다 [他] 喂,喂养 3课
멋있다 [形] 很漂亮,很帅,潇洒 16课
멤버십 [名] 成员全体,成员资格 24课
면접관 [名] 考官 22课
면접을 보다 [词组] 面试 22课
면허증 [名] 执照,许可证 5课
명 나라 [名] 明朝 13课
명실공히 [副] 名副其实地 2课
모레 [名] 后天 15课
모범택시 [名] 模范出租车 9课
모범택시 [名] 模范出租车 9课
모습 [名] 长相,样子,面貌 7课
모습 [名] 模样,面貌,样子 2课
모으다 [他] 收集,收藏,攒 3课
모으다 [他] 收集,攒,集合 11课
모택동 [名] 毛泽东 13课

목도리 [名] 围脖	7课	배낭 [名] 背囊	10课
목수 [名] 木匠,木工	23课	배드민턴 [名] 羽毛球	3课
몰다 [他] 开车,驾驶	9课	배려 [名] 照顾,关怀	22课
무궁화호 [名] 木槿花号	10课	배정되다 [自] 安排,分配,定	6课
무급 [名] 没有级别	18课	백록담 [名] 白鹿潭	12课
무료 [名] 免费,无偿	20课	백성 [名] 百姓	28课
무조건 [名/副] 无条件,无保留	6课	백일 [名] 百日,白天;白日	20课
문득 [副] 突然	8课	버리다 [他] 扔掉,扔,倒,泼	11课
문서 [名] 文件,文书	6课	버선 [名] 布袜	17课
문안 [名] (广告等)文案	22课	버튼 [名] 按钮	10课
물결 [名] 波,波涛,浪潮	13课	번거롭다 [形] 麻烦,繁杂,复杂	20课
물러서다 [自] 后退,让开,躲开	4课	벌리다 [他] 张开,拉开,打开,展开	16课
물려받다 [他] 继承,承继	26课	범죄 [名] 犯罪	6课
물질 [名] 物质	14课	법 [名] 法	9课
물탱크 [名] 水箱,水槽,水塔	21课	벼 [名] 稻子	14课
물품 [名] 物品	24课	벼 [名] 水稻	29课
뮤지컬 [名] 音乐剧,音乐喜剧	5课	변하다 [自] 变,变化,改变	25课
미끄럽다 [形] 滑,光溜	28课	별일 [名] 特别的事,奇怪的事	1课
미소를 띠다 [词组] 微笑	22课	별칭 [名] 别称,外号,绰号	30课
미신 [名] 迷信	3课	보고서 [名] 报告,报告书	5课
미지근하다 [形] 温热,温吞吞	27课	보고하다 [他] 报告,汇报	5课
민감하다 [形] 敏感,感觉敏锐	26课	보람있다 [形] 有价值,有意义	19课
믿기다 [自] 使人相信,置信	25课	보유하다 [他] 保留	11课
믿다 [他] 相信,信任	9课	보증하다 [他] 保,担保,保证	25课
		보충 [名] 补充	6课
【ㅂ】		보충하다 [他] 补充,添加,追加	14课
		보험회사 [名] 保险公司	23课
바(람이)쏘이다 [自] 吹风,透气	10课	보호 [名] 保护	7课
바뀌다 [自] 바꾸다의 被动式	26课	보호되다 [自] 被保护	12课
바라보다 [他] 看着,眺望,仰望,盼望	30课	복 [名] 福,福气,福分	2课
바지 저고리 [名] (韩式)裤子和上衣	2课	복사기 [名] 复印机	24课
바퀴 [名] 车轮,轮子,轴辘,圈	9课	복스럽다 [形] 富态,福态,喜形于色	4课
박히다 [被动] 铭刻,打进,扎进,嵌	13课	본격적 [名] 正式,正规,真正	28课
반달모양 [名] 半月形	2课	본뜨다 [他] 摹写,模仿	3课
반드시 [副] 一定,务必,必然,必定	14课	본선에 진출하다 [词组] 出线	18课
반액 [名] 半价,一半钱	10课	봄철 [名] 春季,春日	28课
반열 [名] 身份等级的顺序	26课	봉사하다 [自] 侍候,侍奉,服侍,服务	29课
반찬 [名] 菜肴,菜	14课	봉투 [名] 信封	20课
반하다 [自] 相反,与……相反	9课	부 [名] 富	19课
받치다 [它] 撑,支,架,端,捧	15课	부담스럽다 [形] 有负担,有压力,不自在	15课
발견하다 [他] 发现	13课	부대 사업 [名] 附属业务,附属事业	11课
발렌타인데이 [名] 情人节	7课	부동산 [名] 房地产,固定资产	8课
밟다 [他] 踏,踩;追踪	30课	부딪치다 [] 碰,撞;撞见,打照面;遇到	15课
방긋방긋 [副] 甜甜地(笑)	2课	부럽다 [形] 羡慕,欣羡,眼馋,眼热	18课
방식 [名] 方式	6课	부유하다 [形] 富裕,富有	19课
방해 [名] 妨碍,干扰	4课	부정적 [名] 否定	6课

부족하다 [形] 不足	14课	
북 [名] 鼓	30课	
분당선 [名] 盆唐线	10课	
분류하다 [他] 分类,归类	21课	
분명히 [副] 分明地,清楚地	17课	
분석 [名] 分析	28课	
분야 [名] 领域,方面,部门	27课	
분주하다 [形] 繁忙,忙碌,奔忙	25课	
분화구 [名] 火山口	12课	
불가능하다 [形] 不可能	26课	
불규칙하다 [形] 不规则,不规律,不正规	19课	
불길하다 [形] 不祥,凶,丧气	21课	
불꽃놀이 [名] 烟花,火花游戏	7课	
불리다 [动] 被称作,称为	8课	
불면증 [名] 失眠症	19课	
붐이 일다 [词组] 掀起高潮,盛行,兴旺	18课	
붓다 [自] 肿,撅嘴 [他] 倾倒,播,撒	14课	
뷔페 [名] 自助餐,冷餐	21课	
블루칼라 [名] 蓝色	26课	
비경제적 [名] 非经济,低效率	23课	
비록 [副] 尽管,虽然	7课	
비롯하다 [自/他] 始初,出于;……等,以……为首	19课	
비치다 [自] 照,映照,透出	13课	
빈대떡 [名] 绿豆饼	1课	
빚다 [他] 包(饺子),做(蒸糕),酿(酒)	2课	
빠져나오다 [自] 脱离,逃脱,脱漏	7课	
빨개지다 [自] 变红	18课	
빨다 [他] 洗,洗涤,吸,吮	25课	
빼놓다 [他] 漏掉,落下,除去	14课	
빼다 [他] 放出,抽出;减去,拿掉;除去	30课	
뻔하다 [形] 明明白白,明显,显而易见	30课	
뿌리다 [他] 撒,喷	29课	
뿌리다 [他] 散布,撒,洒,传播	19课	
뿌리박히다 [自] 扎下根,根深蒂固	21课	

【ㅅ】

사계절 [名] 四季	1课	
사라지다 [自] 消失,走开	3课	
사라지다 [自] 消失,隐没;消除	26课	
사랑스럽다 [形] 可爱	30课	
사무실 [名] 办公室	9课	
사물놀이 [名] 四物表演,打击乐表演	30课	
사생활 [名] 私生活	6课	
사설 [名] 社论	21课
사실 [名] 事实	14课
사원 [名] 公司职员	22课
사이버 [名] 网络	6课
사회면 [名] 社会版	21课
삭제 [名] 取消	6课
산림 [名] 山林,森林	7课
산불 [名] 山火	28课
살이 찌다 [词组] 发福,胖了	30课
살펴보다 [他] 观察,察看,打量	25课
살피다 [他] 察看,观察;观望	23课
삶 [名] 生活	22课
삼국 시대 [名] 三国时期	18课
삼다 [词组] 当做,看做,当成	8课
삼다 [他] 作为,当做,看做	21课
삼성 [名] 三星	12课
삼천리 [名] 三千里	22课
삽입 [名] 插入	6课
삽입하다 [他] 插入	10课
상가 [名] 商家,商业街	25课
상계 [名] (地名)上溪	4课
상대방 [名] 对方	20课
상대방 [名] 对方	7课
상상 [名] 想象	6课
상태 [名] 状态	25课
상하다 [自/他] 弄伤,伤,放坏	2课
새벽 [名] 凌晨,黎明,拂晓	30课
샘골 [名] 泉谷	2课
생선 [名] 海鲜	14课
생존 [名] 生存	29课
서귀포 [名] 西归浦	12课
서다 [自] 站,立,停	24课
서두르다 [自] 急着做,赶紧做	9课
선 [名] 线,界线,线条	24课
선물하다 [他] 送礼	11课
선반 [名] 行李架	11课
선언문 [名] 宣言文	13课
선정되다 [自] 选定	18课
선택하다 [他] 选择	23课
선호하다 [他] 偏爱,偏好	22课
설날=설 [名] 春节,正月初一	1课
설정하다 [他] 设定,定;制定	21课
설치되다 [自] 设置,安装,放置	24课
섬 [名] 岛,岛屿	12课
성묘하다 [自] 扫墓,上坟	2课
성사되다 [自] 完成,成全	24课

성산 [地名] 城山	12课	습관화[名]习惯化	21课
성함 [名] 贵姓,尊姓大名	15课	승차[名]乘车,上车	10课
세일기간 [名] 打折期间,优惠期间	25课	승차권 [名] 车票	10课
셈[名]数数,计算;算账	30课	승천문 [名] 承天门	13课
소극장 [名] 小剧场	8课	시대 [名] 时代	13课
소금 [名] 盐	14课	시드니 [名] 悉尼	18课
소담스럽다 [形] 讨人喜欢,令人喜爱	29课	시민 [名] 市民	10课
소방관 [名] 消防员	23课	시범 종목 [名] 示范项目	18课
소방서[名]消防署,消防局	7课	시사성 [名] 时事性	21课
소실되다 [自] 消失	13课	시위[名]示威	14课
소중하다 [形] 贵重的,珍贵的	19课	시청 [名] 市政府	4课
속하다[自]所属,属于	9课	시청률[名]收视率	15课
손가락[名]手指	26课	시청자[名]收视者,收看人,观众	15课
손꼽히다 [他] 扳着指头算,屈指可数	12课	식다 [自] 凉,消退	14课
손목 [名]手腕	4课	식다[自]凉,冷;热情淡化	27课
손수 [副] 亲自,亲手	7课	식생활[名]吃住,饮食	21课
손해를 보다 [词组] 受损失,损害	24课	식습관[名]饮食习惯	30课
송편 [名] 蒸糕	2课	식중독[名]食物中毒	28课
쇠(꽹과리)[名]铜锣	30课	식탁[名]饭桌,餐桌	14课
쇼핑 [名] 购物	25课	식히다 [他] 冷却,冷静,使……变凉	30课
수[名] 寿	19课	신경 쓰다 [词组] 费心	17课
수리하다[他]修理,维修	1课	신나다[自]来劲,激动,兴奋,开心	12课
수명[名]寿命	26课	신다[他]穿,蹬	17课
수산물 [名] 水产品	25课	신뢰하다[他]信赖,信任	27课
수수료 [名] 手续费,佣金	10课	신부감 [名] 新娘子人选	8课
수십[名]数十,几十	25课	신체[名]身体	14课
수업료[名]学费,讲课费	20课	신하 [名] 大臣,臣子	28课
수용하다 [他] 承受,容纳	24课	신혼 부부 [名] 新婚夫妇	12课
수정 [名] 修改	6课	실 [名] 事实,实利	20课
수직 [名] 垂直,竖直	12课	실시하다[他]实施,实行,进行	21课
수집하다 [他] 收集	16课	실제로[副]实际上,其实	20课
수첩 [名]手册,记事本	2课	실험[名]试验,实验	14课
수험생[名]考生	26课	심리[名]心里;心理;理清,理出	17课
수호신 [名] 守护神	12课	심지어 [副] 甚至(于),甚或	26课
수확 [名] 收获	2课	심해지다[自]加重,加剧	28课
숙이다[使动](将头)低下,使垂下,使下垂	3课	싱겁다[形]味淡,没味道,没劲,寡淡	10课
순간[名]瞬间,一瞬间,刹那间	6课	싱글 룸 [名] 单人间	15课
순수하다[形] 纯粹,纯真,纯	26课	쌀 [名] 大米,米	14课
술자리 [名]喝酒的地方,酒席,酒宴	18课	쌀쌀하다[形](天气)凉飕飕的,(性格、态度)冷冰冰的	5课
스승 [名] 导师,老师,教师	8课	쑥 [副] 深陷,拔	17课
스치다 [自] 掠过,吹拂,轻描淡写	29课	쏟아지다 [自] 倾泻,涌流,流出	27课
스코어 [名] 比分,分数	18课	쏟아지다[自]漏出,淌出,涌出	14课
스키장 [名] 滑雪场	28课	쓰러지다 [自] 倒下,倒,倒闭	29课
스타일 [名] 式样,款式,类型	17课		
스튜어디스[名]空姐,空嫂	11课		

【ㅇ】

아끼다 [他]	节约,省着;珍爱,爱惜	25课
아나운서 [名]	播音员,主持人	27课
아마 [副]	恐怕,大概,大约,可能	14课
아미노산 [名]	氨基酸,胺酸	14课
아시아 [名]	亚洲	22课
아시아나항공 [名]	韩亚航空	11课
아시안게임 [名]	亚运会	18课
아침형 [名]	早晨型	18课
악기 [名]	乐器	30课
악습 [名]	恶习,陋规	28课
안개가 끼다 [词组]	下雾	27课
안내 방송 [名]	广播通知	4课
안부 [名]	问候	8课
안색 [名]	脸色	20课
안심하다 [自/形]	安心,放心	17课
안전 벨트 [名]	安全带	11课
안전선 [名]	安全线	4课
암 [名]	癌	14课
앞두다 [他]	临……前,临……前夕	8课
앞서다 [自]	走在前面,领先,抢先	18课
앞쪽 [名]	前边	11课
액세서리 [名]	装饰品,首饰	22课
야간 [名]	夜间	9课
야구 [名]	棒球	18课
야근 [名]	加班,夜班	18课
야영 [名]	野营,露营	8课
야외극장 [名]	露天剧场	8课
야외무대 [名]	露天舞台	29课
야유회 [名]	郊游会,野游会	8课
약간 [副]	有点,微微,稍许	4课
약재 [名]	药材	25课
약혼식 [名]	订婚仪式	1课
양념 [名]	调料	14课
양반 [名]	两班,贵族,官宦	28课
양일 [名]	两天	15课
양재꽃시장 [名]	良才洞花市	25课
양치질 [名]	漱口,刷牙	16课
어지럽다 [形]	晕,昏,晕眩	28课
어휘 [名]	语汇,词汇	26课
억지로 [副]	硬(是),勉强	15课
언급하다 [他]	涉及,谈到,谈及	23课
얻다 [他]	得到,取得,弄到	21课
업무 [名]	业务	26课
없애다 [他]	取消,清除;消灭	28课
에다 [自]	割,挖,剜	29课
여기다 [他]	感到,认为,以为	21课
여대생 [名]	女大学生	26课
여성스럽다 [形]	有女人味	25课
여의나루역 [名]	汝矣渡口站	12课
여타 [名]	其他	21课
역할 [名]	作用,角色	30课
연 [名]	风筝	1课
연기되다 [自]	延期,延长,延迟	24课
연날리기 [名]	放风筝	1课
연락처 [名]	联系地址(或方式)	15课
연령 [名]	年龄	9课
연못 [名]	荷塘	12课
연주하다 [他]	演奏	30课
염증 [名]	发炎,炎症	16课
엿 [名]	麦芽糖,糖稀,饴糖	3课
영상 [名]	图像,影像	6课
영양소 [名]	营养成分	14课
영업하다 [自]	营业	9课
예를 들다 [词组]	举例,例如	20课
예방하다 [他]	预防	14课
예상되다 [自]	预想,预料,预测	27课
오르내리다 [自]	升降,起落,涨落,上上下下	30课
오복 [名]	五福	19课
옥상 [名]	屋顶,房顶	21课
올림픽 [名]	奥运会	18课
옮기다 [他]	搬,挪,移,搬迁	21课
왕궁 [名]	王宫,皇宫	13课
왕복 항공권 [名]	往返机票	30课
외래어 [名]	外来语	26课
외모 [名]	外貌,外表	7课
요원 [名]	人员,要员	22课
욕조 [名]	浴缸,浴盆,浴池	21课
용기 [名]	用具,容器;勇气	21课
용산 전자상가 [名]	龙山电子市场	25课
우리 [名]	圈,窝,笼	7课
우정 [名]	友情	23课
우주 [名]	宇宙	30课
운송 [名]	运送,运输	11课
운수회사 [名]	运输公司	9课
운영체계 [名]	操作系统	6课
운임 [名]	运输费,运费	9课
운전 경험 [名]	驾驶经验	9课
운전 [名]	驾驶,开,操纵	2课
운전하다 [他]	驾驶,操纵	5课
운항하다 [自]	航运	11课
운행 [名]	运行,运转	9课

움직이다[他/自]动,活动,动摇	24课
웃돌다 [自] 高于,高过	9课
웅장하다 [形] 雄壮,壮观	13课
원래 [名] 原来,本来	25课
원만히 [副] 圆满地	24课
원하다[他]愿,希望	24课
월급쟁이 [名] 工薪族	23课
월드 컵 [名] 世界杯	3课
월드컵 [名] 世界杯	18课
웬만하다 [形] 还可以,一般,普通,通常	5课
위험하다 [形] 危险	4课
윈도우즈 xp [名] Windows XP（操作系统名）	6课
유교 [名] 儒教	19课
유난히 [副] 特别,格外,异常	30课
유단자 [名] 有段位的人	18课
유럽[名]欧洲	25课
유사하다[形]类似,近似	21课
유행[名]流行,盛行,时尚,时髦	25课
유행어 [名] 流行语	26课
유호덕 [名] 以德为乐	19课
유혹하다 [他] 诱惑,煽惑	30课
윤리[名]伦理	28课
윤택하다[形]光泽,光润,滋润,富裕	13课
윷놀이 [名] 尤茨游戏	1课
음력 [名] 阴历	2课
의견[名]意见	6课
의도 [名] 意图,用意	26课
의리[名]事理,道义,情义,义气	23课
의상 [名] 衣服,服装	16课
의존하다 [自] 依存,依赖,依靠	15课
이국적 [名] 异国的	12课
이끌다 [他] 带动,领导,吸引	6课
이듬해 [名] 第二年,翌年,转年	28课
이따가 [副] 等一会儿,一会儿	20课
이래서[副]"이리하여서"的略语,这样,这么做	22课
이륙하다 [动] 起飞	11课
이맘때 [名] 这时候,这会儿	27课
이멜 [名] 电子邮件	26课
이사[名]搬家,迁移	11课
이삼십 대 [名] 二三十岁的人	25课
이삿짐센터[名]搬家公司	13课
이상[名]以上,超出;理想	30课
이익 [名] 利益	7课
익히다 [使动]使熟练,煮熟	24课
인간 [名] 人类,人间	21课
인간[名]人,人类,人间,世间	18课
인도하다 [他] 移交,交付,引导	24课
인류[名]人类	26课
인물 [名] 人物,人的长相,人才	3课
인사[名]寒暄,问候,打招呼,互相介绍	2课
인천행 [名] 开往仁川方向的	27课
인턴사원[名]实习职员	26课
일교차 [名] 日温差	27课
일련[名]一连,一连串,一个接一个	23课
일반택시 [名] 普通出租车	9课
일종 [名] 一种,某种	15课
일출봉 [名] 日出峰	12课
잃어버리다[他]丢失,丧失	19课
임금[名]人君;工资,薪酬	28课
임시적 [名]临时	22课
잇몸[名]牙龈,齿龈,牙床	16课
잊어버리다[他]忘记,忘掉	2课

【ㅈ】

자격요건[名]资格条件	9课
자기계발[名]自我开发,自学	23课
자꾸 [副] 老是,总是	7课
자녀 [名]子女	3课
자랑하다[他]炫耀,夸耀	30课
자상하다[形]细心,无微不至;亲切,慈祥	22课
자습하다 [他] 自习	8课
자신 [名] 自己	22课
자신있다 [形] 有自信,有信心	14课
자주색 [名] 紫色	18课
자체 [名] 自己,本身	26课
작가[名]作家,著者	15课
작성하다 [他] 制定,拟定,起草	5课
작품[名]作品	24课
잔인하다[形]残忍,残酷,无情	14课
잔치[名]饭席,宴会	20课
잠실역 [名]蚕室站	12课
잠자다[自]睡觉;停滞	18课
잣[名]松子	30课
잣대 [名]尺度,标准	23课
장고 [名] 长鼓	30课
장관 [名] 壮观	12课
장마권 [名] 梅雨圈	27课
장마철 [名] 梅雨季节	28课

韩文	释义	课
장맛비 [名]	梅雨,淫雨,霪雨	27课
장소 [名]	场所,地点	17课
장안대로 [名]	长安大道	13课
장어 [名]	鳗鱼	12课
재건되다 [自]	重建	13课
재래 시장 [名]	固有的老市场,以前的市场	25课
재수 [名]	运气,幸运,手气	4课
재학중 [名]	在校学习,在校	22课
저수조 [名]	蓄水池,贮水槽	21课
저장하다 [他]	储存	6课
적극적 [名]	积极	24课
적성 [名]	适应性,适应能力	22课
적응하다 [他]	适应,调试	22课
전달하다 [他]	传递,传达,转达	20课
전문 상가 [名]	专业商业街	25课
전문 용어 [名]	行业用语	26课
전문가 [名]	专家,老手,行家	6课
전시장 [名]	展馆,展厅,展地	24课
전시회 [名]	展示会,展览会	24课
전액 [名]	全额	10课
전통 무술 [名]	传统武术	18课
절벽 [名]	绝壁	12课
절약되다 [自]	节约,节省,省	23课
절하다 [词组]	施礼,拜	21课
점 [名]	点	13课
점검하다 [他]	检查,清点	9课
점보다 [词组]	算命,算卦,看相	8课
점원 [名]	店员	23课
젓가락 [名]	筷子	8课
정도 [名]	程度	11课
정리하다 [他]	整理	5课
정보 [名]	信息,情报	5课
정복되다 [自]	征服,制服	26课
정상 [名]	顶峰,正常	12课
정식 종목 [名]	正式项目	18课
정신 [名]	精神	21课
정신없이 [副]	(忙得)不可开交,不知所措	8课
정열 [名]	热情	30课
정원 [名]	庭院,庭院	1课
정월 [名]	正月	1课
정하다 [他]	定,决定,指定	9课
젖다 [自]	淋,被弄湿,沾染	13课
제사 [名]	祭祀	2课
제작하다 [他]	制作,制造,创作	15课
조교 [名]	助教	4课
조그맣다 [形]	小,微小	29课
조사 [名]	调查	5课
조사설문지 [名]	问卷调查	5课
조언 [名]	指教,指点,忠言,建议	15课
졸리다 [自]	困,困倦,想睡觉	19课
졸업반 [名]	毕业班	5课
좁다 [形]	窄	13课
종류 [名]	种类	9课
좌석 [名]	坐席,座位	30课
주먹 [名]	拳头	18课
줄 [名]	行,排,列,线	4课
줄어들다 [词组]	缩小,缩短	25课
줄어들다 [自]	减少,缩小,消退	9课
중계 방송 [名]	转播,无线电转播	18课
중부지방 [名]	中部地区	27课
중순 [名]	中旬	27课
중시하다 [他]	重视,看重	23课
중앙 [名]	中央,中间	13课
중요시되다 [自]	重视	6课
중추절 [名]	中秋节	2课
즉위식 [名]	登基仪式	13课
즐거움 [名]	快乐,欢乐,乐趣	11课
지경 [名]	境地,地步,地界	23课
지나치다 [他/形]	快速经过,闪过;过份,过头,过于	15课
지르기 [名]	喊,喊叫	18课
지방 [名]	地方;脂肪	2课
지역 [名]	地区,地域,区域	9课
지연되다 [自]	延迟,推迟,拖延	27课
지원하다 [自]	志愿,申报	22课
지원하다 [动]	支援,援助;应聘	22课
지저분하다 [形]	乱七八糟,杂乱无章;肮脏	28课
지정되다 [自]	指定	12课
지정되다 [自]	指定	9课
지키다 [他]	看守,守护;保护,保卫,遵守	15课
지폐 [名]	纸币	10课
직선 [名]	直线	13课
직원 [名]	职员,员工	7课
직장 [名]	单位,职场	22课
직전 [名]	就要……的时候,(即将)……之前	10课
진달래 [名]	金达莱	28课
진열하다 [他]	陈列,摆放	25课
진작 [副]	早,早该,趁早	14课
진취적 [名]	进取,上进	23课
진하다 [形]	浓,稠	22课

진학[名]升学,深造	26课	추가되다 [自] 追加,附加,添加	10课
질문[名]问,询问,提问,质问	20课	추가되다 [自]追加	9课
질병[名]疾病	26课	추가운임 [名] 追加运费	10课
짐승[名]禽兽,畜生	28课	추석 [名] 中秋节	2课
짐작하다 [他] 推测,估计	26课	추세[名]趋势,趋向,潮流	9课
집배원 [名] 邮递员	23课	추수감사절 [名] 感恩节	2课
집중호우 [名] 集中暴雨	27课	추신 [名] 附言,附笔	20课
징[名]锣	30课	추억 [名] 回忆,回想,追忆	12课
짙다 [形] 浓,深,茂盛	27课	추위 [名] 寒冷	28课
짚 [名] 谷草,稻草,秸秆	17课	축구광 [名] 足球的狂热爱好者,球迷	18课
짚신 [名] 草鞋	17课	축복 [名] 祝福	29课
짜다 [他] 编织	7课	충격[名]冲击,打击,震惊	14课
쭉[副]一直,一溜儿	4课	취급하다 [他] 办理,处理,操纵,管理	25课
찌개 [名] 炖菜,炖汤	14课	취직 [名] 就业	5课
찌르기 [名] 刺,插	18课	치과 [名]牙科,牙科医院,口腔医院	16课
		치기 [名] 拍,击	18课

【ㅊ】

		치다[他]打,拍,鼓(掌)	3课
		치마 저고리 [名](韩式)裙子和上衣	2课
차라리 [副] 宁可,莫如,倒不如	23课	치아 [名]牙齿	16课
차례 [名] 祭祖,顺序,目录	2课	친함[名]亲,亲密	28课
차이점[名]差异,不同点	13课	친화력[名]亲和力	23课
찰떡[名]糯米糕,打糕	3课	침해 [名] 侵害	6课
창가 [名] 窗边,窗旁	11课	칭찬 [名] 称赞,赞扬	29课
채소 [名] 青菜,蔬菜	14课		
채택되다 [自] 采取,采用	18课	**【ㅋ】**	
채팅 [名] 网上聊天	6课		
책자[名]小册子,册子	24课	카드택시[名]刷卡出租车	9课
챙기다 [他] 整理,准备,照顾	10课	카센터[名]汽车修配所	9课
천안문 [名] 天安门	13课	카운터 [名] 结账处,服务台,收款处	15课
천지연폭포 [名] 天地渊瀑布	12课	카페[名]咖啡馆,咖啡厅	8课
첫인사 [名] 见面礼,问候语	20课	카피라이터 [名] 广告文字撰稿人	22课
청 나라 [名] 清朝	13课	캠프[名]野营帐篷,营帐	29课
청각[名]听觉	6课	커리어우먼 [名] 职业女性	26课
체결 [名] 缔结,签订,订立	24课	코엑스몰[名](Coex Mall)Coex购物中心	12课
체계적[名]系统,有条理,有计划	24课	콕[副]猛地	6课
체질[名]体质	30课	콘서트 [名] 演出,音乐会	8课
쳇바퀴[名]筛子边儿,箩圈	13课	콧날 [名] 鼻梁	17课
초가을 [名] 初秋	28课	콩 [名] 大豆	2课
초과하다 [他] 超过,超额	10课	쾌적하다 [形] 舒服,爽快,舒适,痛快	28课
초록색[名]草绿色,绿色	17课	크리스마스 [名] 圣诞节	29课
초콜릿 [名] 巧克力	7课	큰일 [名] 大事,事故,事变	9课
초하루[名]初一,第一天	30课		
초현실 [名] 超现实	21课	**【ㅌ】**	
최고가격 [名] 最高价格	24课		
최근[名/副]最近	25课	타이피스트 [名] 打字员	26课
최악[名]最坏,最糟糕,最差	6课	탈 [名] 假面,脸谱	16课

韩文	释义	课
탐스럽다 [形]	令人可爱,讨人喜欢	29课
태도 [名]	态度	7课
태풍 [名]	台风	28课
태화전 [名]	太和殿	13课
택시비 [名]	出租车费	9课
테크노마트 [名]	Technomart(电子卖场名称)	25课
텐트 [名]	帐篷	8课
토란국 [名]	青芋汤	2课
통계자료 [名]	统计资料	28课
통일신라 [名]	统一新罗	18课
통장 [名]	存折,折子	11课
투숙하다 [自]	投宿,住	15课
통통하다 [形]	胖敦敦,(肿)暄乎乎	4课
트윈 룸 [名]	大床房	15课
특권 [名]	特权	21课
특별하다 [形]	特别,特殊	10课
특성 [名]	特性	7课
틀 [名]	机器,框,模式,架子	4课
팀 [名]	队	18课

【ㅍ】

파견 [名]	派遣,派	14课
파도 [名]	波涛	27课
파란색 [名]	蓝色	18课
판매하다 [他]	出售,销售,贩卖	25课
팔뚝 [名]	前臂,小胳膊	12课
퍼지다 [自]	伸展,长开;传开,普及	28课
펴다 [他]	铺开,展开,伸开	21课
편안하다 [形]	舒服,舒适	15课
편집 [名]	编辑	6课
평균 [名]	平均	9课
포상 [名]	褒赏,褒奖,褒扬	8课
폭 [名]	幅,宽	13课
폭염 [名]	酷暑	30课
폭포 [名]	瀑布	12课
표정 [名]	表情	22课
표현하다 [他]	表现,表达	13课
풀리다 [被动]	散,开;退;转暖	30课
품세 [名]	姿势	18课
품절 [名]	脱销,断货	25课
풍부하다 [形]	丰富,丰饶	2课
풍속 [名]	风俗,习俗	30课
풍습 [名]	风俗习惯	2课
풍요롭다 [形]	富饶	2课
풍요롭다 [形]	丰饶,富饶	13课
풍족하다 [形]	丰足,丰饶,殷实	19课
프로그램 [名]	项目,节目,程序	26课
프린트 [名]	打印	6课
피서법 [名]	避暑法	28课
피하다 [自/他]	闪避,躲藏;避开避忌	18课
피해를 입히다 [词组]	受灾,遭受损失	28课

【ㅎ】

하루방 [名]	爷爷,老人	12课
하얀 종이 [名]	白纸	20课
하얗다 [形]	白,雪白	3课
하여튼 [副]	无论如何,反正,不管怎样	3课
하이브리드택시 [名]	混合动力出租车	9课
한가위 [名]	中秋节	2课
한강 [名]	汉江	15课
한결 [副]	更加,更进一步,大大	30课
한라산 [名]	汉拿山	12课
한복 [名]	韩服	17课
한옥마을 [名]	韩屋村	12课
한층 [副]	进一层,更,更加,进一步	27课
할애하다 [他]	割爱,舍得	21课
할인되다 [自]	降价,打折	25课
항상 [副]	总是,始终,经常	9课
해결하다 [他]	解决	23课
해당되다 [自]	相当,有关	10课
해돋이 [名]	日出	12课
해수욕장 [名]	海水浴场	29课
해외 [名]	海外,外国,国外	14课
핸드폰 [名]	手机	13课
향 [名]	香	14课
향료 [名]	香料	14课
향하다 [他/自]	面向,向,朝	2课
허리 [名]	腰,半腰,腰身	18课
헤어스타일 [名]	发型	22课
현실 [名]	现实	6课
현실적 [名]	现实,实际上	30课
현장 [名]	现场	6课
현재 [名]	现在,当前	10课
현존하다 [自]	现存	13课
현지 [名]	现场,当地	24课
현황 [名]	现况	5课
협조 [名]	协助,协调	26课

호두[名]核桃,胡桃	30课	확보하다[他]确保,保障	21课
호박죽[名]南瓜粥	5课	확산되다[自]扩散,风靡	9课
호수[名] 湖	12课	확정되다[自]确定,落实	10课
호수[名]湖,湖泊	5课	환경 미화원 [名] 清洁工	23课
호신술 [名] 护身术	18课	환불 [名] 退钱	10课
호칭 [名] 称呼	20课	활동성[名]活动性	25课
혹시 [副] 有时,间或,万一,如果	30课	활발하다[形]活泼,活跃	25课
혹시 [副] 有时,间或,如果	5课	황사 [名] 黄沙,沙尘暴	28课
혹은[副] 或,或者	21课	황제 [名] 皇帝	13课
혼잡을 이루다 [词组] 造成混乱	2课	훈련[名]训练,培训	22课
홀수[名]单数,奇数	21课	훈장[名]勋章	8课
홈쇼핑 [名] 网上购物	25课	훈훈하다 [形] 暖融融,暖烘烘,舒展	29课
홍보[名]宣传	22课	훌륭하다[形]了不起,出色,优秀,卓越,出众	19课
홍보팀[名]宣传组	24课	훑어보다 [他] 端详,浏览,打量	21课
화려하다 [形] 华丽	17课	훨씬 [副] 更,大大	9课
화로 [名] 火炉	29课	휴가[名]休假,假	20课
화산 [名] 火山	12课	휴대[名]携带	3课
화이트칼라 [名] 白色	26课	흔들리다[被动]被摇(动),被挥动,被震撼	13课
화장 [名] 化妆	22课	흡연 금지 구역[名]禁止吸烟区	15课
화재[名]火灾,祸灾;绘画素材	7课	흥겹다 [形] 高高兴兴,喜气洋洋,愉快	2课
화제[名]话题,谈资	23课	희극 [名] 戏剧,喜剧	16课
확률[名]概率	29课	흰색 [名] 白色	17课

문법색인 语法索引

【ㄱ】

-거든요	20과
-고 나서	21과
-고 말다	26과
-고요	15과
-고자 하다	10과
-기는 하지만	21과
-기도 하다	28과
-기만 하면:	5과

【ㄴ】

-ㄴ/는/은 편이다	9과
-ㄴ/는/은 -던걸(요)	23과
-(ㄴ/는)다구(요)	16과
-ㄴ/는다면	6과
-ㄴ/는대(요)	26과
-ㄴ/은 데다가	19과
-ㄴ/은 지	22과
-ㄴ/은/는/ㄹ/을 만큼	24과
-ㄴ가/는가/은가 보다	2과
-ㄴ다고/는다고/다고 해서	19과
-나	2과
-나/-으나	13과
-나마/이나마	30과
-노라면	30과
-느라고	8과
-니까/으니까	4과

【ㄷ】

-다(가) 보니	7과
-다고 하다	4과
-달라고 하다(-주라고 하다)	20과
-더니	6과
-더라고요	30과
-더라도	26과
-던	1과

【ㄹ】

-ㄹ/을 겸	24과
-ㄹ/을 위하다	16과
-ㄹ/을 정도	27과
-ㄹ/을 텐데	5과
-ㄹ/을수록	8과
-ㄹ/을지라도	7과
-ㄹ까/을까 하다	10과

-라고/으라고 하다	4과
-라니/이라니	30과
-라면/이라면	20과
-라서/이라서	8과
-란/이란	2과
	27과

【ㅁ】

-만 해도	14과
-말이다	12과
뭐니뭐니 해도	21과

【ㅂ】

-뿐만 아니라	20과

【ㅅ】

사동(使动态)	11과

【ㅇ】

-아/어/여 내다	1과
-아/어/여 가다	17과
-아/어/여 오다	18과
-아/어/여 있다	6과
-아/어/여다(가)	9과
-아서/어서/여서	3과
-아야/어야/여야겠다	5과
-야/아	6과
-야/이야말로	14과
-어서	3과
-에 따라(서)	6과
-에 비하다	25과
-인지 모르다	4과

【ㅈ】

-자	4과
-지	19과

【ㅍ】

피동(被动态)	15과

【ㅎ】

"ㅎ"发音的不规则变化	29과

参考书目

1. 경희대학교 국제교육원 한국어교육부, 한국어 초급Ⅱ. 경희대학교출판국, 2001.
2. 경희대학교 국제교육원 한국어교육부, 한국어 중급Ⅰ, 경희대학교출판국, 2002.
3. 경희대학교 국제교육원 한국어교육부, 한국어 중급Ⅱ. 경희대학교출판국, 2002.
4. 서울대학교 언어교육원, 한국어4, [주]문진미디어, 2009.
5. 양서원편집기획실, 면접 돌파 클리닉, 도서출판 양서원, 2006.
6. 연세대학교 한국어어학당, 한국어4, 연세대학교 출판부, 2003.
7. 한국어능력시험연구회, 토픽 중급, (주)시대고시기획.
8. PMG한국어능력시험 연구실, 한국어능력시험 실전모의고사, 박문각, 2011.
9. 韩国延世大学韩国语学堂,《100学时韩国语3》,世界图书出版公司,2008。
10. 延世大学韩国语学堂,《韩国语教程3》,世界图书出版公司,2007。
11. 洪妍淑,《明道韩国语2》,又新社,1992。
12. TOPIK韩国语能力考试官网: http://www.topic.go.kr